CÓMICS CIENCIA

PLAGAS
La batalla microscópica

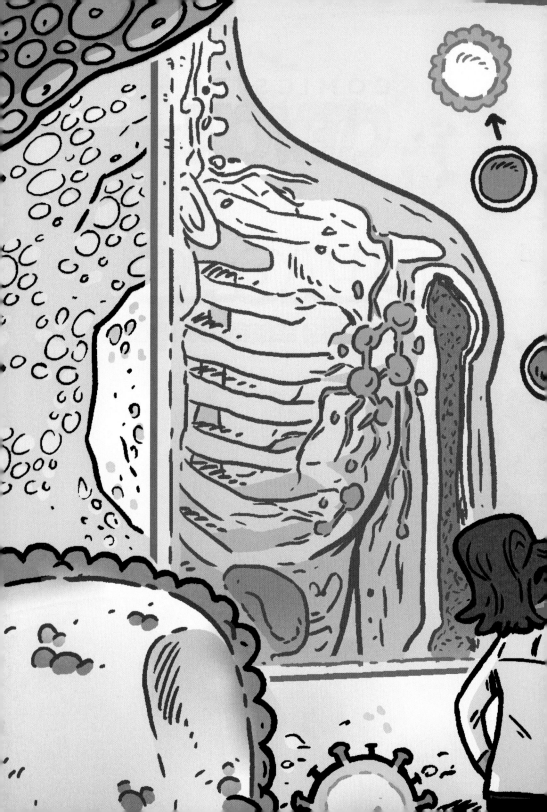

PLAGAS
La batalla microscópica

Falynn Koch

Historias gráficas

PLAGAS. LA BATALLA MICROSCÓPICA

Título original: *Plagues. The Microscopic Battlefield*

© 2017 Falynn Koch (texto e ilustraciones)

Esta edición se publicó según acuerdo con First Second, un sello de Roaring Brook Press,
una división de Holtzbrink Publishing Holdings Limited Partnership. Todos los derechos reservados

Traducción: Juan Cristóbal Álvarez

D.R. © Editorial Océano, S.L.
Milanesat 21-23, Edificio Océano
08017 Barcelona, España
www.oceano.com

D.R. © Editorial Océano de México, S.A. de C.V.
Guillermo Barroso 17-5, col. Industrial Las Armas
Tlalnepantla de Baz, 54080, Estado de México, México
www.oceano.mx
www.oceanotravesia.mx

Primera edición: 2021

ISBN: 978-607-557-179-9

Déposito legal: 22081-2020

IMPRESO EN ESPAÑA/PRINTED IN SPAIN

9005327011220

¡Mala peste a Capuletos y Montescos!

—William Shakespeare, *Romeo y Julieta*

Vivimos en un mundo lleno de microorganismos: creaturas tan antiguas como el mundo mismo, si no es que más. Mucho después de que desaparezca nuestra especie y toda evidencia de nuestra civilización se haga polvo, los virus y bacterias seguirán ahí.

Hace más de una década que el poeta y genetista autodidacta Christian Bök intenta meter un poema en el genoma del *Deinococcus radiodurans*, una bacteria tan ruda que puede sobrevivir al vacío y a la radiación de un reactor nuclear sin alteraciones. Si Bök lo logra, su poema, *The Xenotext*, se convertirá en parte integral del código genético del *Deinococcus radiodurans*; dentro de millones de años, si una especie avanzada logra descifrar el código y lee el poema de Bök, quizá sepa que alguna vez existimos. Hasta es posible, como sugiere el astrofísico Paul Davies, que alguna civilización extinta de un sistema solar lejano haya intentado esta forma de mensajería interestelar antes. Si sólo tuviéramos la app correcta, podríamos descubrir que algunos de los virus y bacterias que comparten nuestro mundo (quizá incluso algunos de los que causan enfermedades como la fiebre amarilla o la peste bubónica) llegaron aquí hace mucho tiempo con la misión de repetir sin fin un mensaje eterno: existimos, existimos, existimos.

Tuve la suerte de nacer en California cuando ya se había inventado la vacuna contra la polio, sólo unos años antes de que se erradicara la viruela. El Servicio de Salud Pública de EE. UU. se aseguró de que me vacunaran contra estas enfermedades, además del sarampión, difteria, tosferina y otros famosos azotes de la niñez. Tuve acceso a antibióticos antes de que los bichos se hicieran resistentes. En fin, que si me enfermaba, la ciencia me curaba. Así que en secundaria, cuando leí *Un espejo lejano*, el asombroso relato de Barbara Tuchman sobre la Baja Edad Media, su capítulo sobre la peste negra me dejó perpleja. Pensar que una epidemia pudo matar a decenas de millones de personas en pocos años sonaba a ciencia ficción, a un apocalipsis zombie de la vida real. El libro de Tuchman encendió para siempre mi pasión por la ciencia y la historia. Ya que decidí volverme ilustrador, prefería clientes como *National Geographic*, *Scientific American* y la NASA. Y cuando empecé a escribir e ilustrar mis propios libros para niños, me concentré en desastres, epidemias, cambio climático y la gran deuda de Occidente con la cultura científica del mundo musulmán medieval. El primer capítulo de mi propio libro de plagas, *Outbreak*, se trata de la peste negra.

Antes de que Louis Pasteur probara la teoría microbiana de la enfermedad, culpábamos de las plagas no a las bacterias y virus sino a Dios, Satán, los espíritus malignos y el mal olor. Sobre todo culpábamos a los pobres, a los grupos étnicos marginados, a los extranjeros, las mujeres rebeldes, o la gente que se viera, hablara o creyera diferente de nosotros. Los aislábamos, los asesinábamos y robábamos sus propiedades. Con el tiempo la peste se terminaba; ya que había matado a toda la gente que podía, la enfermedad se agotaba hasta que nuevas víctimas nacieran. Y entonces volvía. Y la gente decía "llegaron los de sombrero rojo al pueblo, y llegó el sarampión. Matamos a todos los de sombrero rojo y el sarampión se acabó. Por lo tanto, los sombreros rojos dan sarampión". Es el típico error lógico *post hoc ergo propter hoc*: Si esto pasó después de aquello, entonces esto fue a causa de aquello.

Tratándose de enfermedades infecciosas, la humanidad sigue cayendo en esta clase de lógica falsa. Se culpó y persiguió a los homosexuales como causantes del sida durante los primeros años de la epidemia; se atacó a los empleados de salud pública por la misma razón durante la crisis del ébola; conspiranoicos aterrorizados culparon del Zika a los pesticidas industriales. "Rociaron pesticidas y apareció el Zika, así que los pesticidas causaron el Zika". Sin información, cedemos al miedo, inventamos cosas, buscamos relaciones que no existen y esperamos que sea verdad. Quisiéramos creer que tenemos algún control sobre el caos de nuestra vida.

Así que *Plagas. La batalla microscópica* de Falynn Koch es buena medicina. Con claridad, humor y sabiduría, su investigación sobre la causa e historia de las epidemias nos da un arma real contra las infecciones: el poder de la ciencia. No fue un aprendizaje sencillo: las epidemias mataron a miles de millones de personas antes de saber cómo detenerlas. Y seguimos aprendiendo; es nuestro deber informarnos en honor de quienes murieron antes de nosotros.

Lee. Aprende. Y lávate las manos.

—Bryn Barnard
Autor de *Outbreak! Plagues That Changed History*

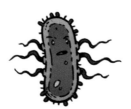

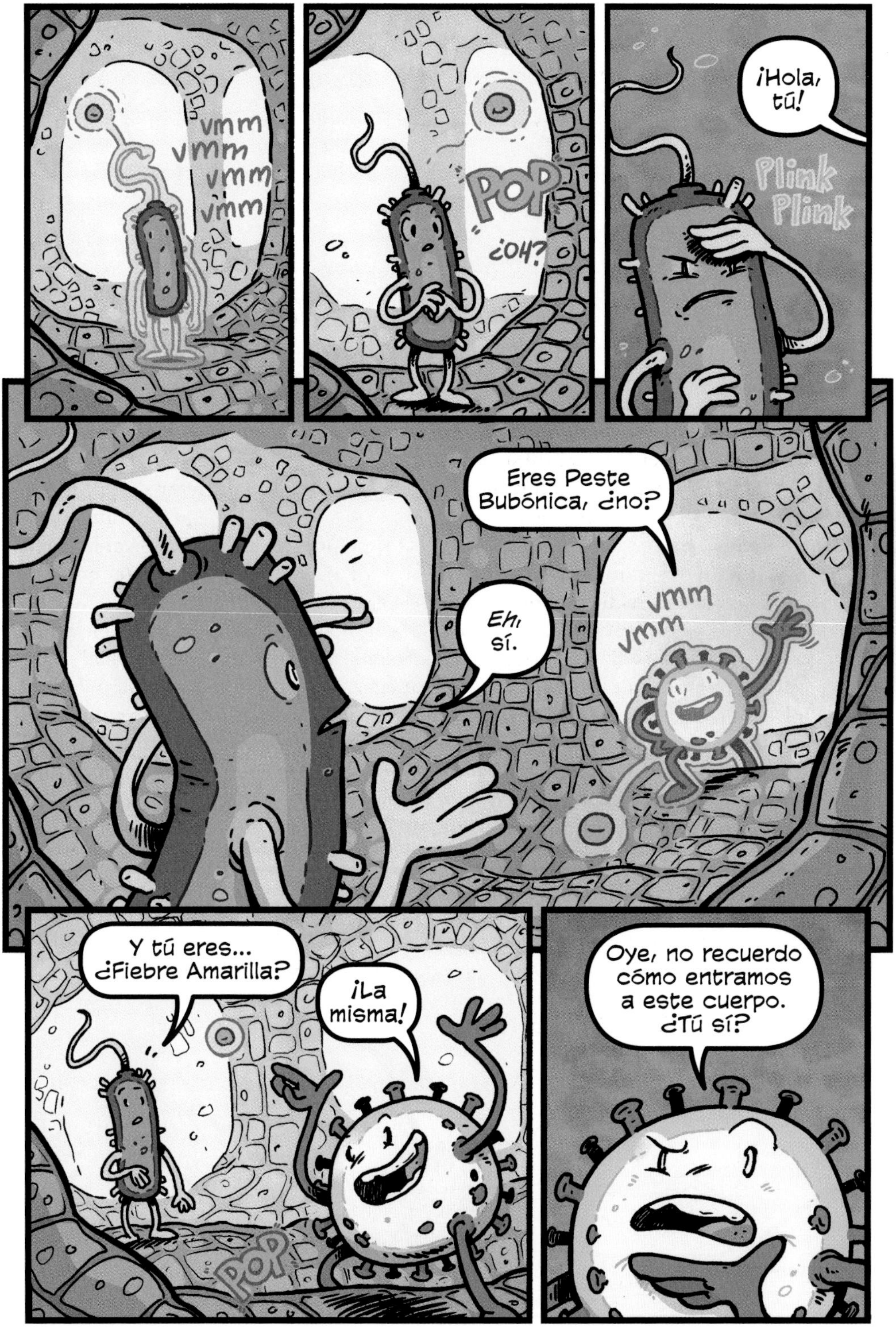
vmm
vmm
vmm
vmm
POP
¿OH?
¡Hola, tú!
Plink
Plink
Eres Peste Bubónica, ¿no?
Eh, sí.
vmm
vmm
Y tú eres... ¿Fiebre Amarilla?
¡La misma!
POP
Oye, no recuerdo cómo entramos a este cuerpo. ¿Tú sí?

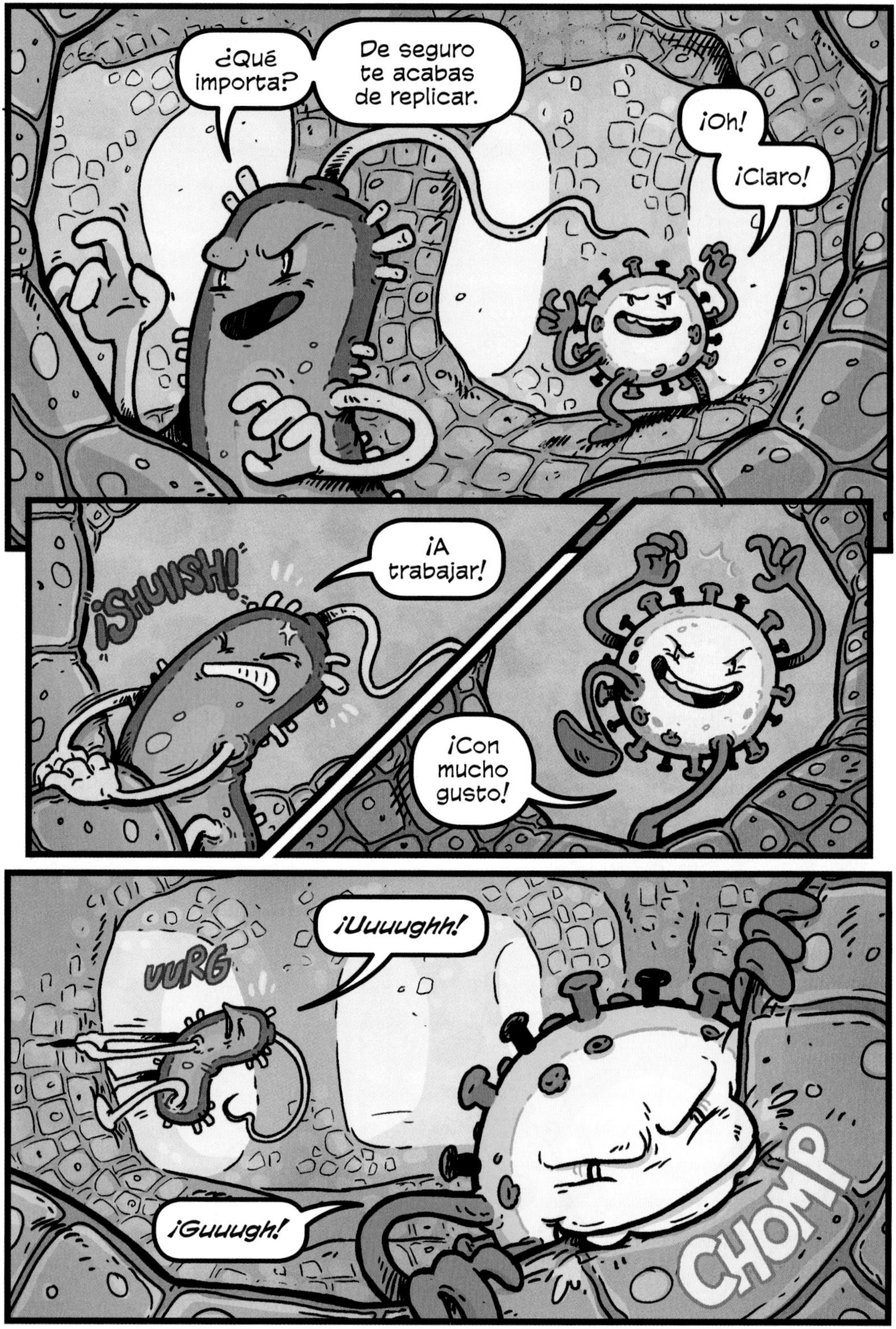
¿Qué importa?
De seguro te acabas de replicar.
¡Oh!
¡Claro!
¡SHUIISH!
¡A trabajar!
¡Con mucho gusto!
¡Uuuughh!
UURG
¡Guuugh!
CHOMP

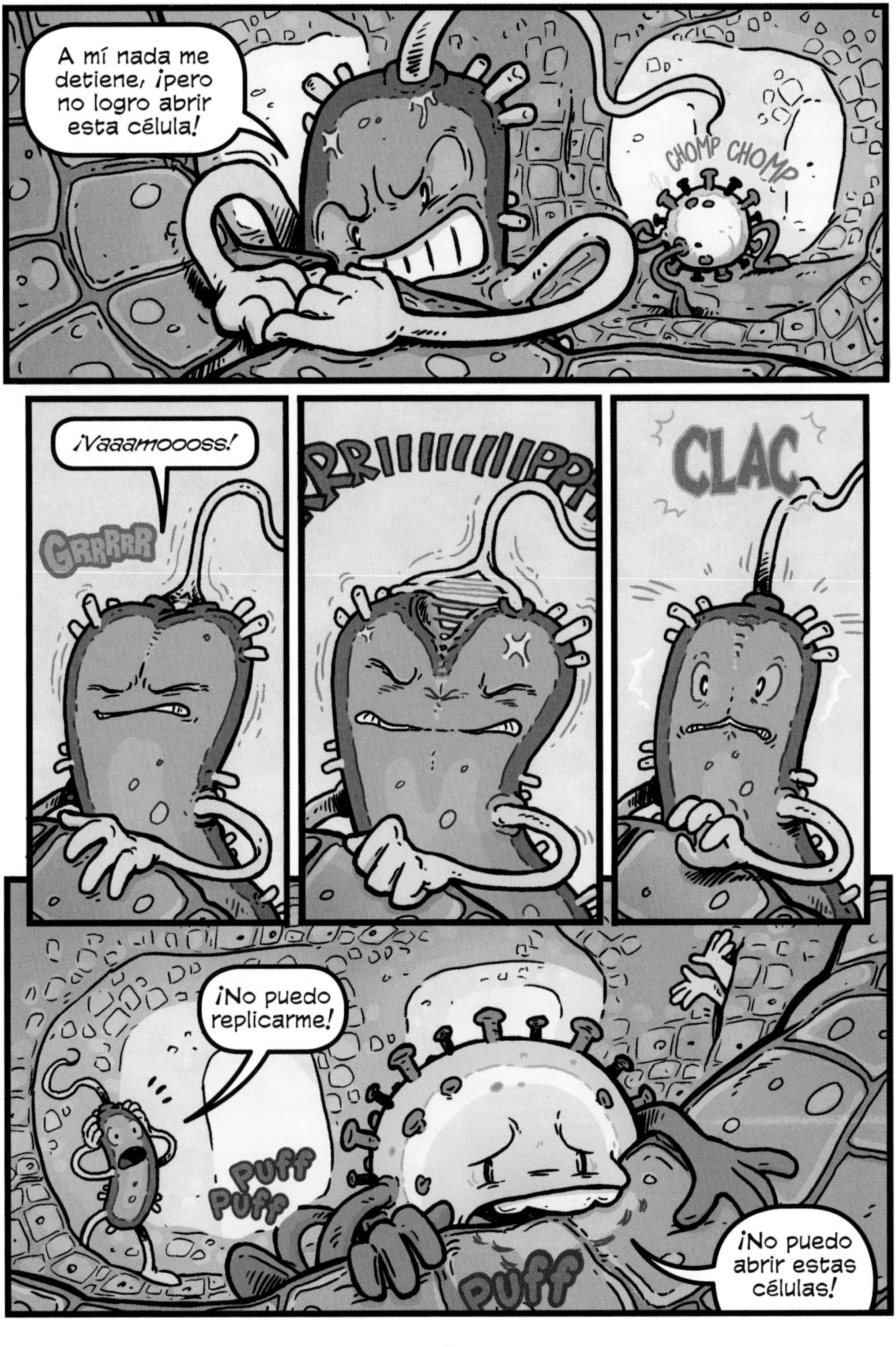
A mí nada me detiene, ¡pero no logro abrir esta célula!
CHOMP CHOMP
¡Vaaamoooss!
GRRRRR
CLAC
¡No puedo replicarme!
PUFF
PUFF
PUFF
¡No puedo abrir estas células!

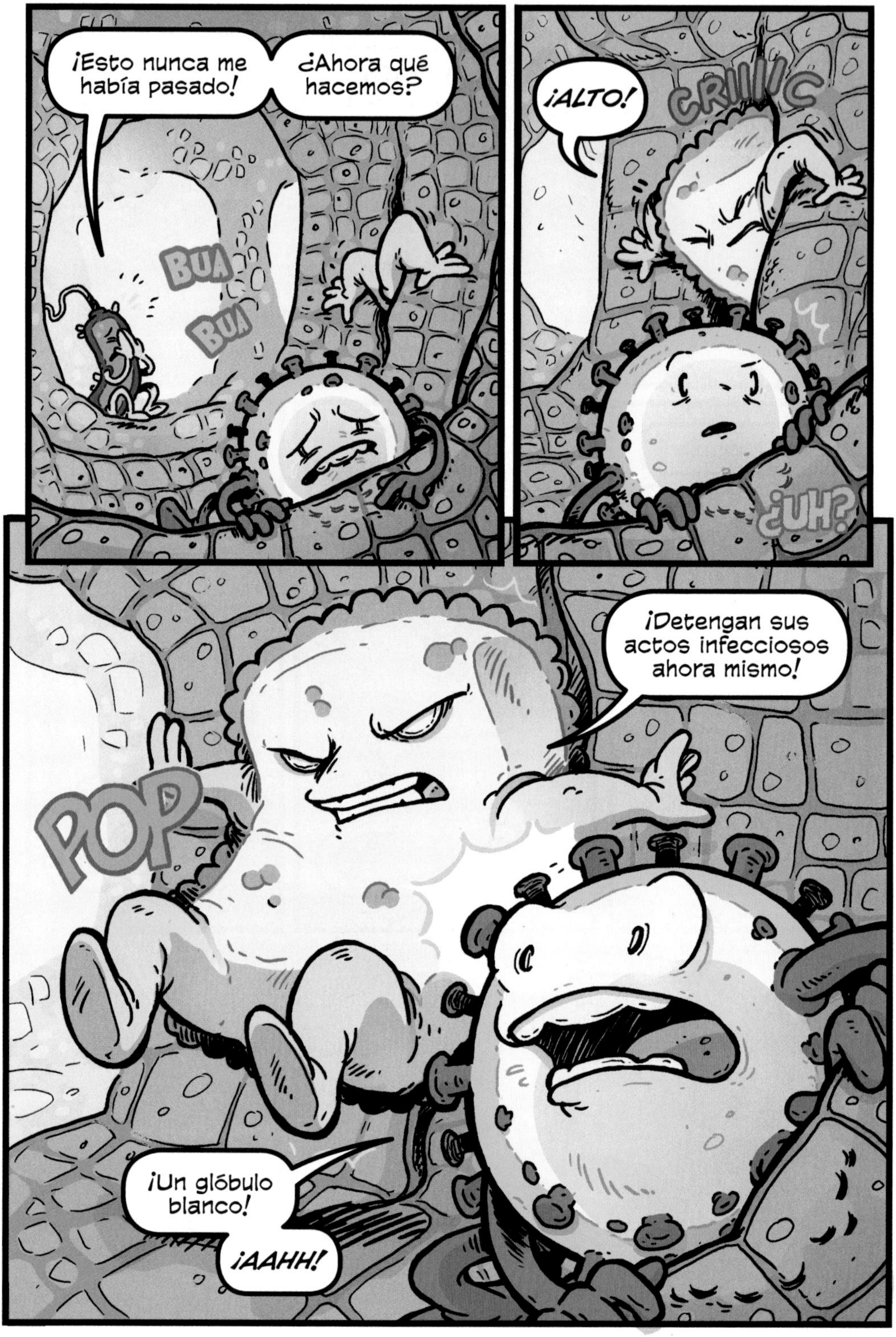
¡Esto nunca me había pasado!
¿Ahora qué hacemos?
BUA
BUA
¡ALTO!
CRIIIIC
¿UH?
¡Detengan sus actos infecciosos ahora mismo!
POP
¡Un glóbulo blanco!
¡AAHH!

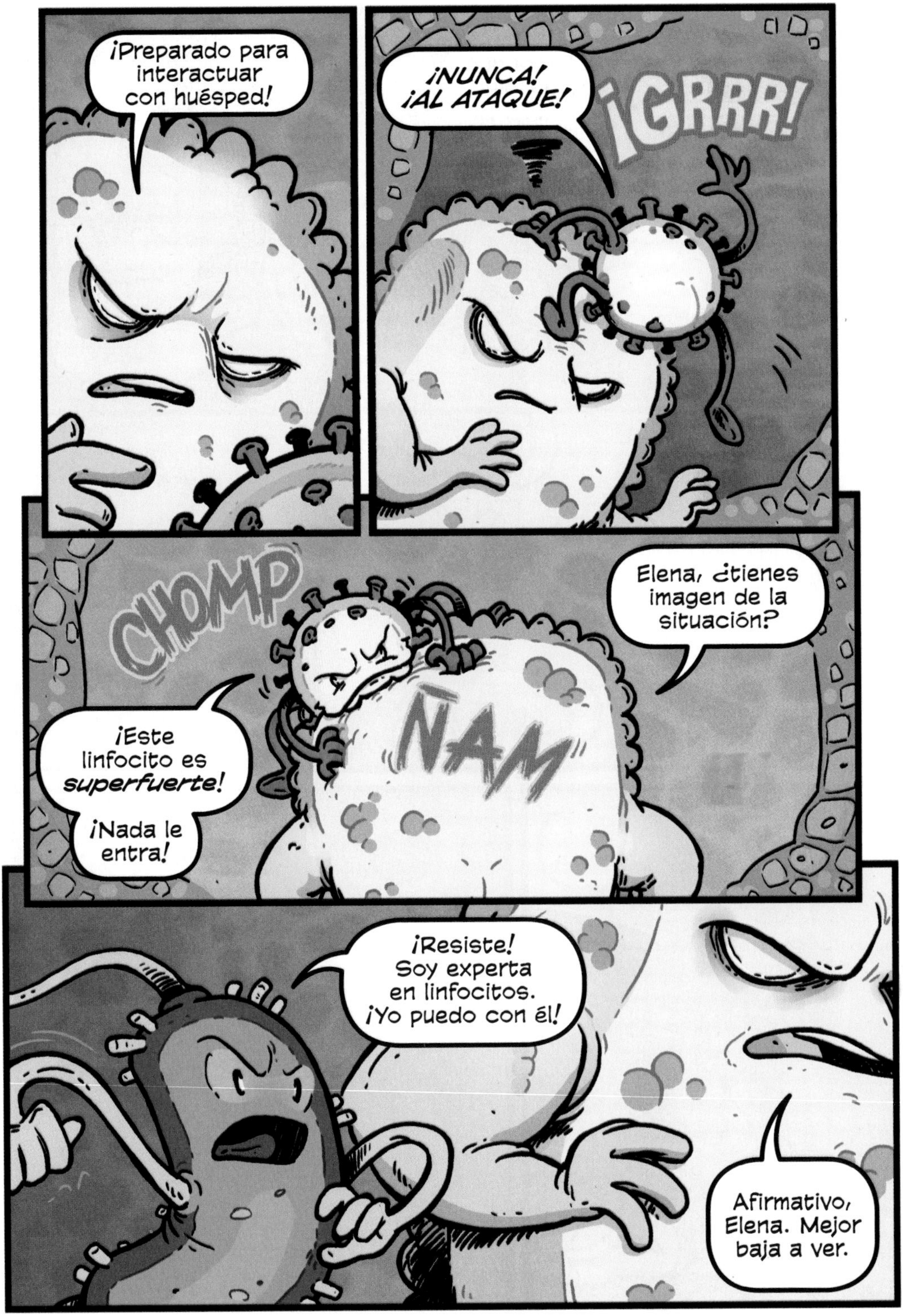
¡Preparado para interactuar con huésped!
¡NUNCA! ¡AL ATAQUE!
¡GRRR!
CHOMP
Elena, ¿tienes imagen de la situación?
ÑAM
¡Este linfocito es *superfuerte*!
¡Nada le entra!
¡Resiste! Soy experta en linfocitos. ¡Yo puedo con él!
Afirmativo, Elena. Mejor baja a ver.

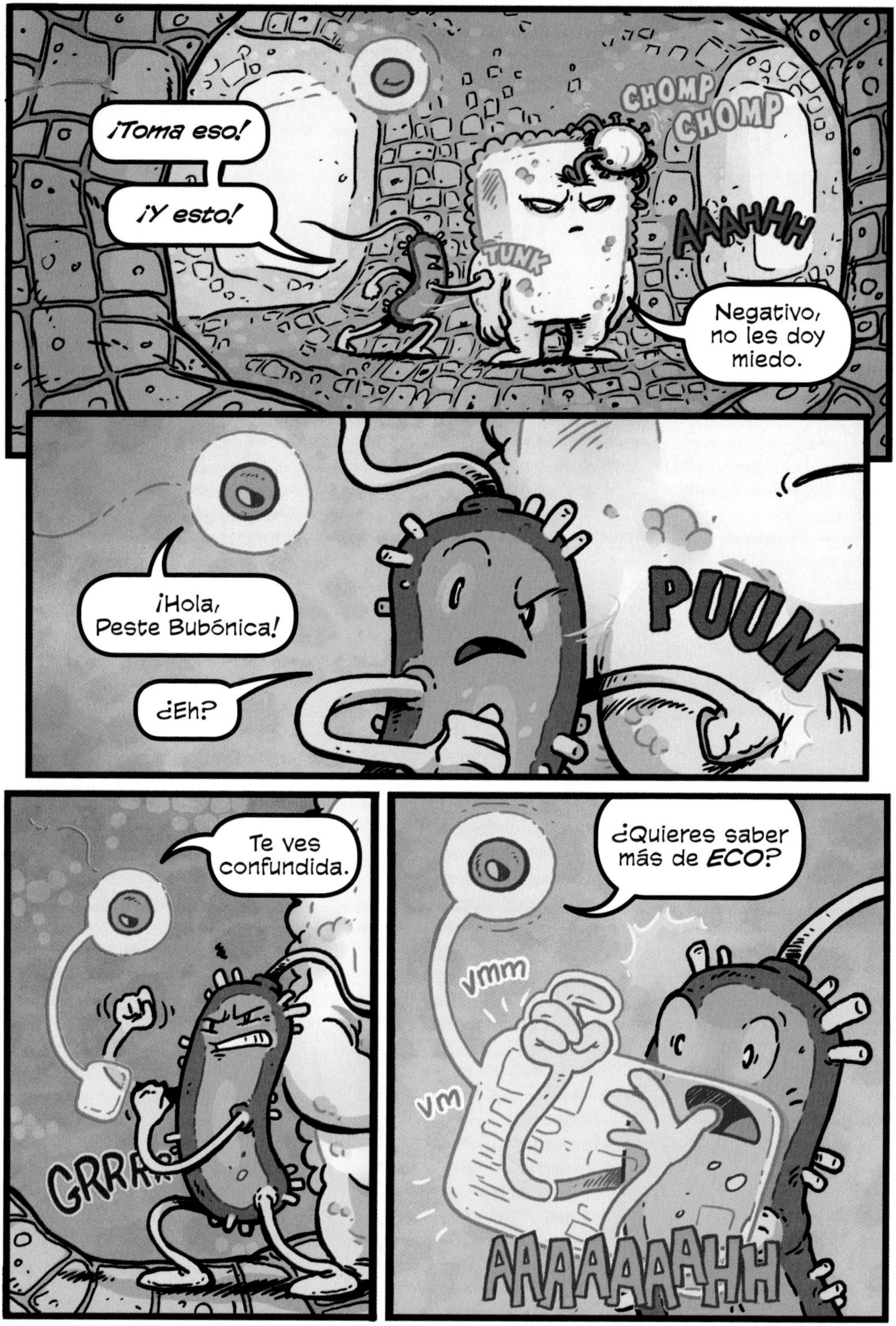
¡Toma eso!
¡Y esto!
CHOMP
CHOMP
TUNK
AAAHHH
Negativo, no les doy miedo.
¡Hola, Peste Bubónica!
¿Eh?
PUUM
Te ves confundida.
GRRR
¿Quieres saber más de *ECO*?
vmm
vm
AAAAAAAHH

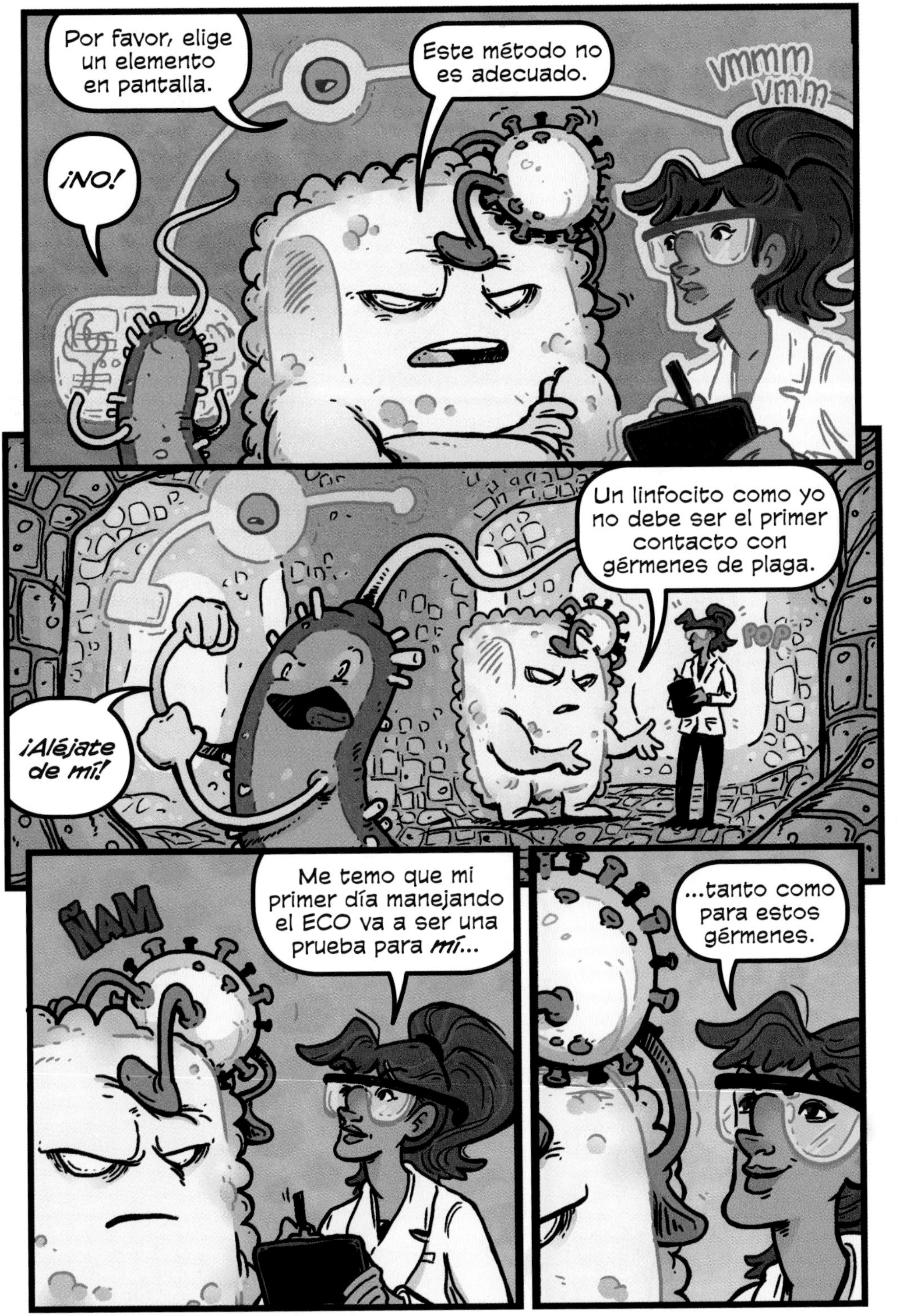
Por favor, elige un elemento en pantalla.
Este método no es adecuado.
vmmm vmm
¡NO!
Un linfocito como yo no debe ser el primer contacto con gérmenes de plaga.
POP
¡Aléjate de mí!
ÑAM
Me temo que mi primer día manejando el ECO va a ser una prueba para *mí*...
...tanto como para estos gérmenes.

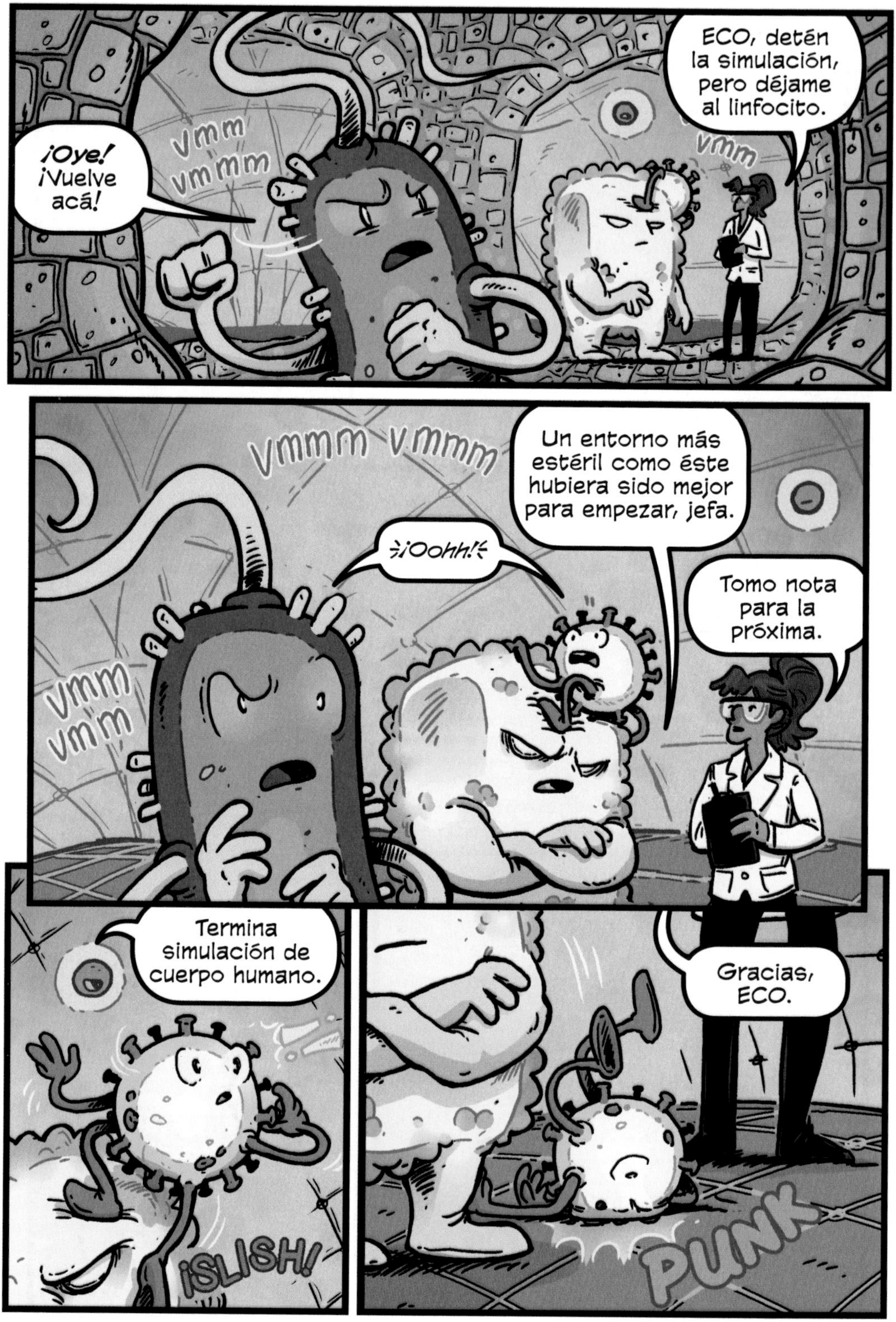
ECO, detén la simulación, pero déjame al linfocito.
¡Oye! ¡Vuelve acá!
vmm vmmm
vmm
vmmm vmmm
¡Oohh!
Un entorno más estéril como éste hubiera sido mejor para empezar, jefa.
Tomo nota para la próxima.
vmm vmm
Termina simulación de cuerpo humano.
¡SLISH!
Gracias, ECO.
PUNK

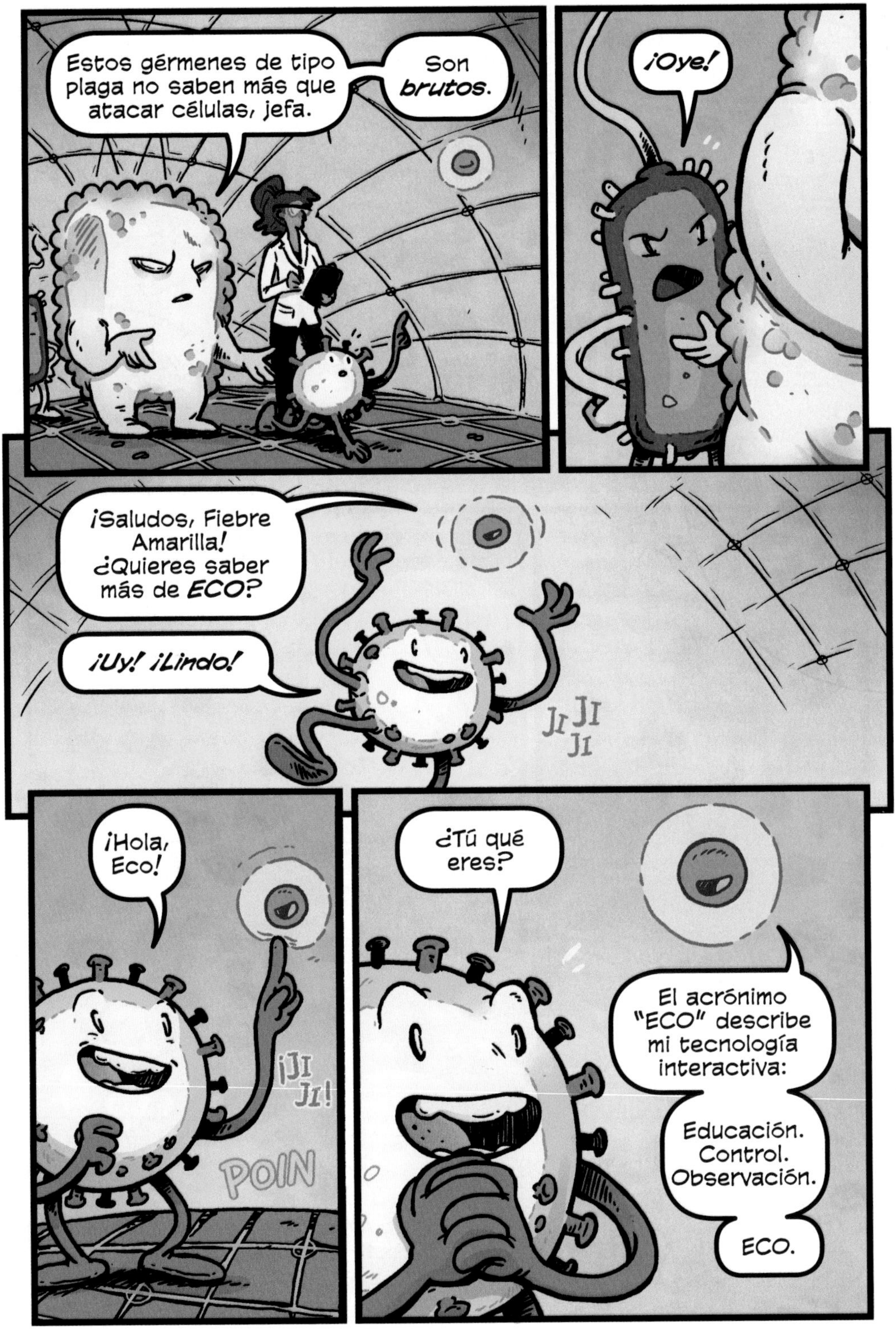
Estos gérmenes de tipo plaga no saben más que atacar células, jefa.
Son *brutos*.
¡Oye!
¡Saludos, Fiebre Amarilla! ¿Quieres saber más de *ECO*?
¡Uy! ¡Lindo!
JI JI JI
¡Hola, Eco!
¡JI JI!
POIN
¿Tú qué eres?
El acrónimo "ECO" describe mi tecnología interactiva:
Educación. Control. Observación.
ECO.

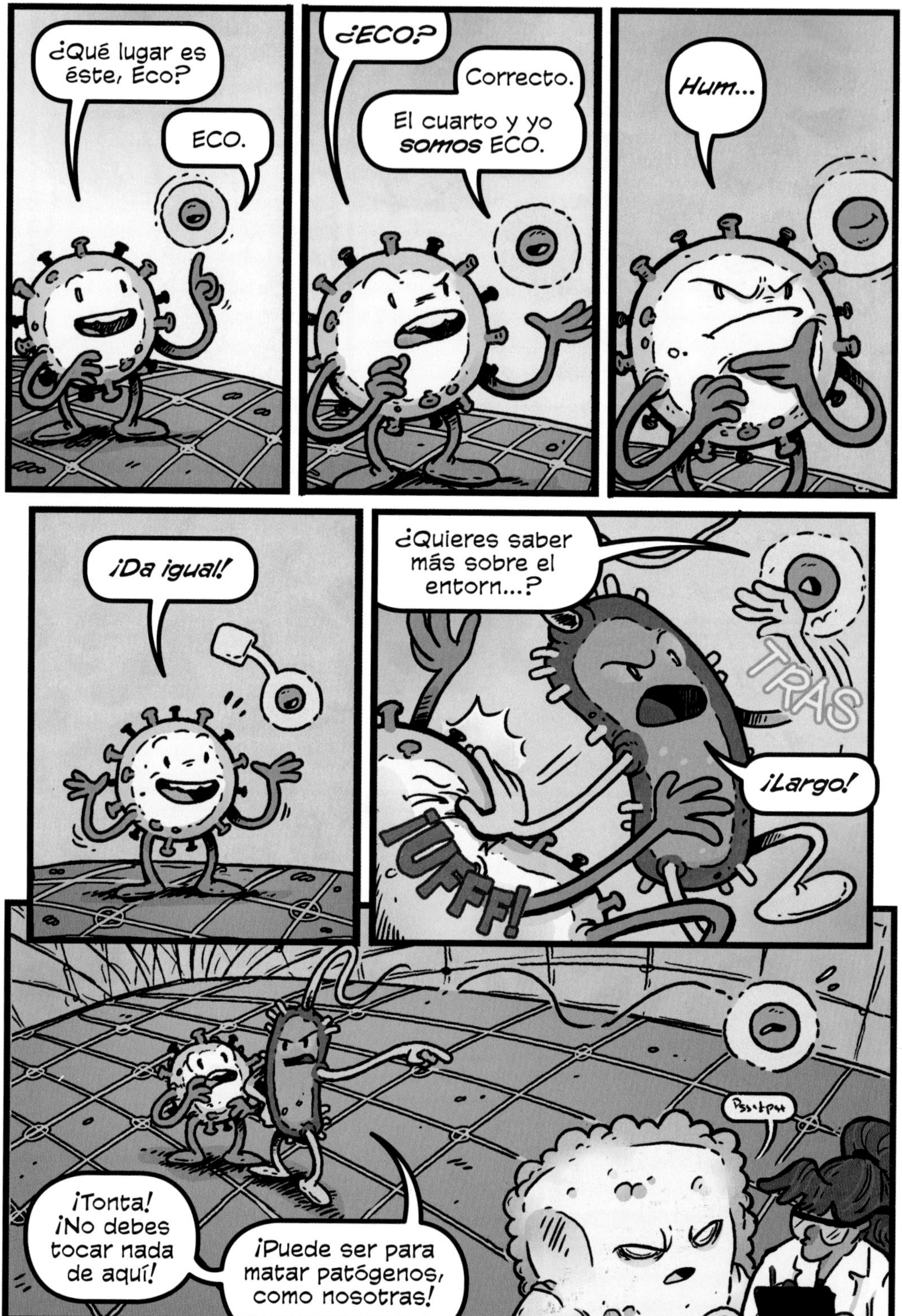
¿Qué lugar es éste, Eco?
ECO.
¿ECO?
Correcto.
El cuarto y yo *somos* ECO.
Hum...
¡Da igual!
¿Quieres saber más sobre el entorn...?
TRAS
¡UFFF!
¡Largo!
¡Tonta! ¡No debes tocar nada de aquí!
¡Puede ser para matar patógenos, como nosotras!

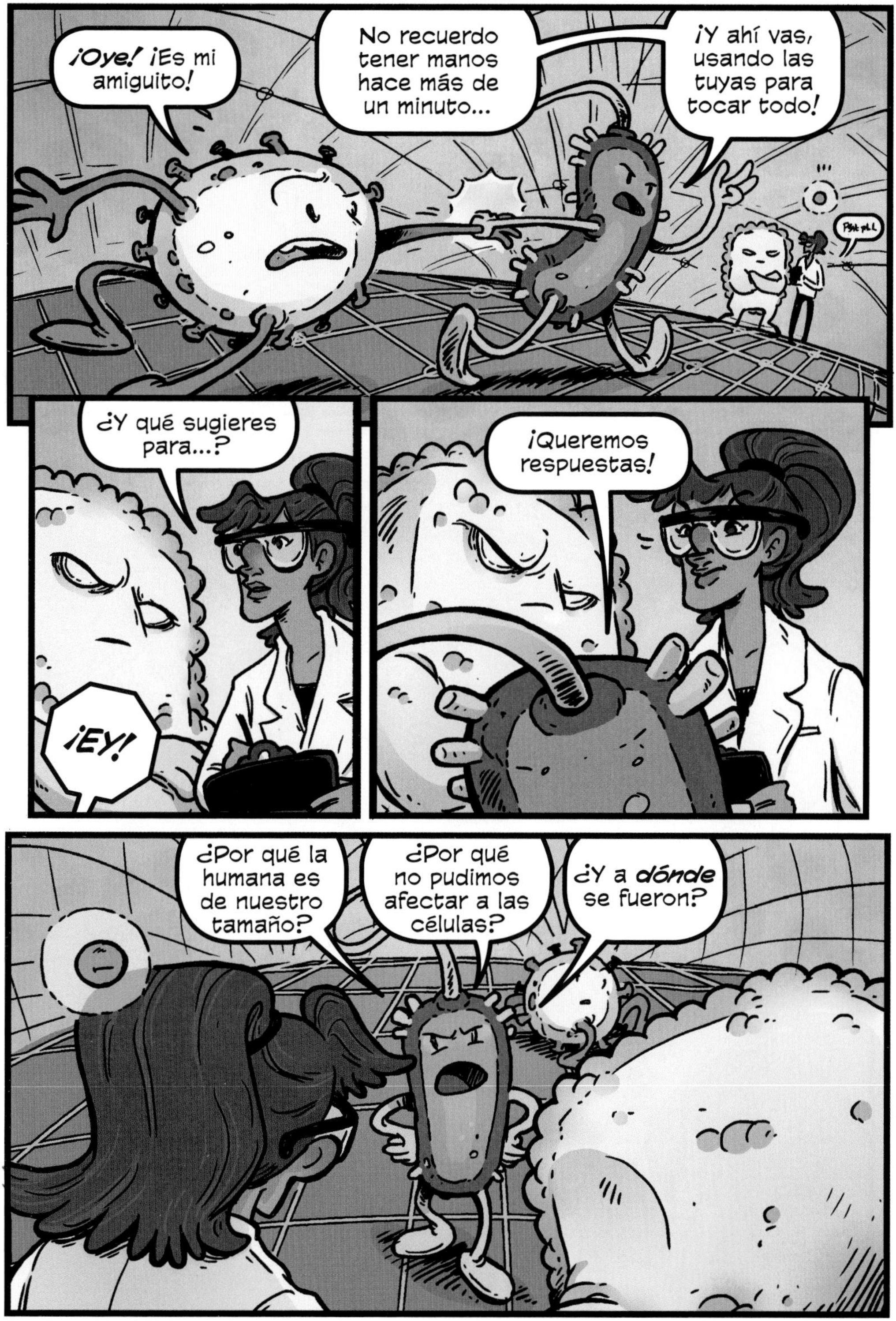
¡Oye! ¡Es mi amiguito!
No recuerdo tener manos hace más de un minuto...
¡Y ahí vas, usando las tuyas para tocar todo!
¿Y qué sugieres para...?
¡EY!
¡Queremos respuestas!
¿Por qué la humana es de nuestro tamaño?
¿Por qué no pudimos afectar a las células?
¿Y a dónde se fueron?

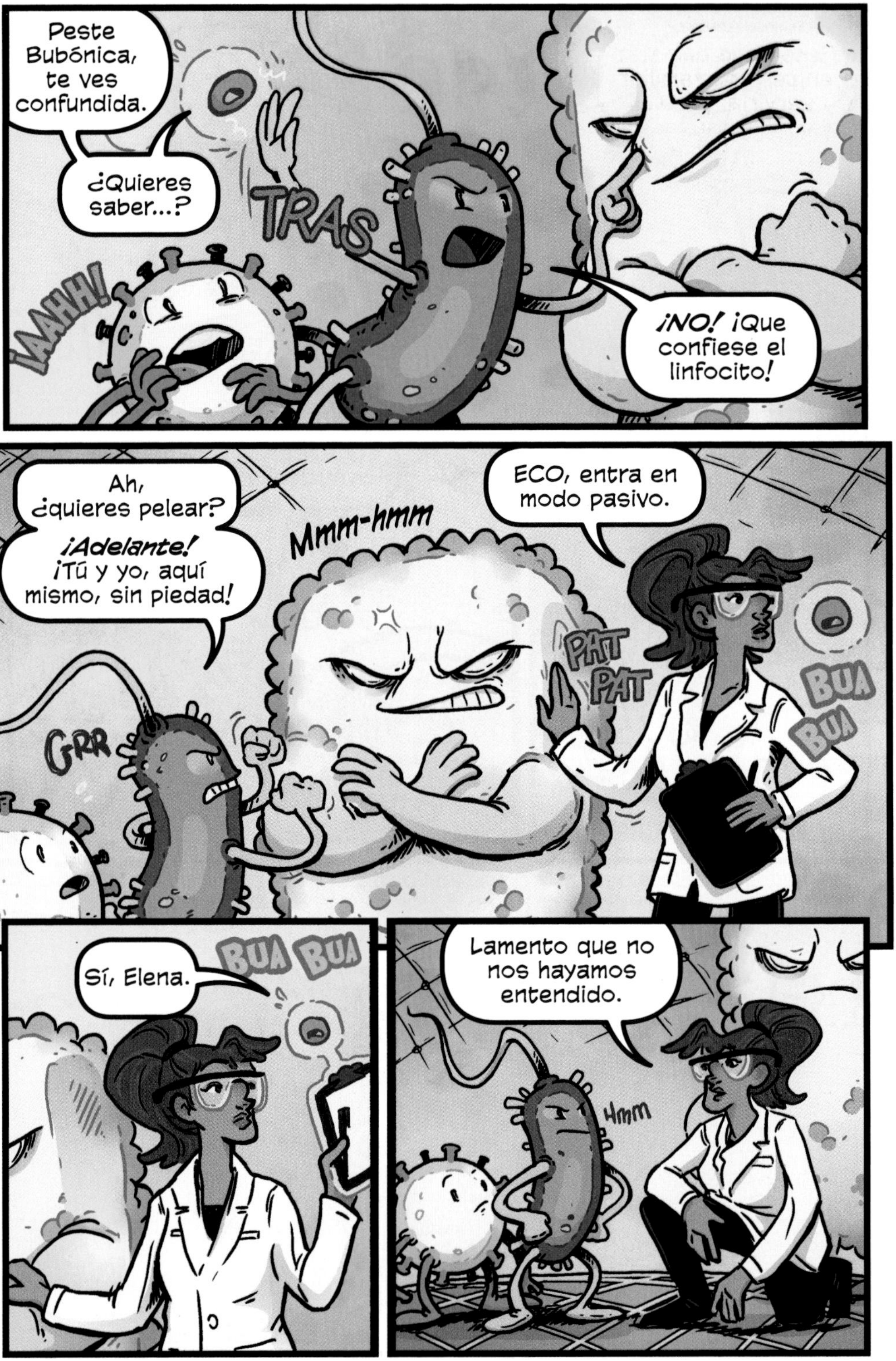
Peste Bubónica, te ves confundida.
¿Quieres saber...?
TRAS
¡AAHH!
¡NO! ¡Que confiese el linfocito!
Ah, ¿quieres pelear?
¡Adelante! ¡Tú y yo, aquí mismo, sin piedad!
Mmm-hmm
ECO, entra en modo pasivo.
PAT PAT
BUA BUA
GRR
Sí, Elena.
BUA BUA
Lamento que no nos hayamos entendido.
Hmm

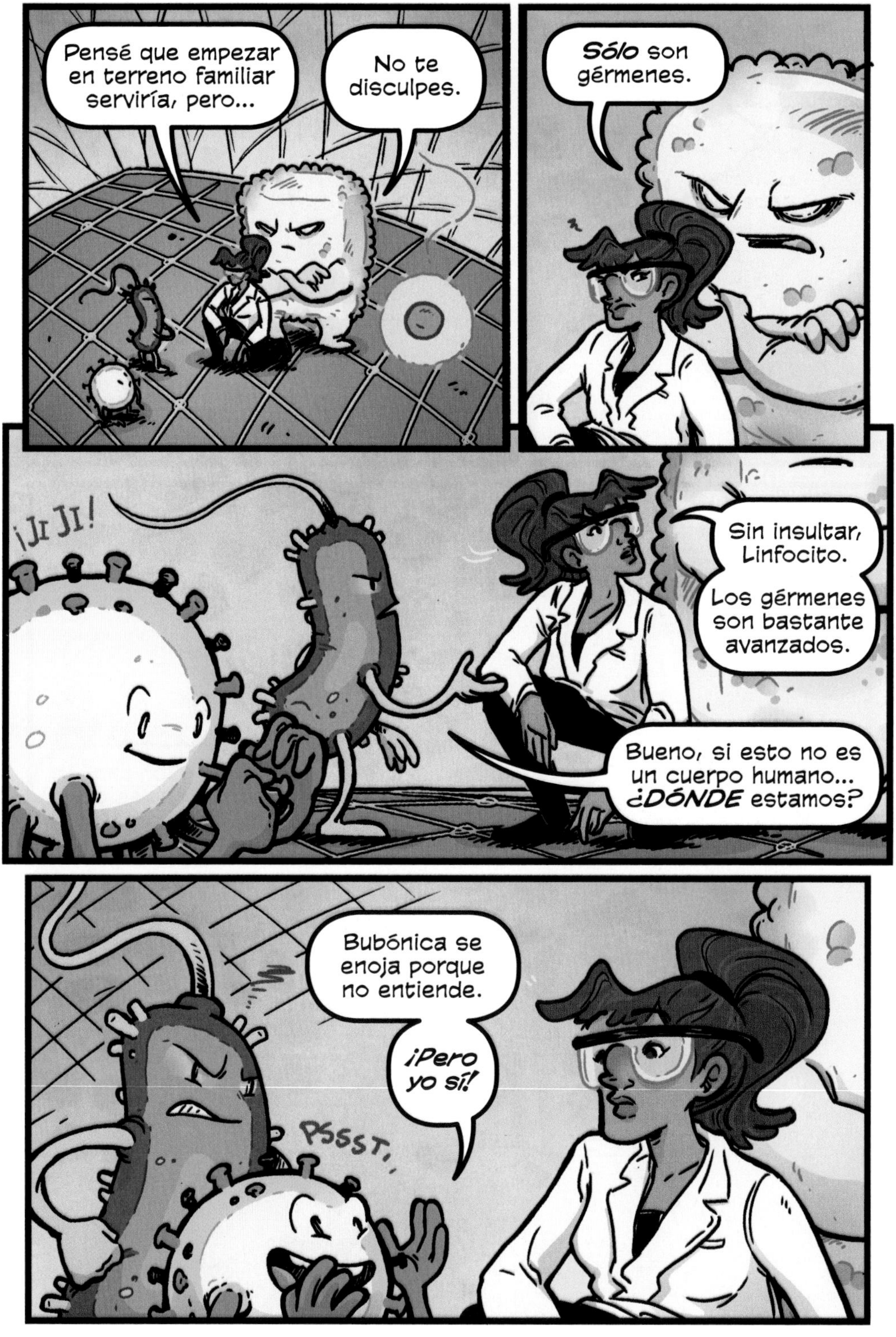
Pensé que empezar en terreno familiar serviría, pero...
No te disculpes.
Sólo son gérmenes.
¡JI JI!
Sin insultar, Linfocito.
Los gérmenes son bastante avanzados.
Bueno, si esto no es un cuerpo humano... ¿*DÓNDE* estamos?
Bubónica se enoja porque no entiende.
¡Pero yo sí!
PSSST,

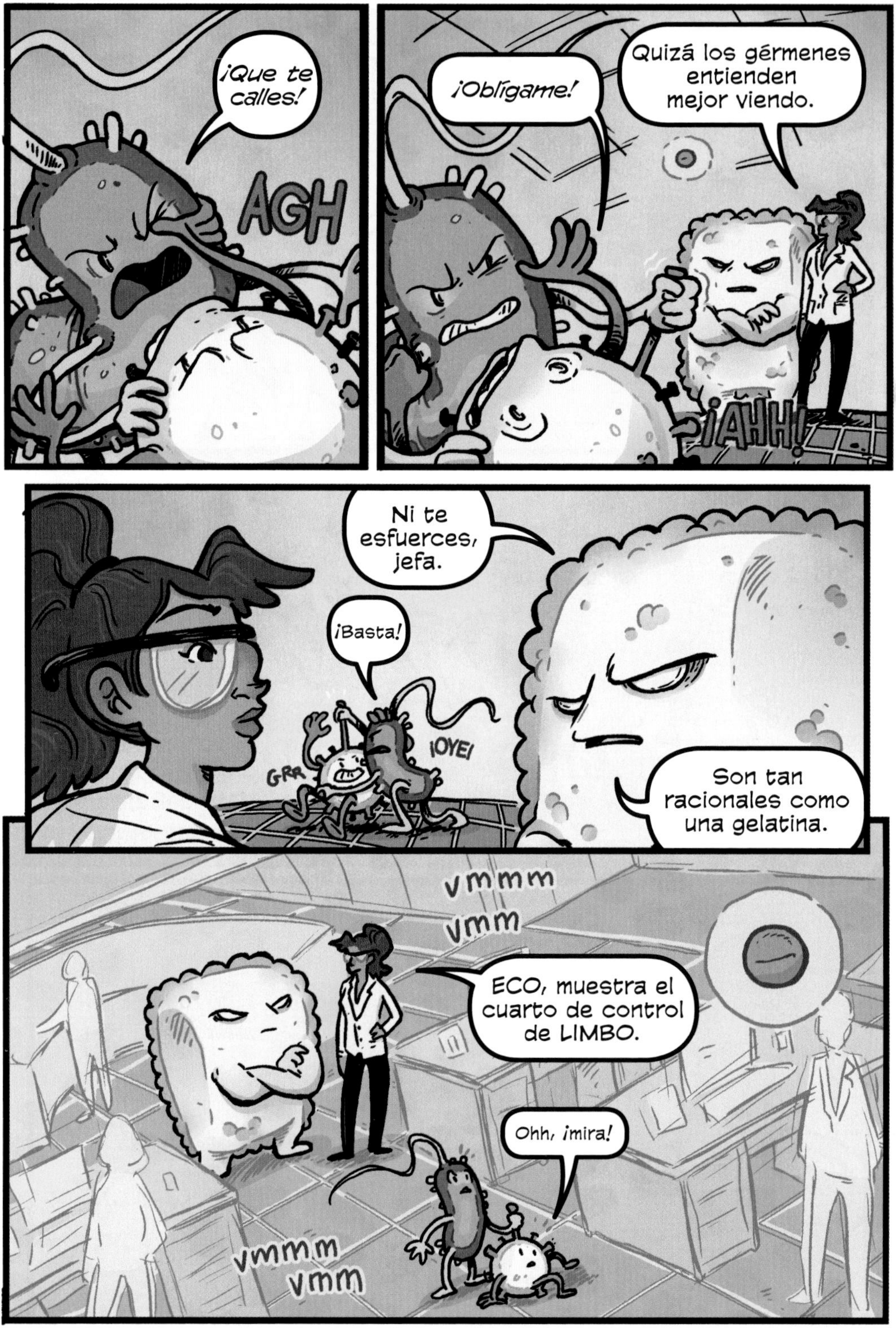
¡Que te calles!
AGH
¡Oblígame!
Quizá los gérmenes entienden mejor viendo.
¡AHH!
Ni te esfuerces, jefa.
¡Basta!
GRR
¡OYE!
Son tan racionales como una gelatina.
vmmm
vmm
ECO, muestra el cuarto de control de LIMBO.
Ohh, ¡mira!
vmmm
vmm

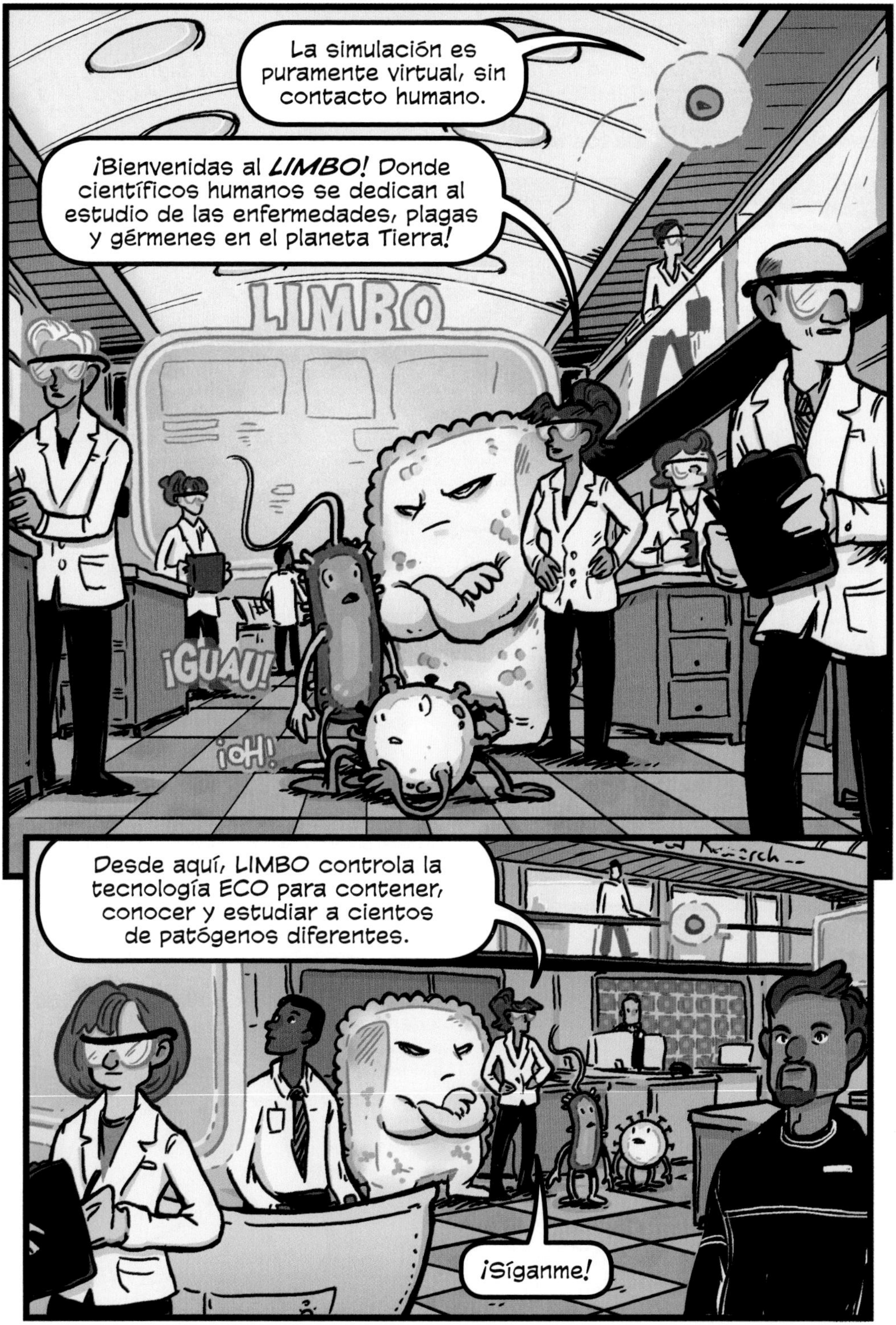

La simulación es puramente virtual, sin contacto humano.
¡Bienvenidas al *LIMBO*! Donde científicos humanos se dedican al estudio de las enfermedades, plagas y gérmenes en el planeta Tierra!
LIMBO
¡GUAU!
¡OH!
Desde aquí, LIMBO controla la tecnología ECO para contener, conocer y estudiar a cientos de patógenos diferentes.
¡Síganme!

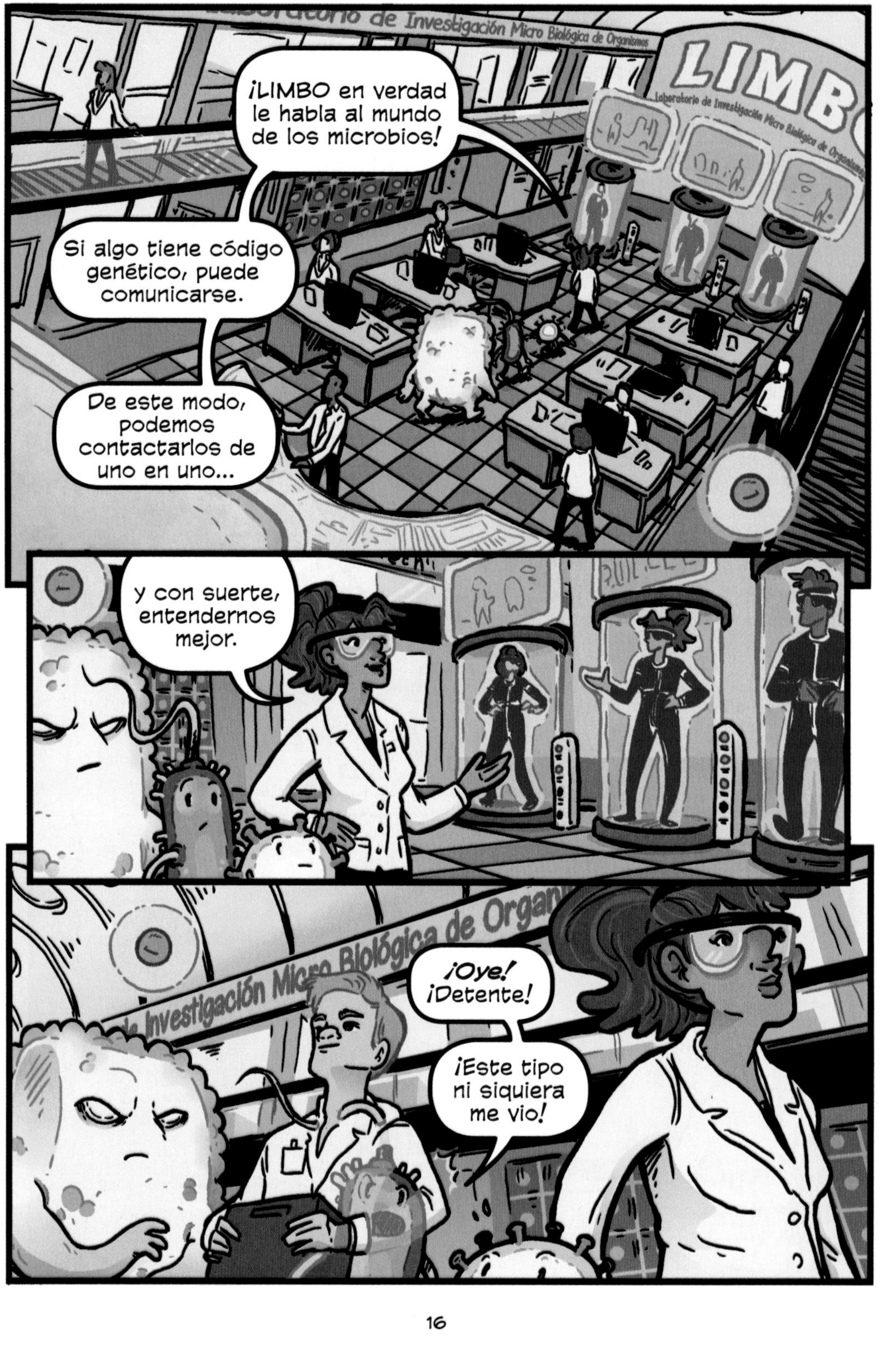
LIMBO
¡LIMBO en verdad le habla al mundo de los microbios!
Si algo tiene código genético, puede comunicarse.
De este modo, podemos contactarlos de uno en uno...
y con suerte, entendernos mejor.
¡Oye! ¡Detente!
¡Este tipo ni siquiera me vio!

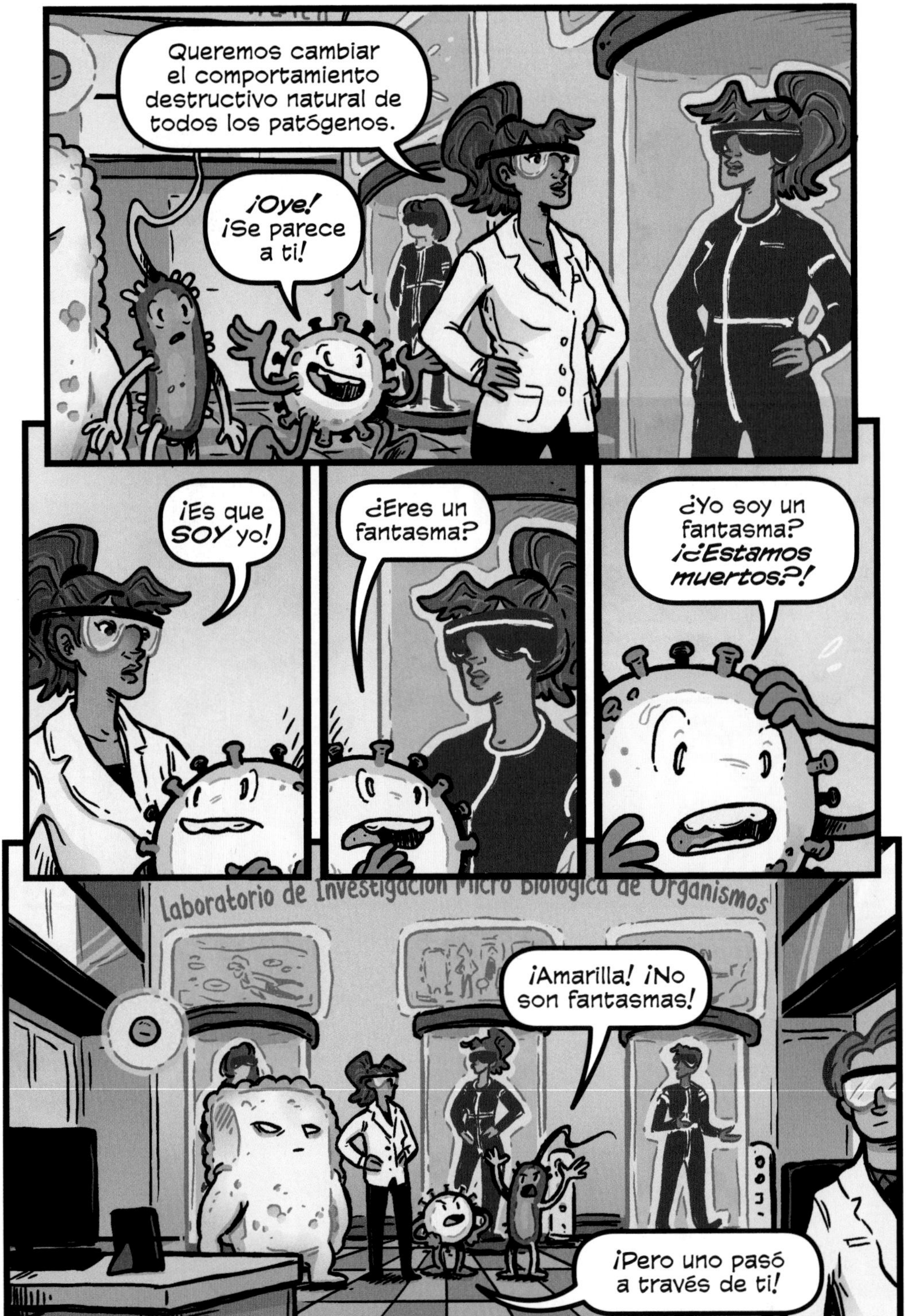
Queremos cambiar el comportamiento destructivo natural de todos los patógenos.
¡Oye! ¡Se parece a ti!
¡Es que SOY yo!
¿Eres un fantasma?
¿Yo soy un fantasma? ¡¿Estamos muertos?!
Laboratorio de Investigación Micro Biológica de Organismos
¡Amarilla! ¡No son fantasmas!
¡Pero uno pasó a través de ti!

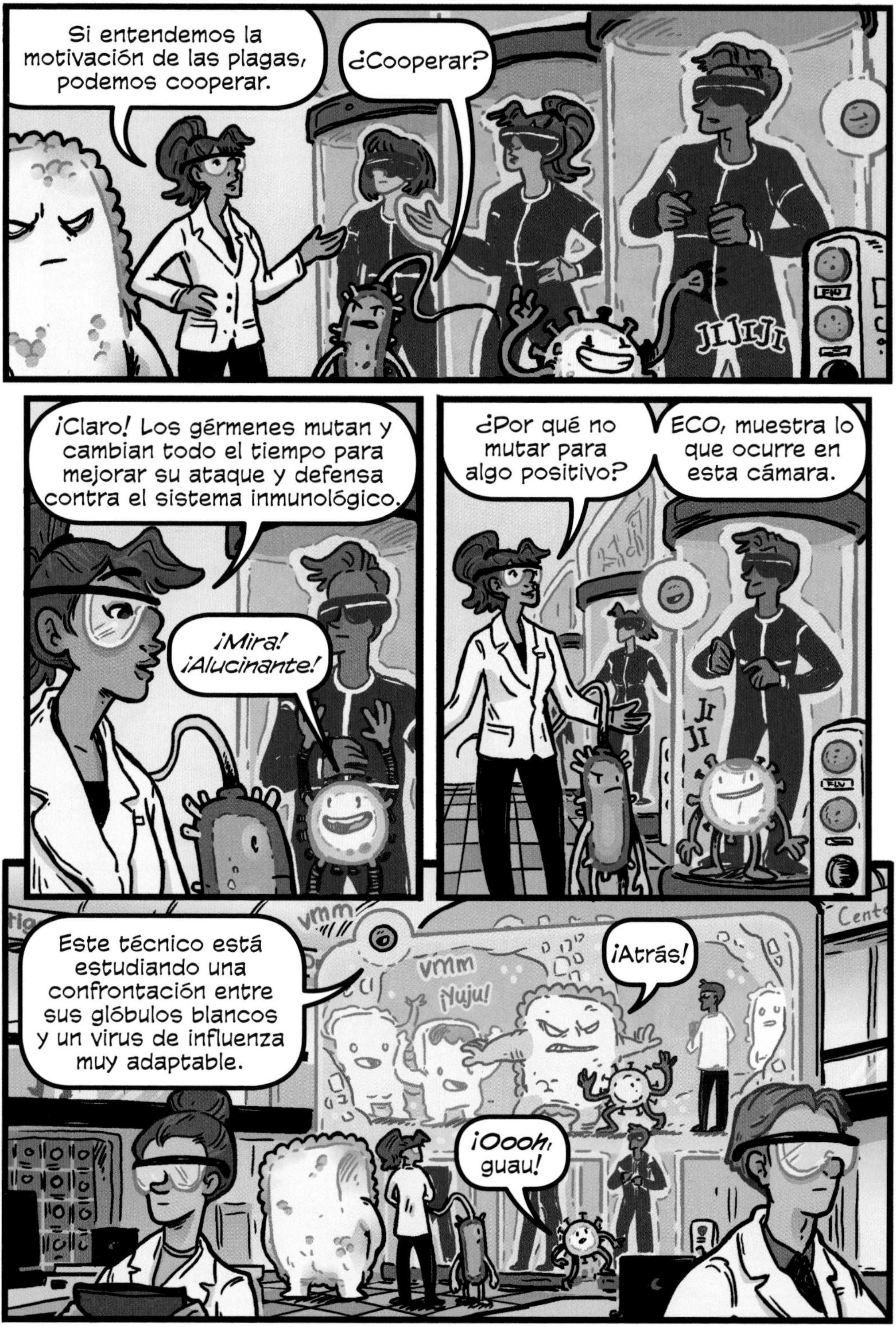

Si entendemos la motivación de las plagas, podemos cooperar.
¿Cooperar?
JIJIJI
¡Claro! Los gérmenes mutan y cambian todo el tiempo para mejorar su ataque y defensa contra el sistema inmunológico.
¡Mira! ¡Alucinante!
¿Por qué no mutar para algo positivo?
ECO, muestra lo que ocurre en esta cámara.
JI JI
Este técnico está estudiando una confrontación entre sus glóbulos blancos y un virus de influenza muy adaptable.
vmm
¡Yuju!
¡Atrás!
¡Oooh, guau!

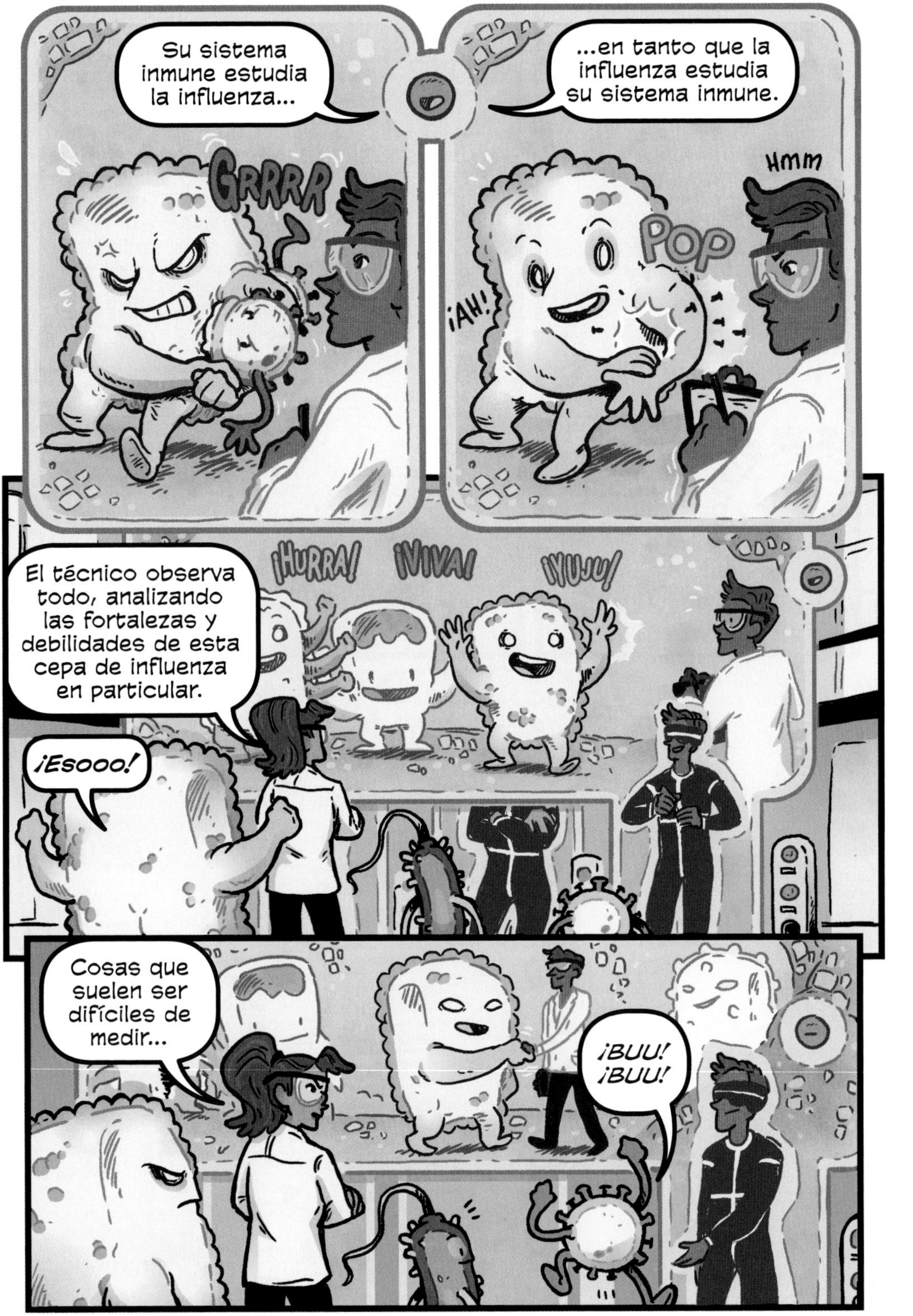
Su sistema inmune estudia la influenza...
GRRRR
...en tanto que la influenza estudia su sistema inmune.
HMM
POP
¡AH!
El técnico observa todo, analizando las fortalezas y debilidades de esta cepa de influenza en particular.
¡HURRA!
¡VIVA!
¡YUJU!
¡Esooo!
Cosas que suelen ser difíciles de medir...
¡BUU! ¡BUU!

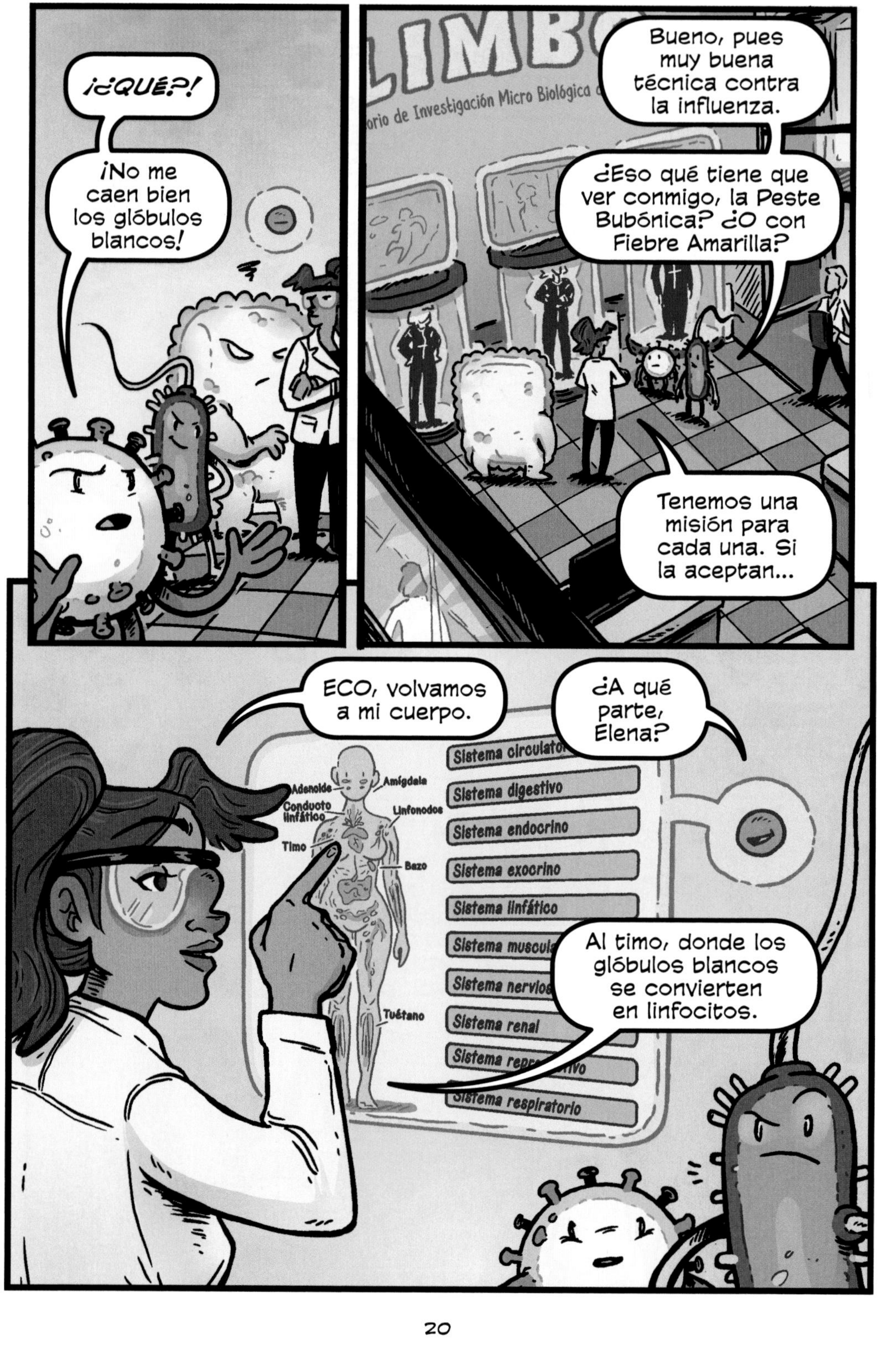
¡¿QUÉ?!
¡No me caen bien los glóbulos blancos!
Bueno, pues muy buena técnica contra la influenza.
¿Eso qué tiene que ver conmigo, la Peste Bubónica? ¿O con Fiebre Amarilla?
Tenemos una misión para cada una. Si la aceptan...
ECO, volvamos a mi cuerpo.
¿A qué parte, Elena?
Adenoide
Amígdala
Conducto linfático
Linfonodos
Timo
Bazo
Tuétano
Sistema digestivo
Sistema endocrino
Sistema exocrino
Sistema linfático
Sistema renal
Sistema respiratorio
Al timo, donde los glóbulos blancos se convierten en linfocitos.

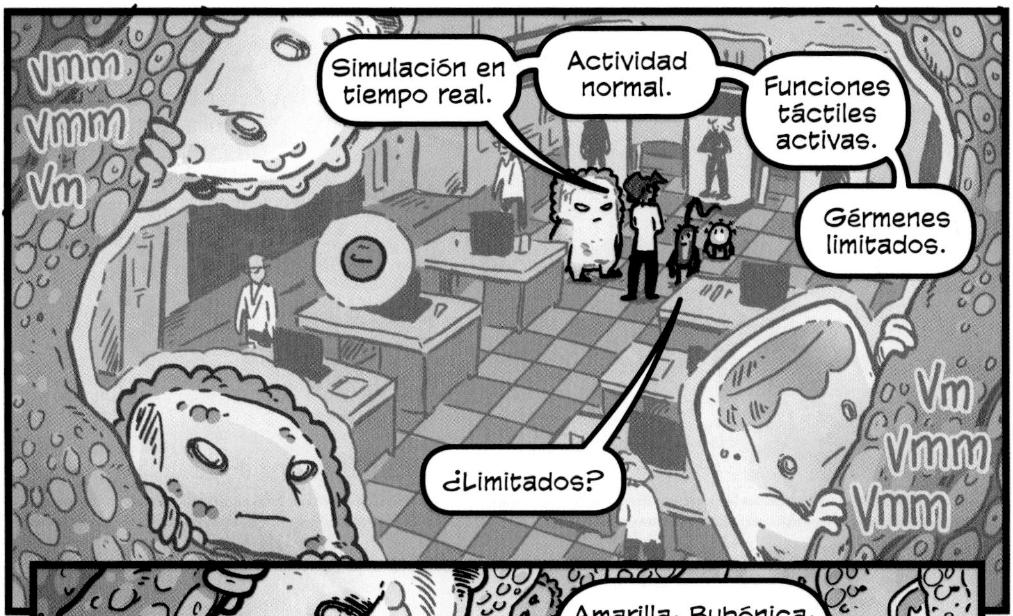
Vmm
Vmm
Vm
Simulación en tiempo real.
Actividad normal.
Funciones táctiles activas.
Gérmenes limitados.
¿Limitados?
Vm
Vmm
Vmm

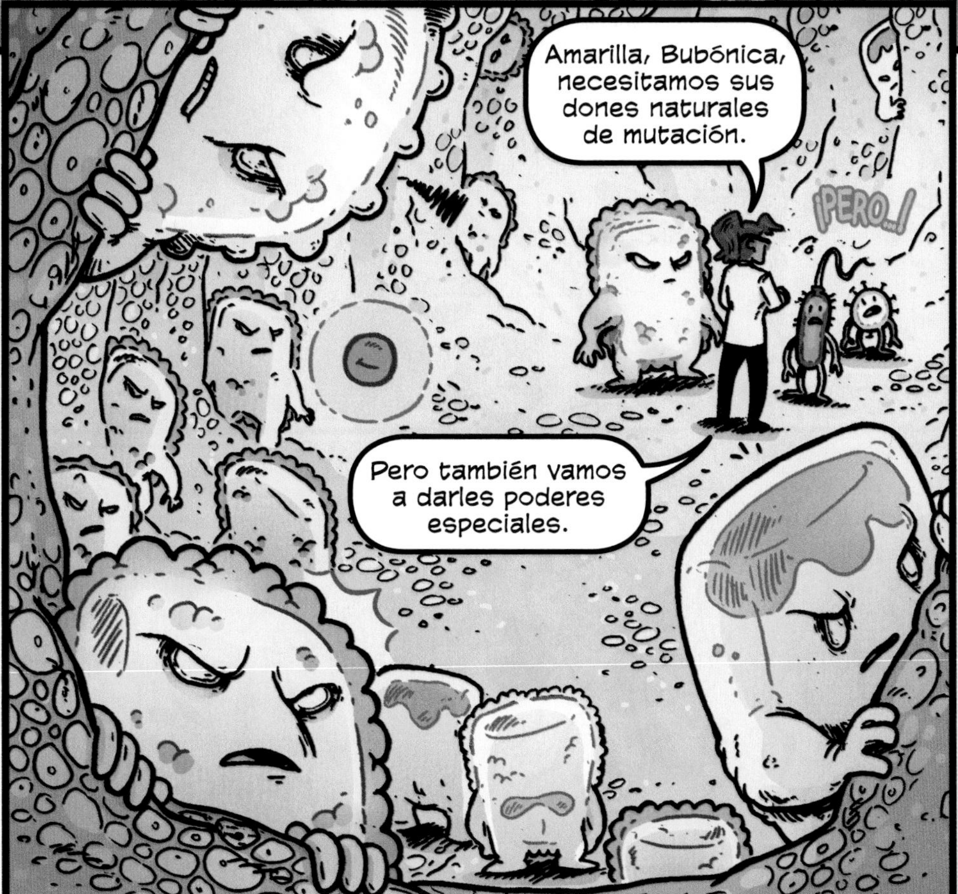
Amarilla, Bubónica, necesitamos sus dones naturales de mutación.
¡PERO...!
Pero también vamos a darles poderes especiales.

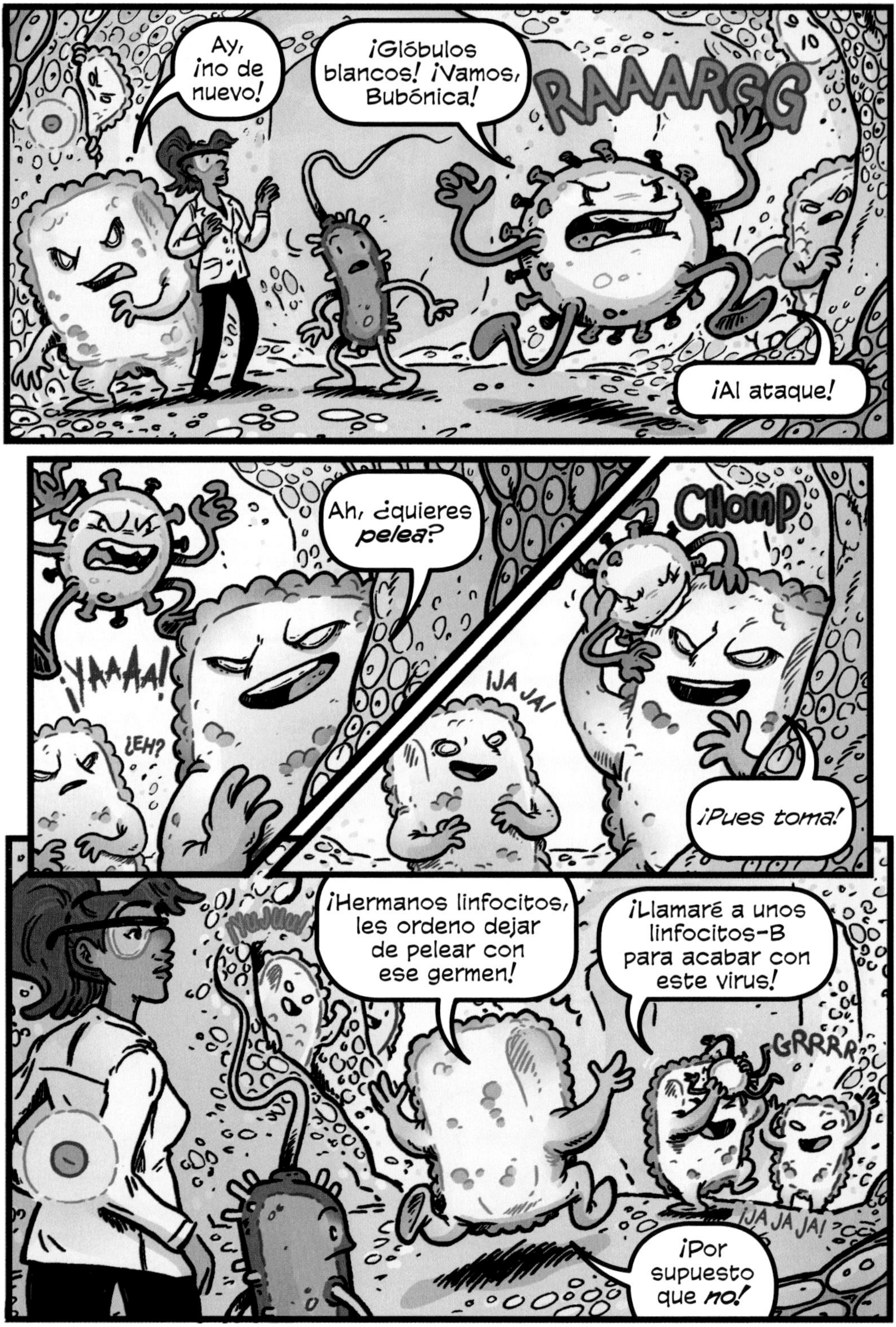
Ay, ¡no de nuevo!
¡Glóbulos blancos! ¡Vamos, Bubónica!
RAAARGG
¡Al ataque!
Ah, ¿quieres *pelea*?
¡YAAAA!
¿EH?
CHOMP
¡JA JA!
¡Pues toma!
¡Hermanos linfocitos, les ordeno dejar de pelear con ese germen!
¡Llamaré a unos linfocitos-B para acabar con este virus!
GRRRR
¡JA JA JA!
¡Por supuesto que *no*!

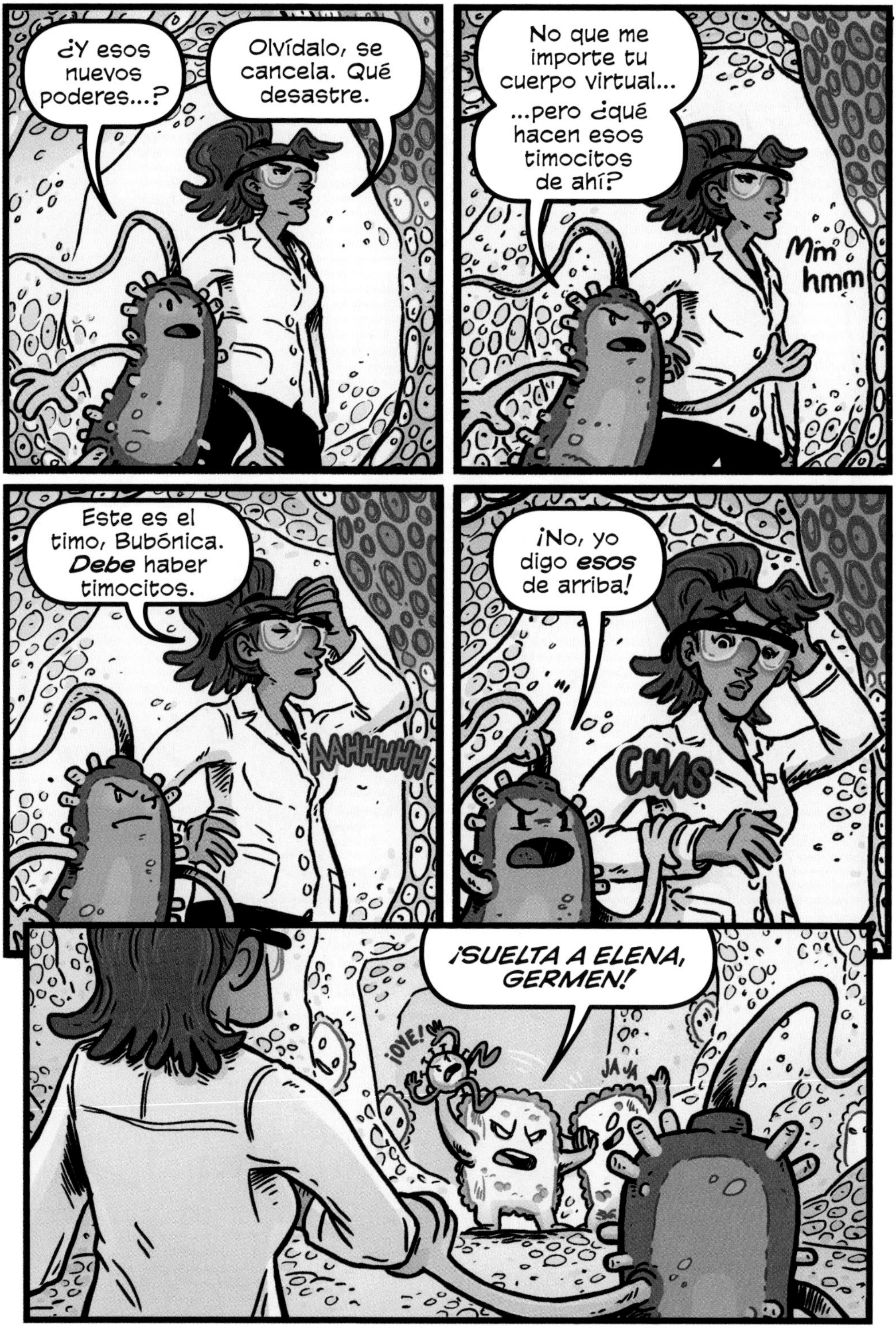
¿Y esos nuevos poderes...?
Olvídalo, se cancela. Qué desastre.
No que me importe tu cuerpo virtual...
...pero ¿qué hacen esos timocitos de ahí?
Mm hmm
Este es el timo, Bubónica. *Debe* haber timocitos.
AAHHHHH
¡No, yo digo *esos* de arriba!
CHAS
¡SUELTA A ELENA, GERMEN!
¡OYE!
JA JA

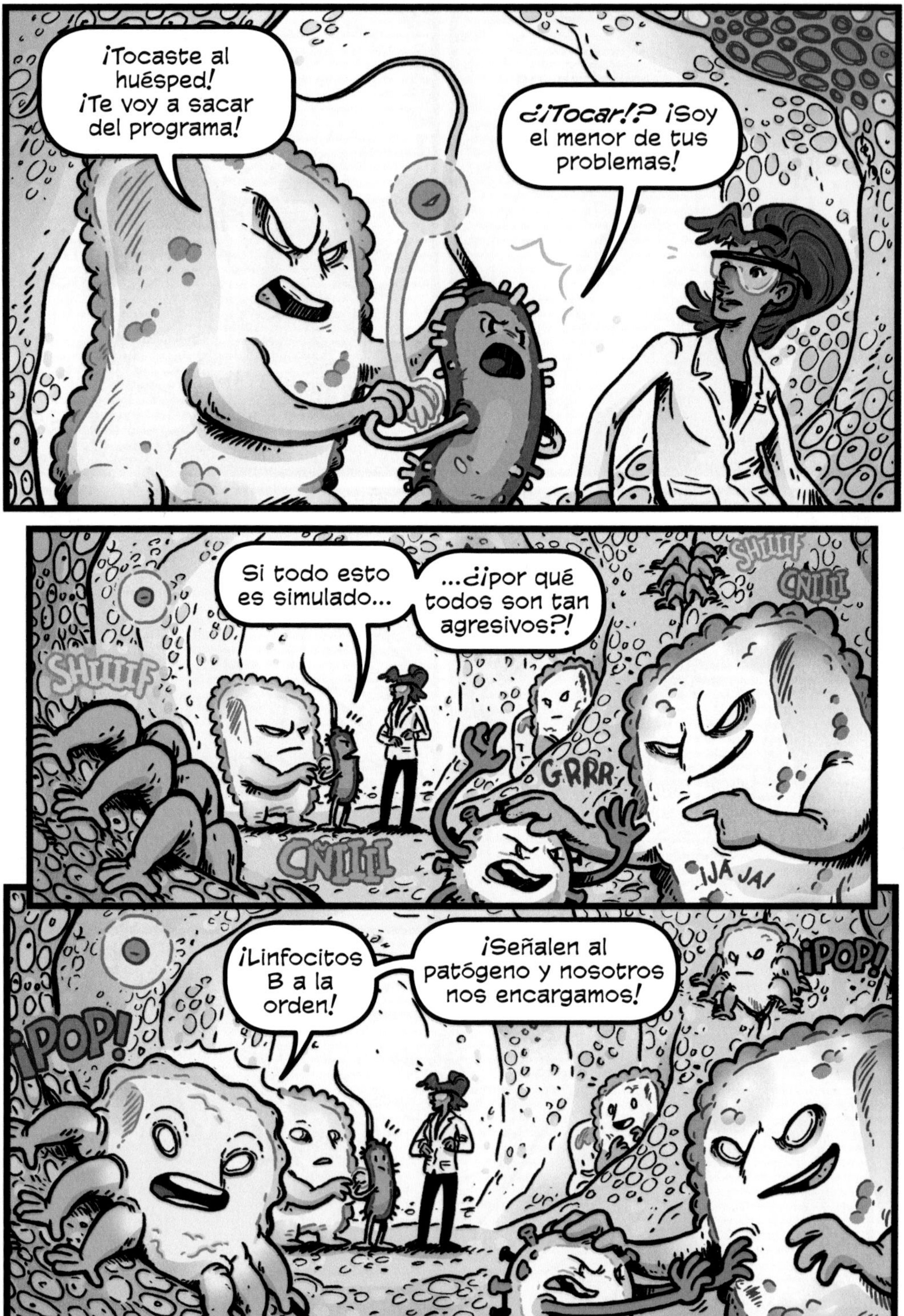
¡Tocaste al huésped! ¡Te voy a sacar del programa!
¿¡Tocar!? ¡Soy el menor de tus problemas!
Si todo esto es simulado...
...¿¡por qué todos son tan agresivos?!
SHIIIF
CNIII
SHIIIF
GRRR
CNIII
¡JA JA!
¡Linfocitos B a la orden!
¡Señalen al patógeno y nosotros nos encargamos!
¡POP!
¡POP!

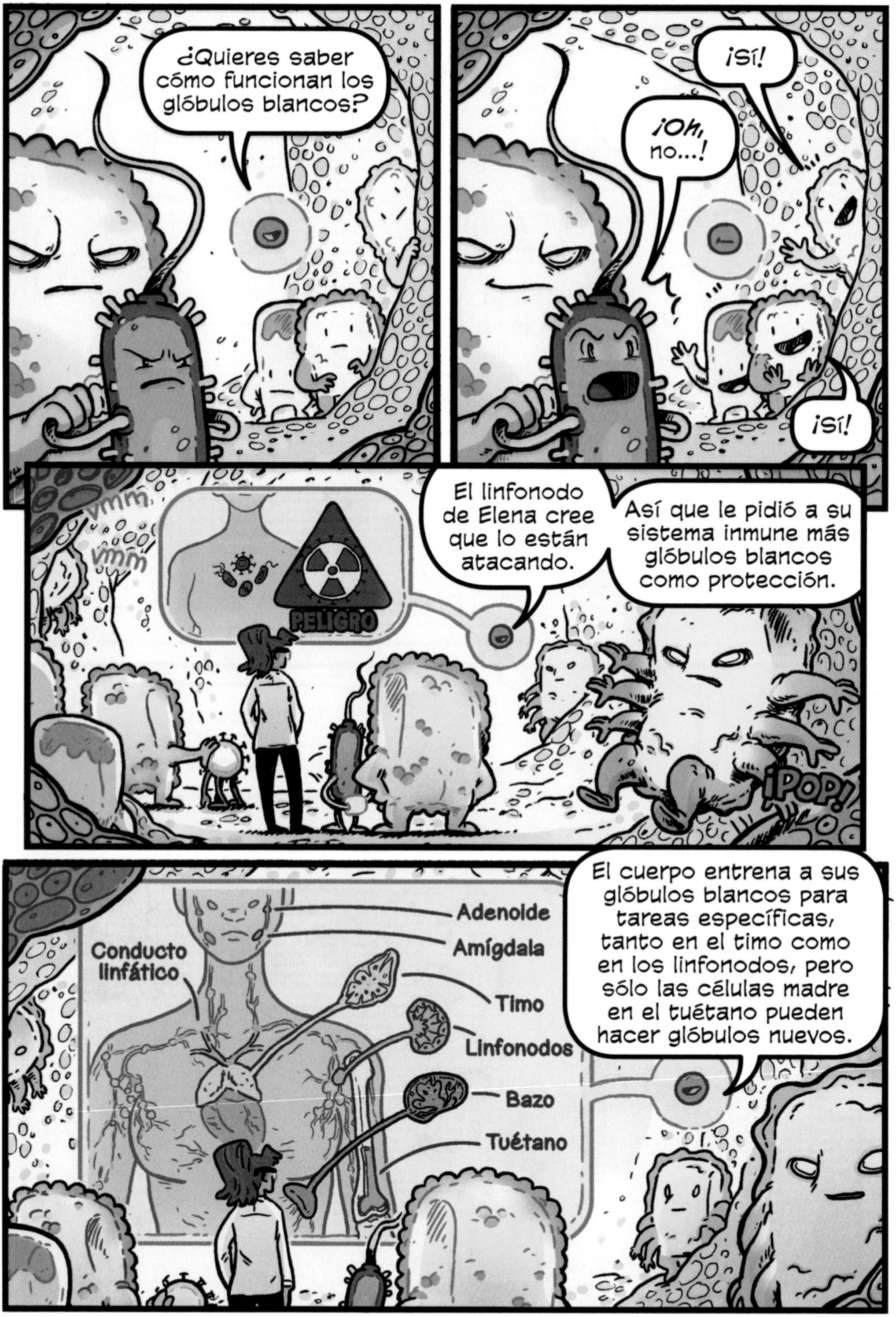
¿Quieres saber cómo funcionan los glóbulos blancos?
¡Sí!
¡Oh, no...!
¡Sí!
VMM
VMM
PELIGRO
El linfonodo de Elena cree que lo están atacando.
Así que le pidió a su sistema inmune más glóbulos blancos como protección.
¡POP!
Adenoide
Amígdala
Conducto linfático
Timo
Linfonodos
Bazo
Tuétano
El cuerpo entrena a sus glóbulos blancos para tareas específicas, tanto en el timo como en los linfonodos, pero sólo las células madre en el tuétano pueden hacer glóbulos nuevos.

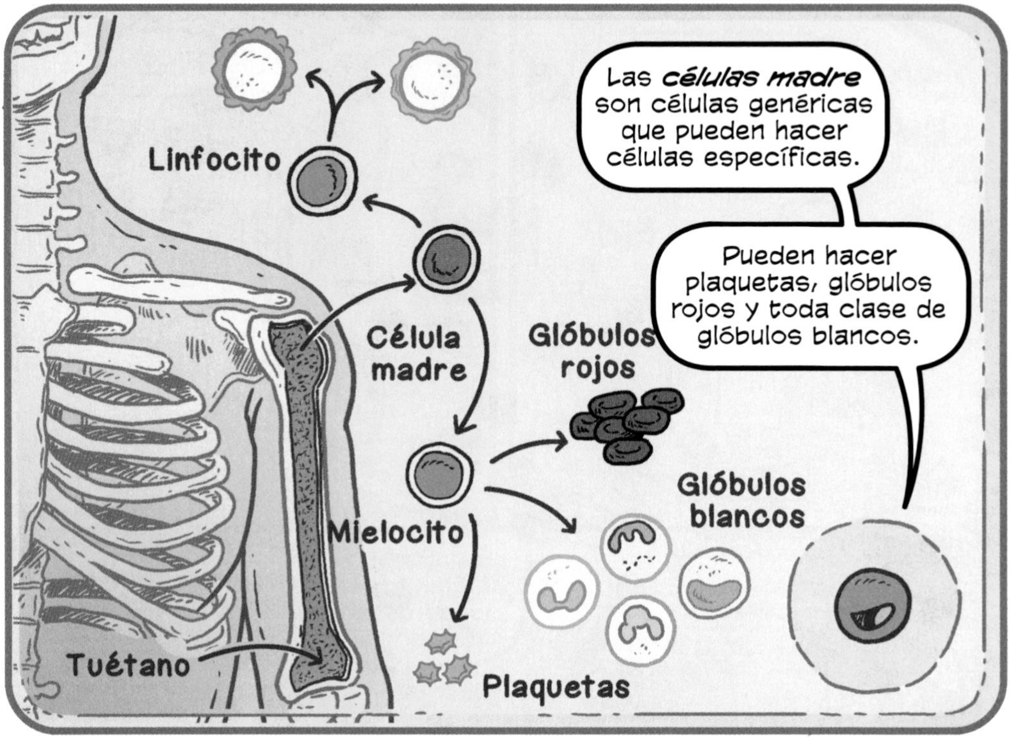
Linfocito
Célula madre
Glóbulos rojos
Glóbulos blancos
Mielocito
Tuétano
Plaquetas
Las *células madre* son células genéricas que pueden hacer células específicas.
Pueden hacer plaquetas, glóbulos rojos y toda clase de glóbulos blancos.

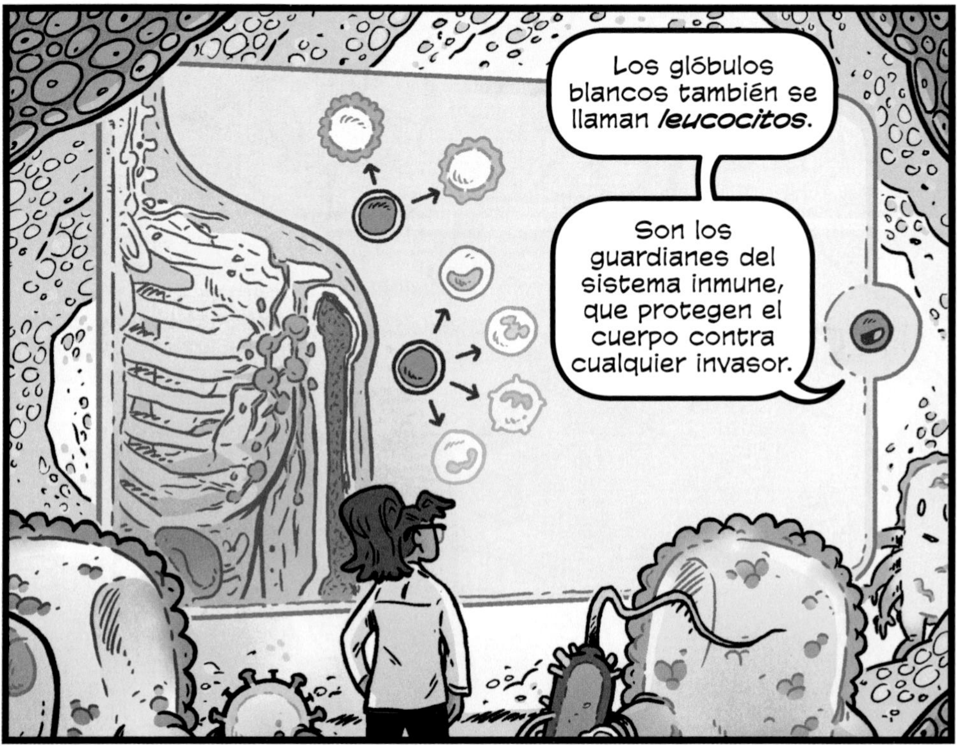
Los glóbulos blancos también se llaman *leucocitos*.
Son los guardianes del sistema inmune, que protegen el cuerpo contra cualquier invasor.

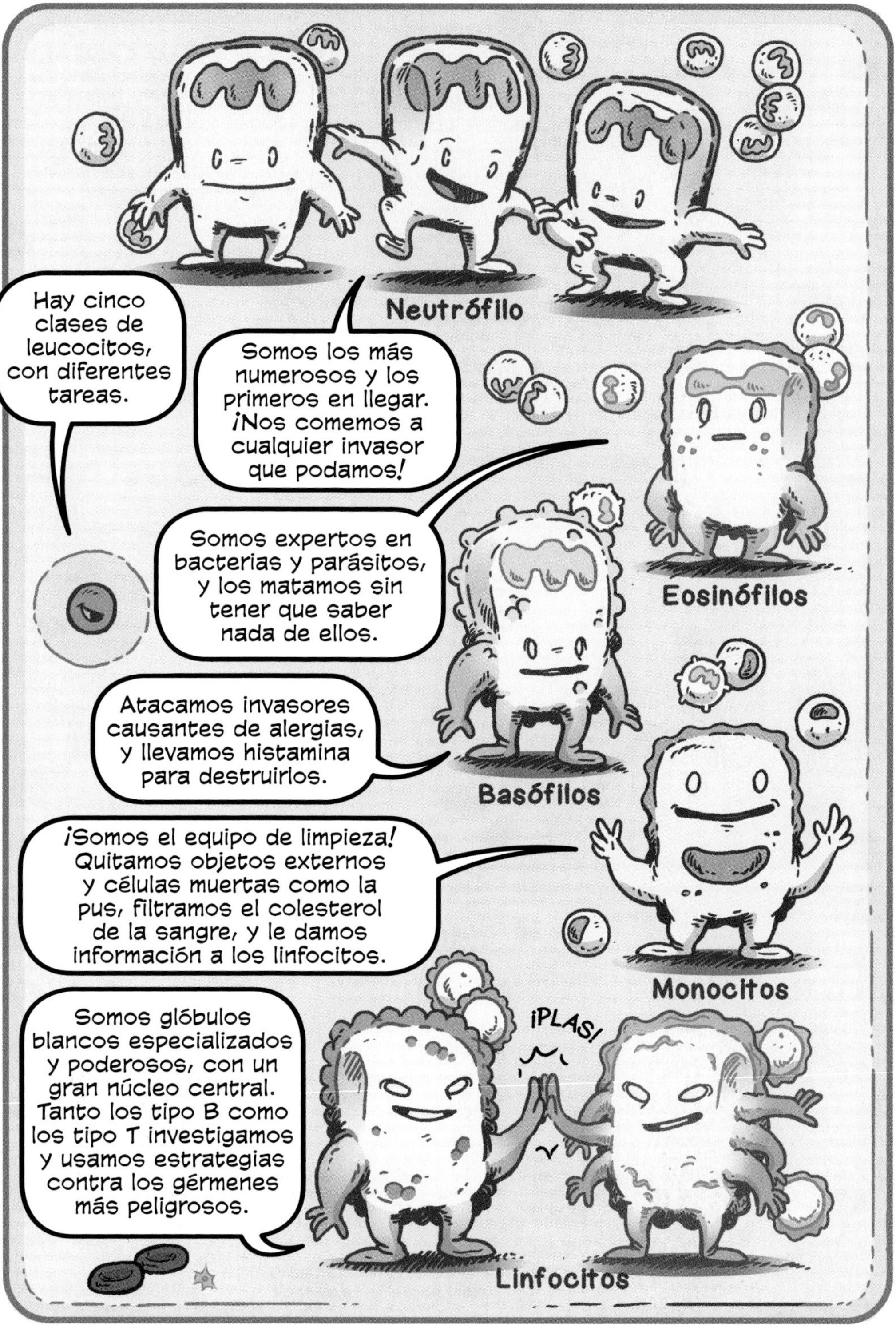
Neutrófilo
Hay cinco clases de leucocitos, con diferentes tareas.
Somos los más numerosos y los primeros en llegar. ¡Nos comemos a cualquier invasor que podamos!
Somos expertos en bacterias y parásitos, y los matamos sin tener que saber nada de ellos.
Eosinófilos
Atacamos invasores causantes de alergias, y llevamos histamina para destruirlos.
Basófilos
¡Somos el equipo de limpieza! Quitamos objetos externos y células muertas como la pus, filtramos el colesterol de la sangre, y le damos información a los linfocitos.
Monocitos
Somos glóbulos blancos especializados y poderosos, con un gran núcleo central. Tanto los tipo B como los tipo T investigamos y usamos estrategias contra los gérmenes más peligrosos.
¡PLAS!
Linfocitos

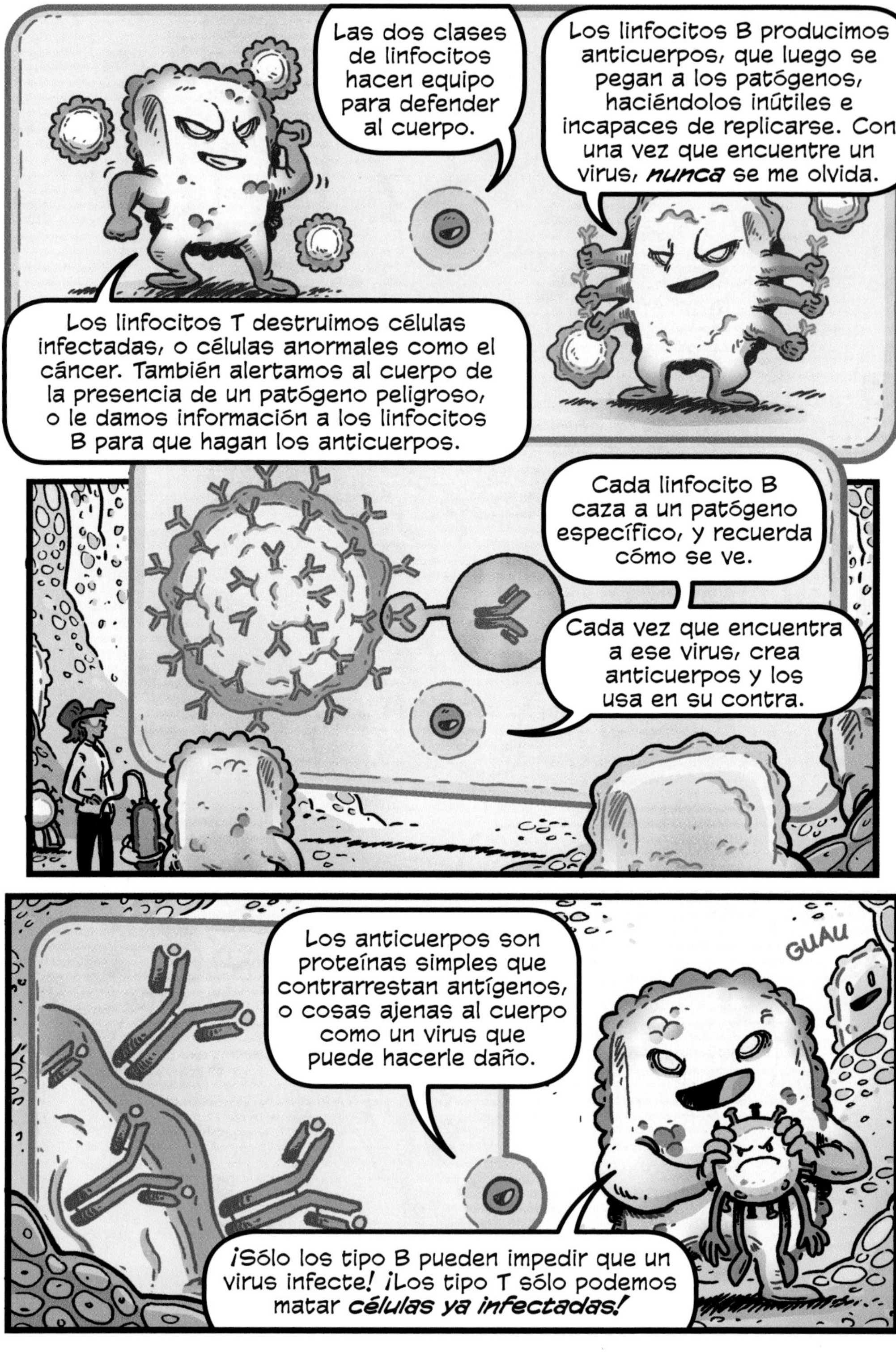
Las dos clases de linfocitos hacen equipo para defender al cuerpo.
Los linfocitos B producimos anticuerpos, que luego se pegan a los patógenos, haciéndolos inútiles e incapaces de replicarse. Con una vez que encuentre un virus, *nunca* se me olvida.
Los linfocitos T destruimos células infectadas, o células anormales como el cáncer. También alertamos al cuerpo de la presencia de un patógeno peligroso, o le damos información a los linfocitos B para que hagan los anticuerpos.
Cada linfocito B caza a un patógeno específico, y recuerda cómo se ve.
Cada vez que encuentra a ese virus, crea anticuerpos y los usa en su contra.
Los anticuerpos son proteínas simples que contrarrestan antígenos, o cosas ajenas al cuerpo como un virus que puede hacerle daño.
GUAU
¡Sólo los tipo B pueden impedir que un virus infecte! ¡Los tipo T sólo podemos matar *células ya infectadas!*

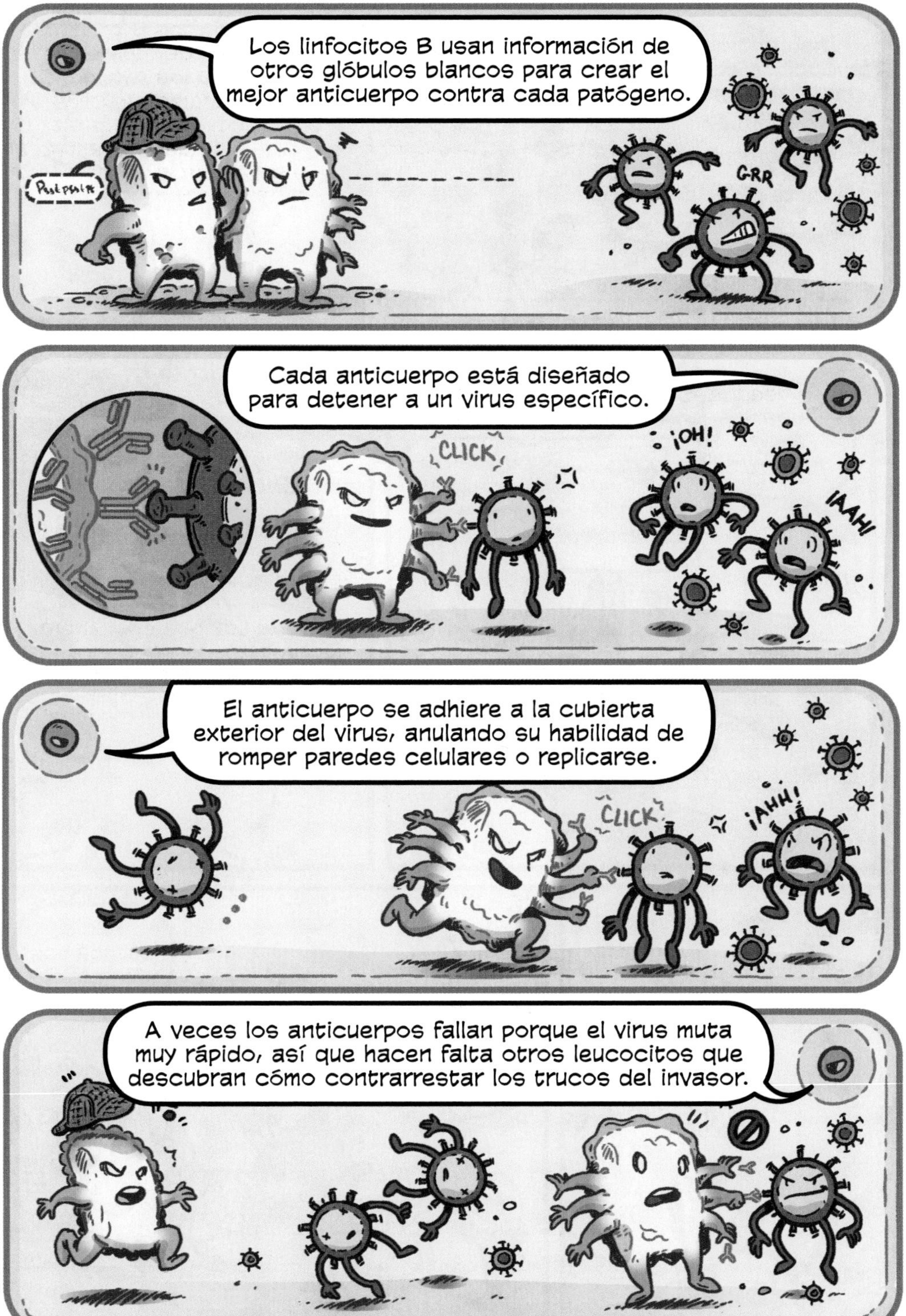
Los linfocitos B usan información de otros glóbulos blancos para crear el mejor anticuerpo contra cada patógeno.
GRR
Cada anticuerpo está diseñado para detener a un virus específico.
CLICK
¡OH!
¡AAH!
El anticuerpo se adhiere a la cubierta exterior del virus, anulando su habilidad de romper paredes celulares o replicarse.
CLICK
¡AHH!
A veces los anticuerpos fallan porque el virus muta muy rápido, así que hacen falta otros leucocitos que descubran cómo contrarrestar los trucos del invasor.

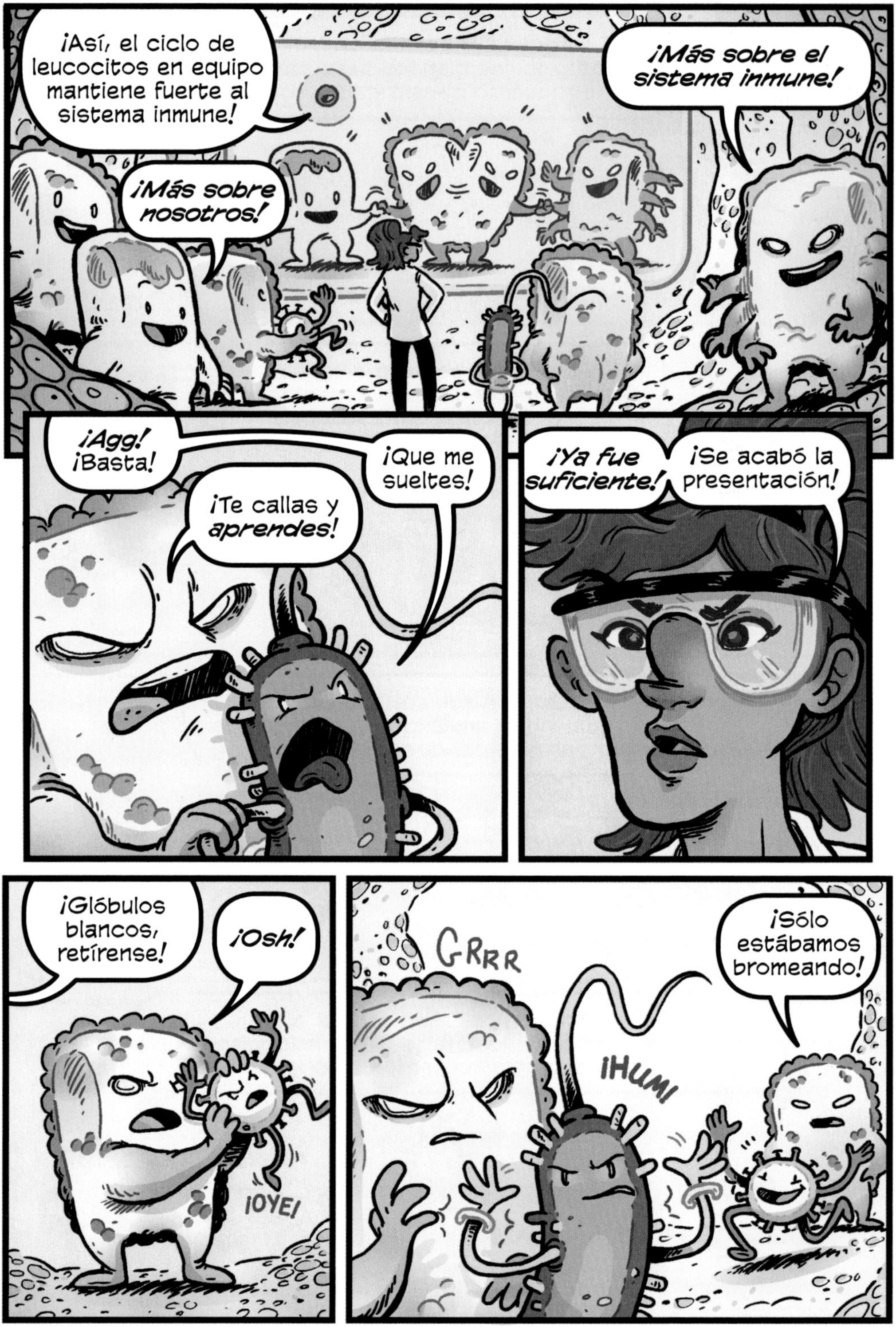
¡Así, el ciclo de leucocitos en equipo mantiene fuerte al sistema inmune!
¡Más sobre el sistema inmune!
¡Más sobre nosotros!
¡Agg! ¡Basta!
¡Que me sueltes!
¡Te callas y aprendes!
¡Ya fue suficiente!
¡Se acabó la presentación!
¡Glóbulos blancos, retírense!
¡Osh!
¡OYE!
GRRR
¡HUM!
¡Sólo estábamos bromeando!

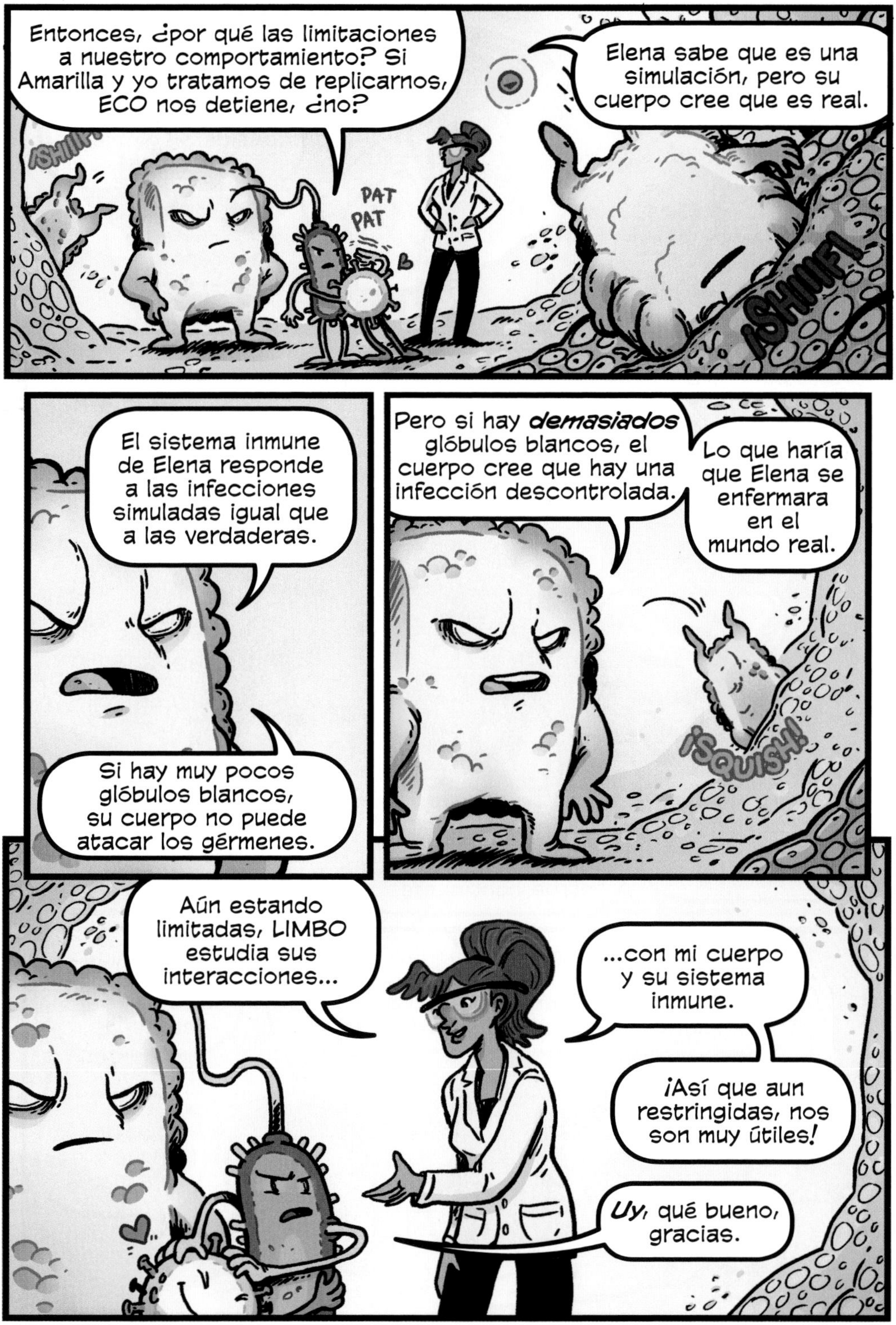
Entonces, ¿por qué las limitaciones a nuestro comportamiento? Si Amarilla y yo tratamos de replicarnos, ECO nos detiene, ¿no?
¡SHHHF!
PAT PAT
Elena sabe que es una simulación, pero su cuerpo cree que es real.
¡SHHHF!
El sistema inmune de Elena responde a las infecciones simuladas igual que a las verdaderas.
Si hay muy pocos glóbulos blancos, su cuerpo no puede atacar los gérmenes.
Pero si hay *demasiados* glóbulos blancos, el cuerpo cree que hay una infección descontrolada.
Lo que haría que Elena se enfermara en el mundo real.
¡SQUISH!
Aún estando limitadas, LIMBO estudia sus interacciones...
...con mi cuerpo y su sistema inmune.
¡Así que aun restringidas, nos son muy útiles!
Uy, qué bueno, gracias.

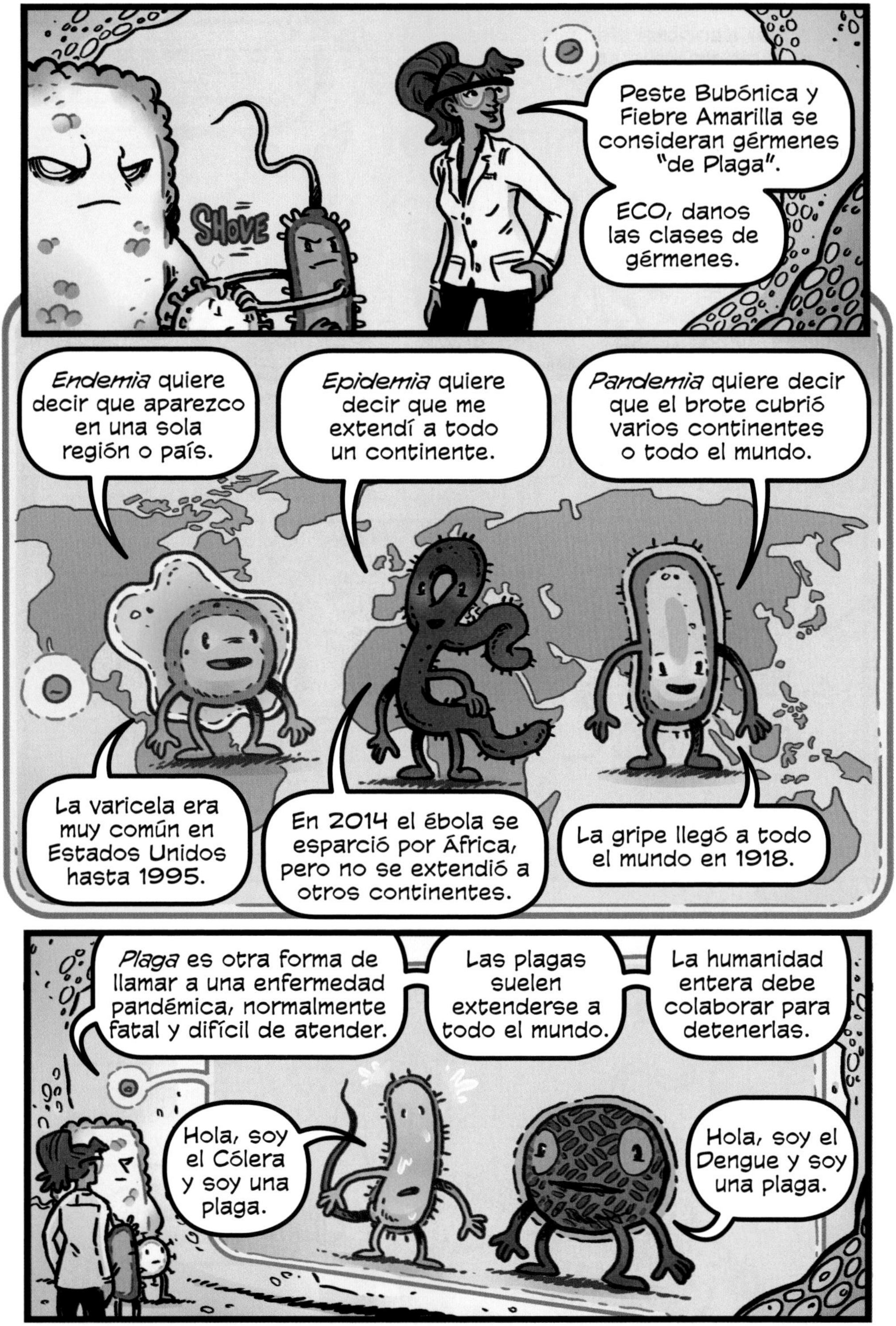
SHOVE
Peste Bubónica y Fiebre Amarilla se consideran gérmenes "de Plaga".
ECO, danos las clases de gérmenes.
Endemia quiere decir que aparezco en una sola región o país.
Epidemia quiere decir que me extendí a todo un continente.
Pandemia quiere decir que el brote cubrió varios continentes o todo el mundo.
La varicela era muy común en Estados Unidos hasta 1995.
En 2014 el ébola se esparció por África, pero no se extendió a otros continentes.
La gripe llegó a todo el mundo en 1918.
Plaga es otra forma de llamar a una enfermedad pandémica, normalmente fatal y difícil de atender.
Las plagas suelen extenderse a todo el mundo.
La humanidad entera debe colaborar para detenerlas.
Hola, soy el Cólera y soy una plaga.
Hola, soy el Dengue y soy una plaga.

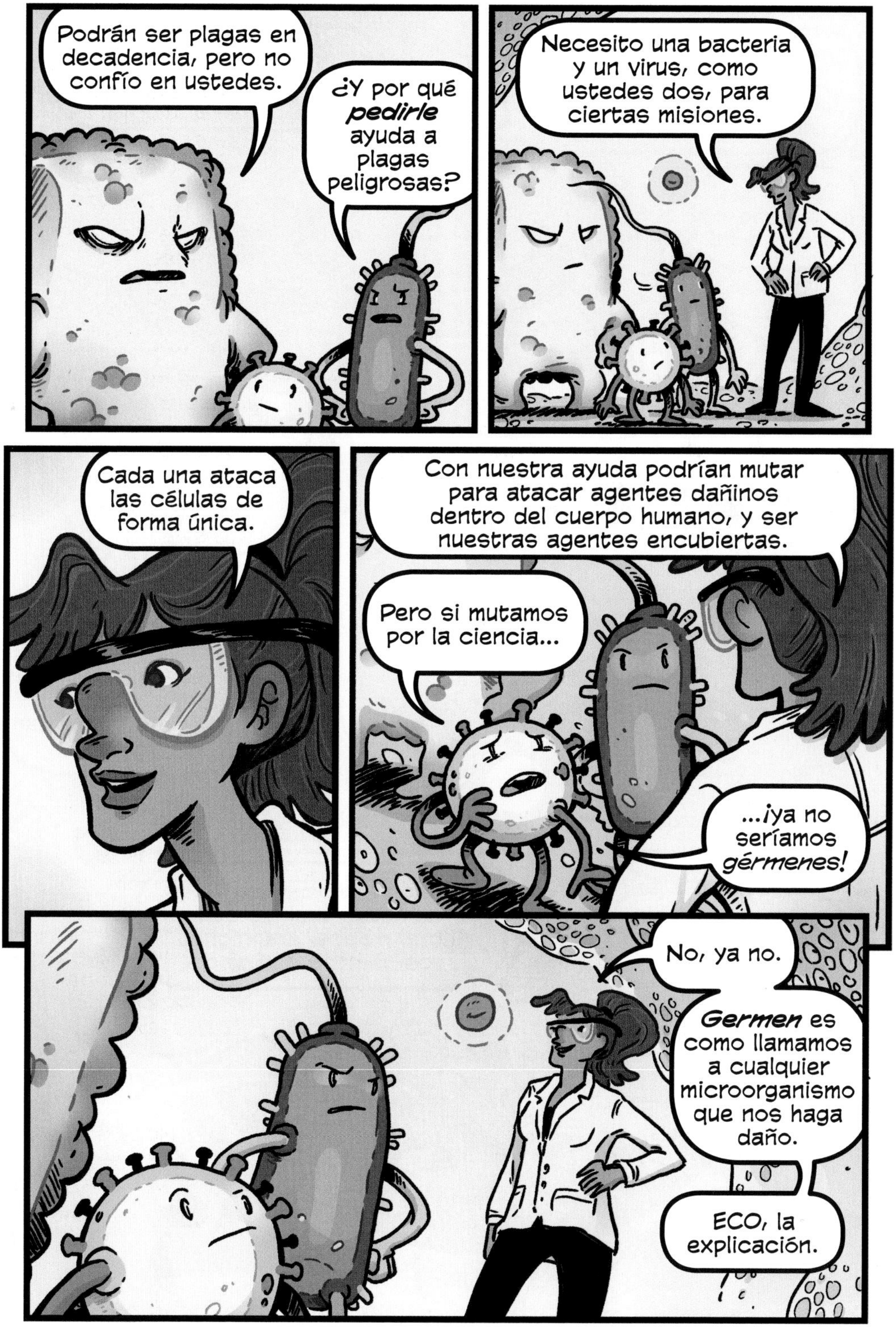
Podrán ser plagas en decadencia, pero no confío en ustedes.
¿Y por qué *pedirle* ayuda a plagas peligrosas?
Necesito una bacteria y un virus, como ustedes dos, para ciertas misiones.
Cada una ataca las células de forma única.
Con nuestra ayuda podrían mutar para atacar agentes dañinos dentro del cuerpo humano, y ser nuestras agentes encubiertas.
Pero si mutamos por la ciencia...
...¡ya no seríamos *gérmenes*!
No, ya no.
Germen es como llamamos a cualquier microorganismo que nos haga daño.
ECO, la explicación.

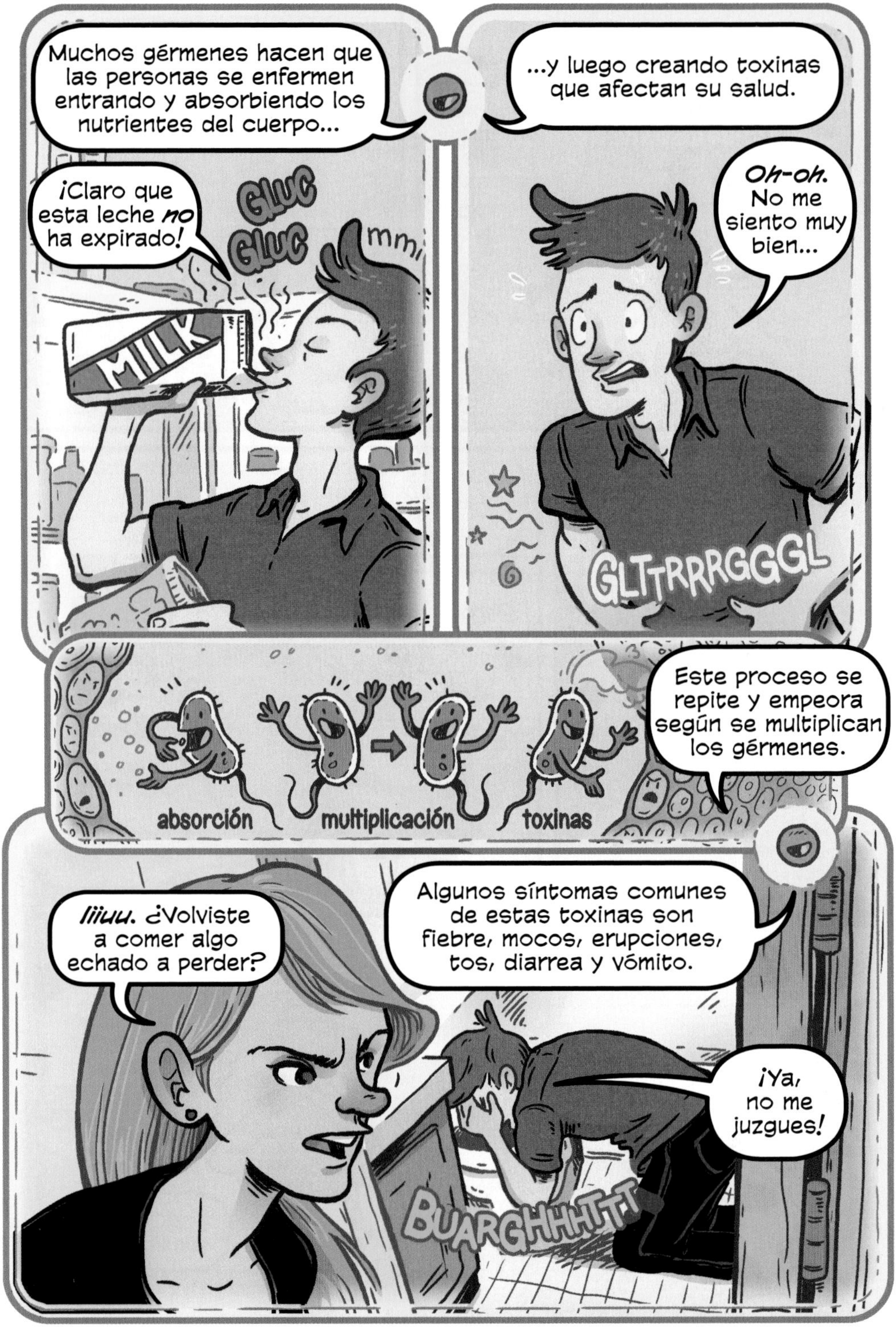
Muchos gérmenes hacen que las personas se enfermen entrando y absorbiendo los nutrientes del cuerpo...
¡Claro que esta leche *no* ha expirado!
GLUC GLUC
mmm
MILK
...y luego creando toxinas que afectan su salud.
Oh-oh. No me siento muy bien...
GLTTRRRGGGL
Este proceso se repite y empeora según se multiplican los gérmenes.
absorción
multiplicación
toxinas
Iiiuu. ¿Volviste a comer algo echado a perder?
Algunos síntomas comunes de estas toxinas son fiebre, mocos, erupciones, tos, diarrea y vómito.
¡Ya, no me juzgues!
BUARGHHHTTT

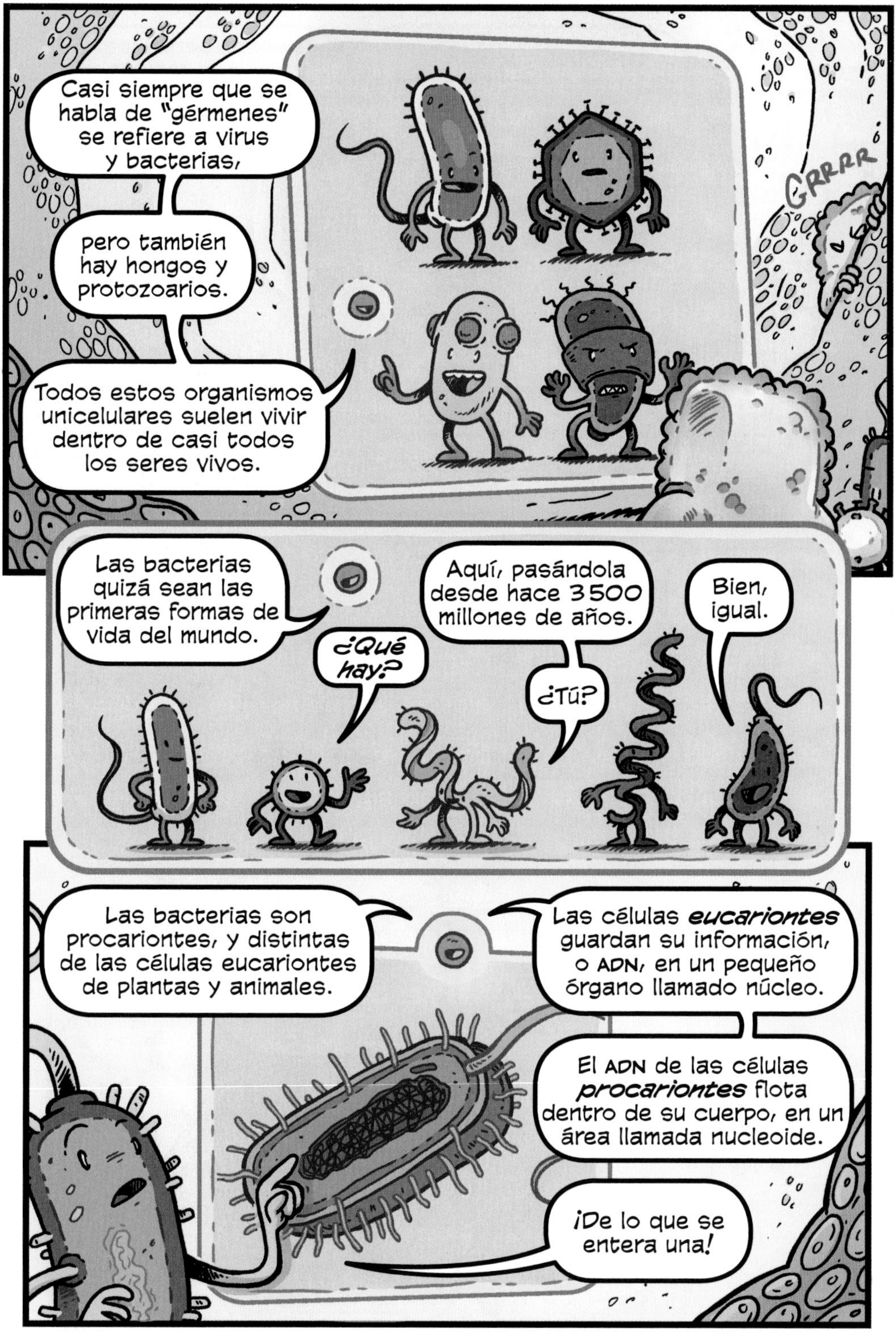
Casi siempre que se habla de "gérmenes" se refiere a virus y bacterias,
pero también hay hongos y protozoarios.
Todos estos organismos unicelulares suelen vivir dentro de casi todos los seres vivos.
GRRRR
Las bacterias quizá sean las primeras formas de vida del mundo.
¿Qué hay?
Aquí, pasándola desde hace 3 500 millones de años.
¿Tú?
Bien, igual.
Las bacterias son procariontes, y distintas de las células eucariontes de plantas y animales.
Las células *eucariontes* guardan su información, o ADN, en un pequeño órgano llamado núcleo.
El ADN de las células *procariontes* flota dentro de su cuerpo, en un área llamada nucleoide.
¡De lo que se entera una!

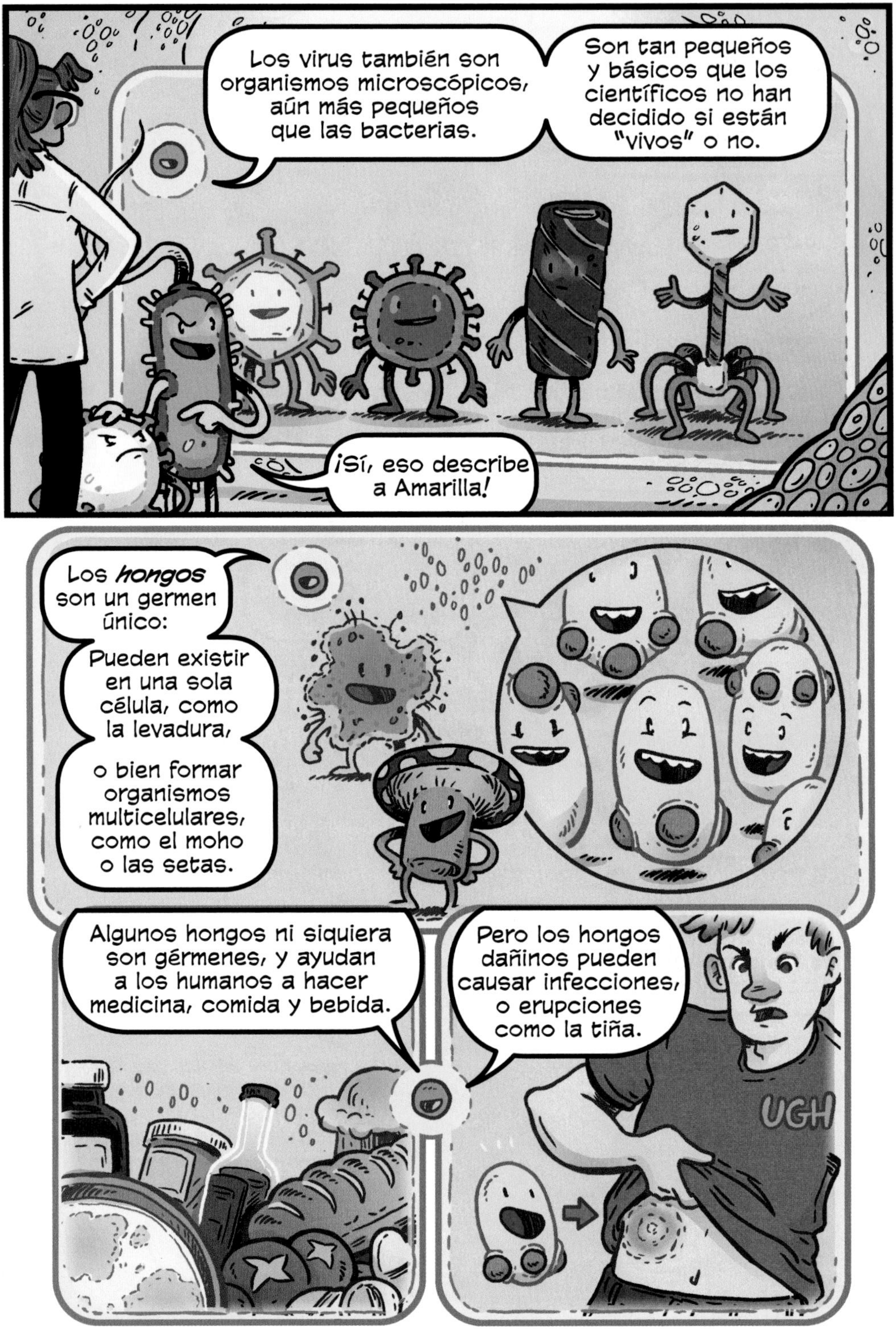
Los virus también son organismos microscópicos, aún más pequeños que las bacterias.
Son tan pequeños y básicos que los científicos no han decidido si están "vivos" o no.
¡Sí, eso describe a Amarilla!
Los *hongos* son un germen único:
Pueden existir en una sola célula, como la levadura,
o bien formar organismos multicelulares, como el moho o las setas.
Algunos hongos ni siquiera son gérmenes, y ayudan a los humanos a hacer medicina, comida y bebida.
Pero los hongos dañinos pueden causar infecciones, o erupciones como la tiña.
UGH

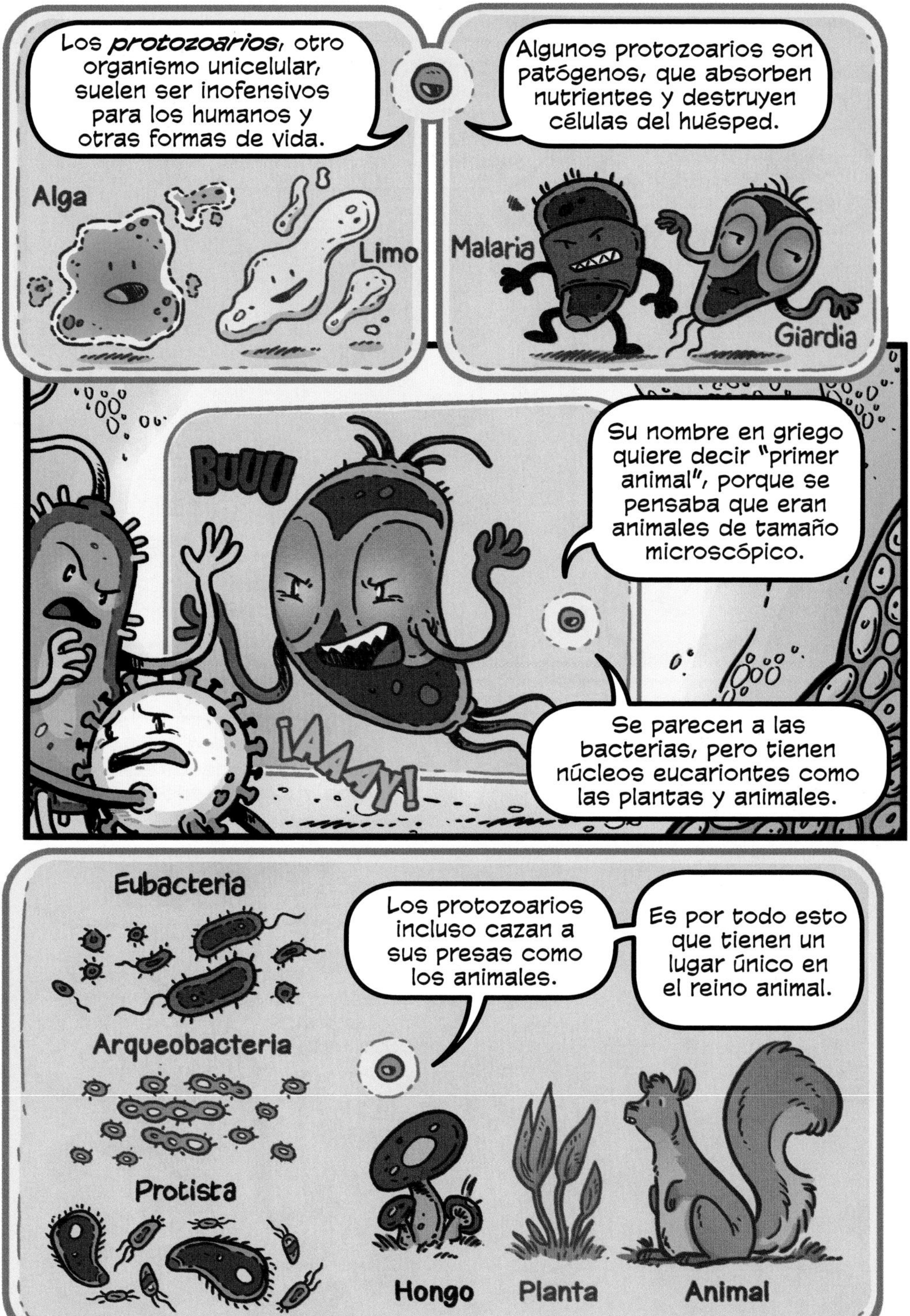
Los protozoarios, otro organismo unicelular, suelen ser inofensivos para los humanos y otras formas de vida.
Alga
Limo
Algunos protozoarios son patógenos, que absorben nutrientes y destruyen células del huésped.
Malaria
Giardia
BUUU
Su nombre en griego quiere decir "primer animal", porque se pensaba que eran animales de tamaño microscópico.
¡AAAAY!
Se parecen a las bacterias, pero tienen núcleos eucariontes como las plantas y animales.
Eubacteria
Arqueobacteria
Protista
Los protozoarios incluso cazan a sus presas como los animales.
Es por todo esto que tienen un lugar único en el reino animal.
Hongo
Planta
Animal

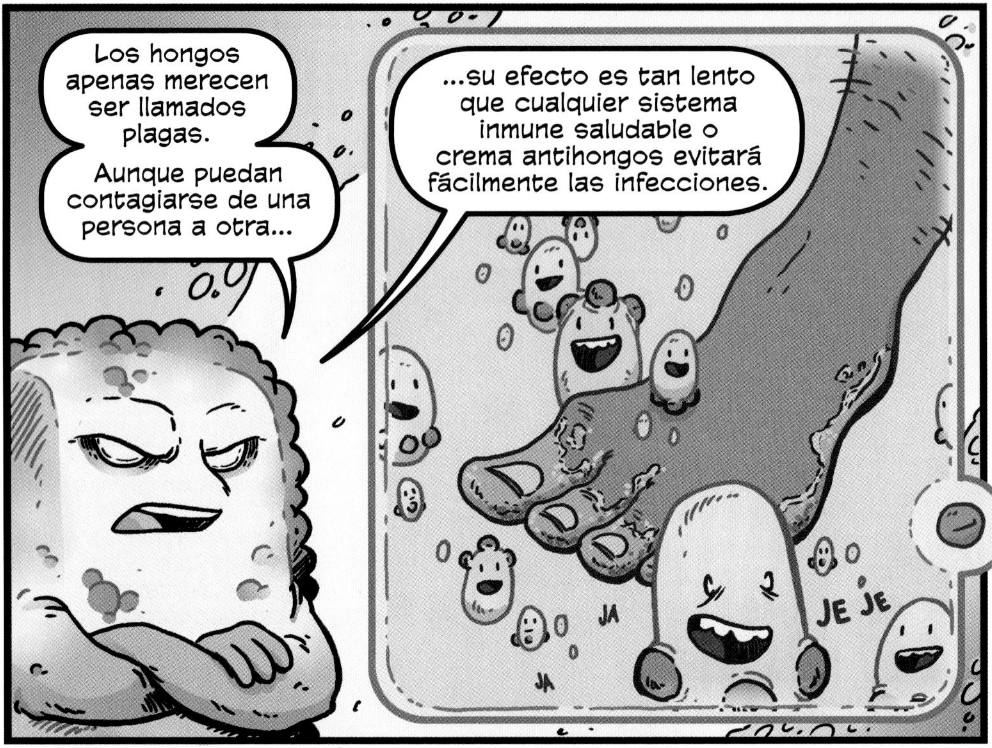
Los hongos apenas merecen ser llamados plagas.
Aunque puedan contagiarse de una persona a otra...
...su efecto es tan lento que cualquier sistema inmune saludable o crema antihongos evitará fácilmente las infecciones.
JA
JA
JE JE

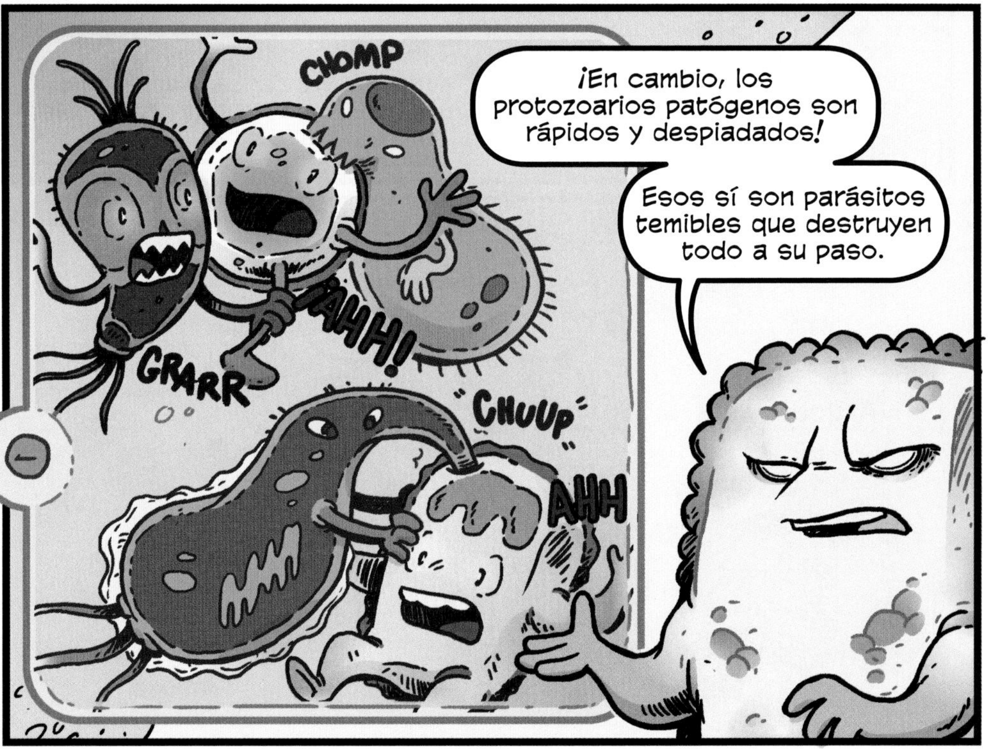
CHOMP
AHH!
GRARR
CHUUP
AHH
¡En cambio, los protozoarios patógenos son rápidos y despiadados!
Esos sí son parásitos temibles que destruyen todo a su paso.

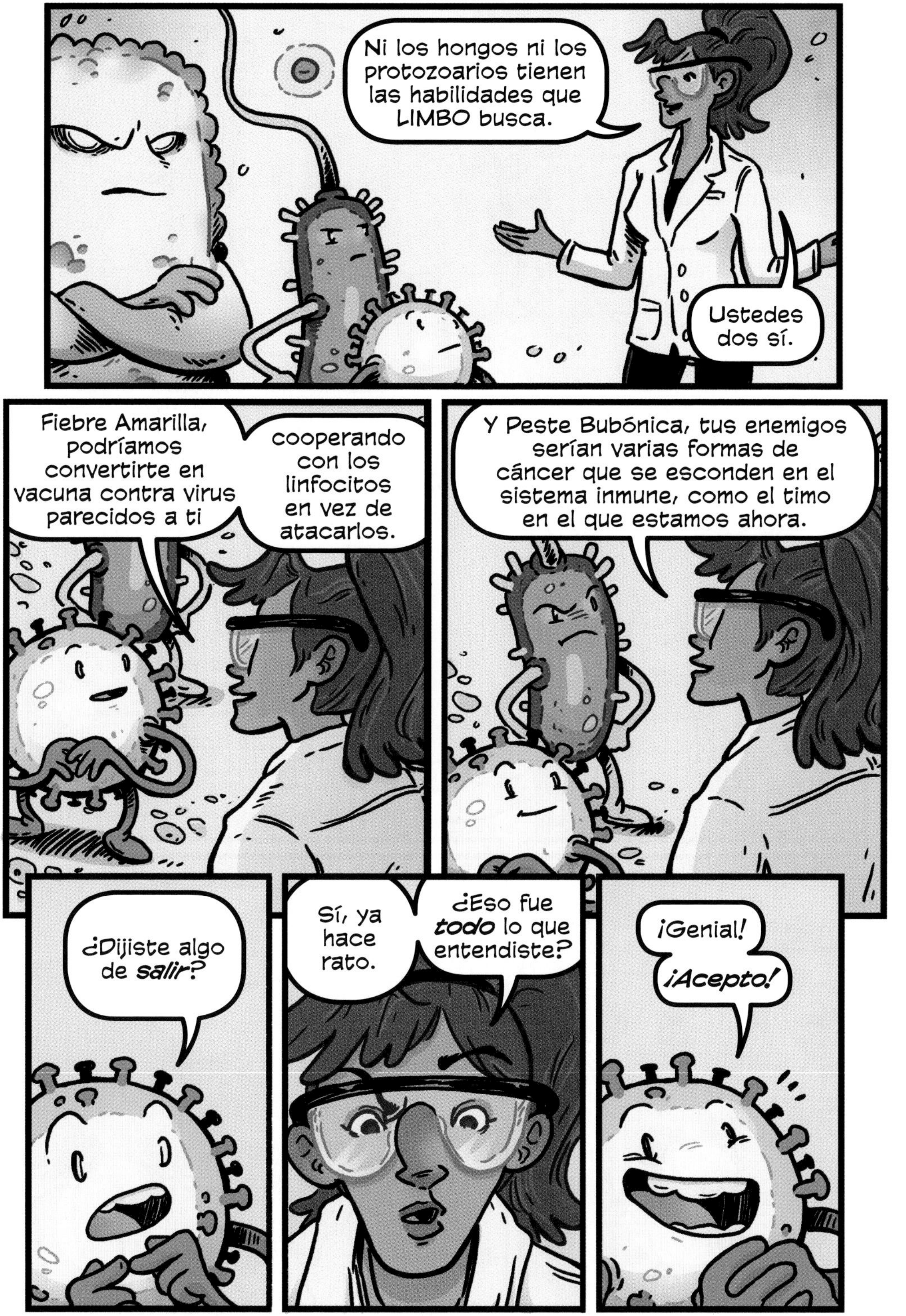
Ni los hongos ni los protozoarios tienen las habilidades que LIMBO busca.
Ustedes dos sí.
Fiebre Amarilla, podríamos convertirte en vacuna contra virus parecidos a ti
cooperando con los linfocitos en vez de atacarlos.
Y Peste Bubónica, tus enemigos serían varias formas de cáncer que se esconden en el sistema inmune, como el timo en el que estamos ahora.
¿Dijiste algo de *salir*?
Sí, ya hace rato.
¿Eso fue *todo* lo que entendiste?
¡Genial!
¡Acepto!

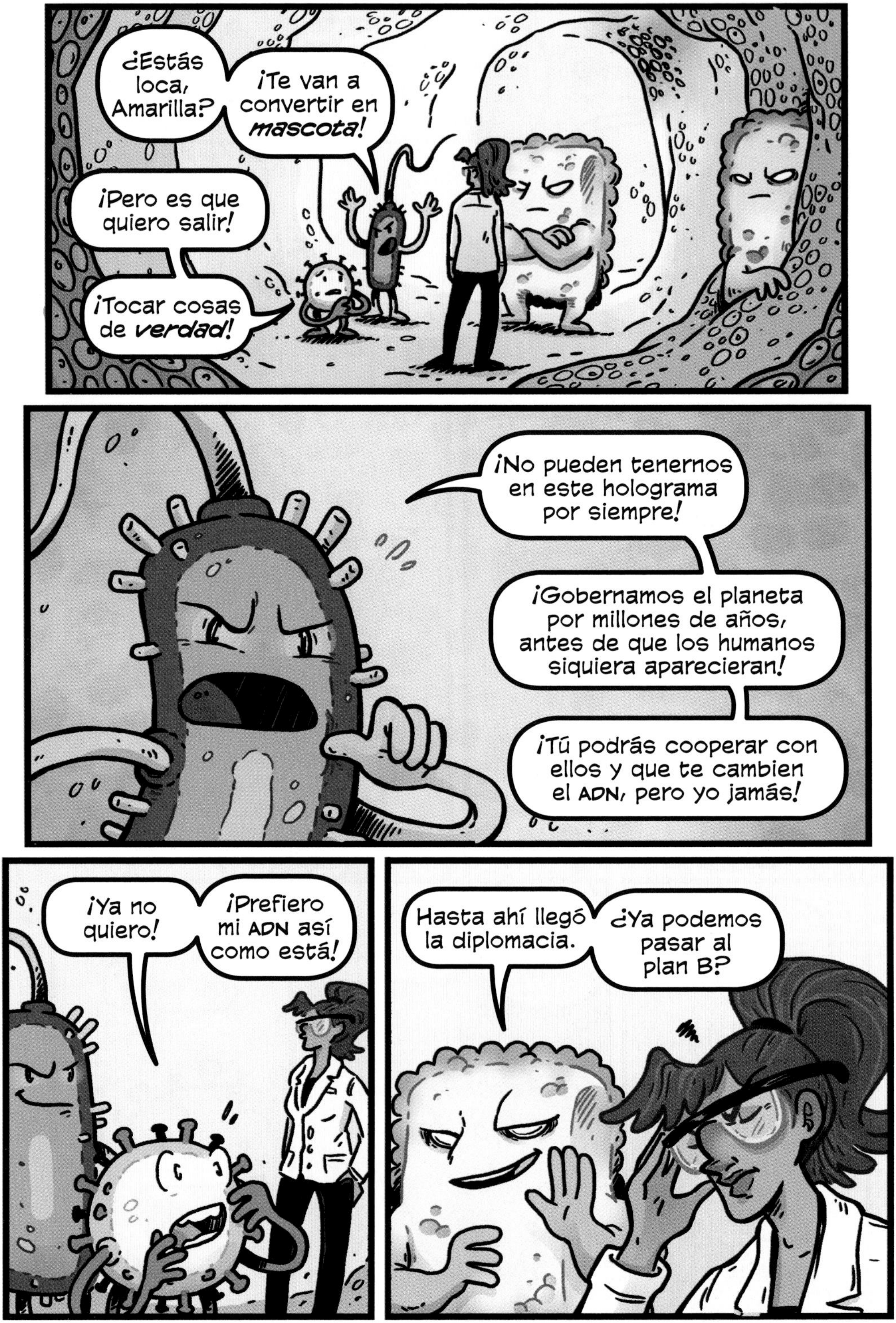
¿Estás loca, Amarilla?
¡Te van a convertir en mascota!
¡Pero es que quiero salir!
¡Tocar cosas de verdad!
¡No pueden tenernos en este holograma por siempre!
¡Gobernamos el planeta por millones de años, antes de que los humanos siquiera aparecieran!
¡Tú podrás cooperar con ellos y que te cambien el ADN, pero yo jamás!
¡Ya no quiero!
¡Prefiero mi ADN así como está!
Hasta ahí llegó la diplomacia.
¿Ya podemos pasar al plan B?

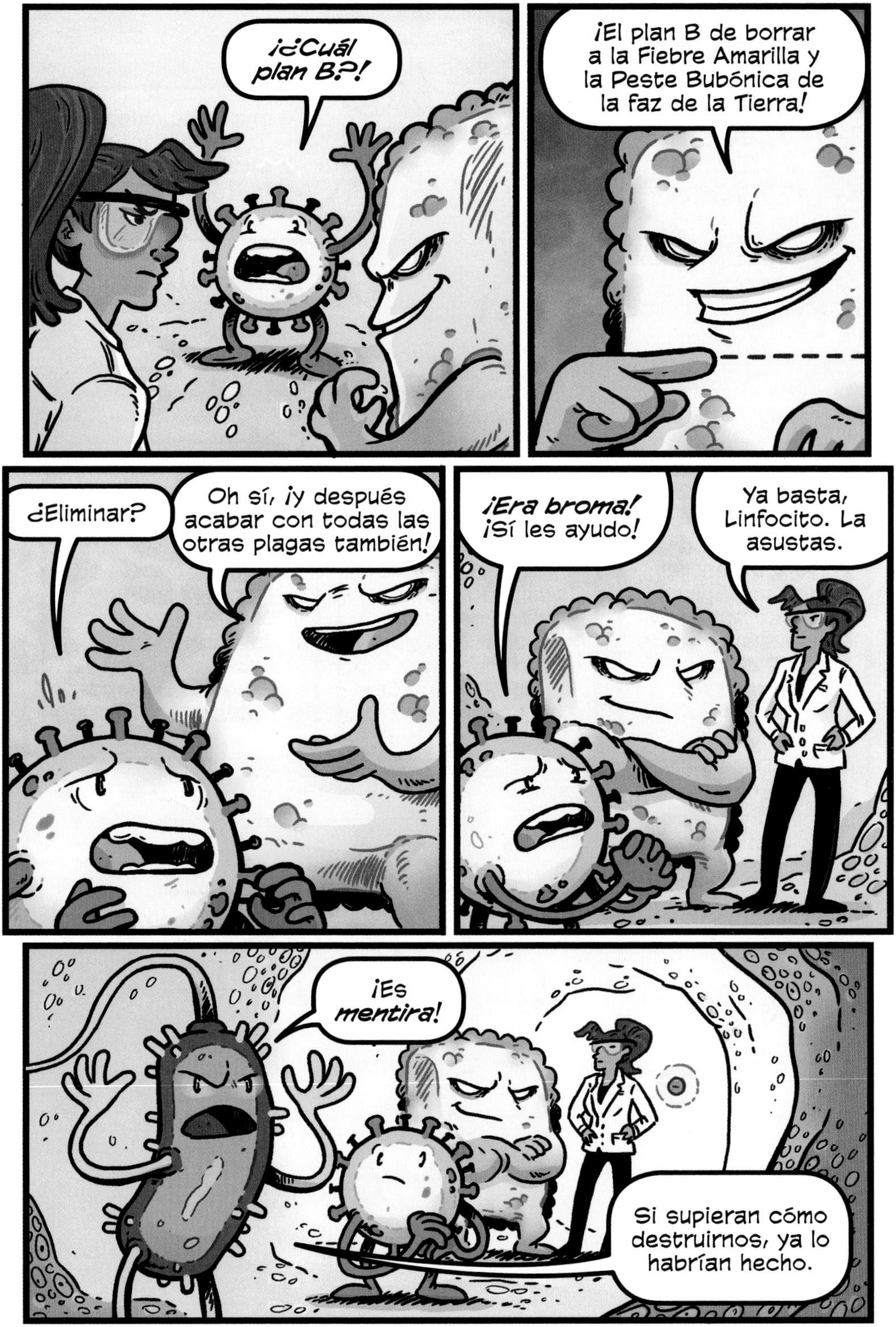

¡¿Cuál plan B?!
¡El plan B de borrar a la Fiebre Amarilla y la Peste Bubónica de la faz de la Tierra!
¿Eliminar?
Oh sí, ¡y después acabar con todas las otras plagas también!
¡Era broma! ¡Sí les ayudo!
Ya basta, Linfocito. La asustas.
¡Es mentira!
Si supieran cómo destruirnos, ya lo habrían hecho.

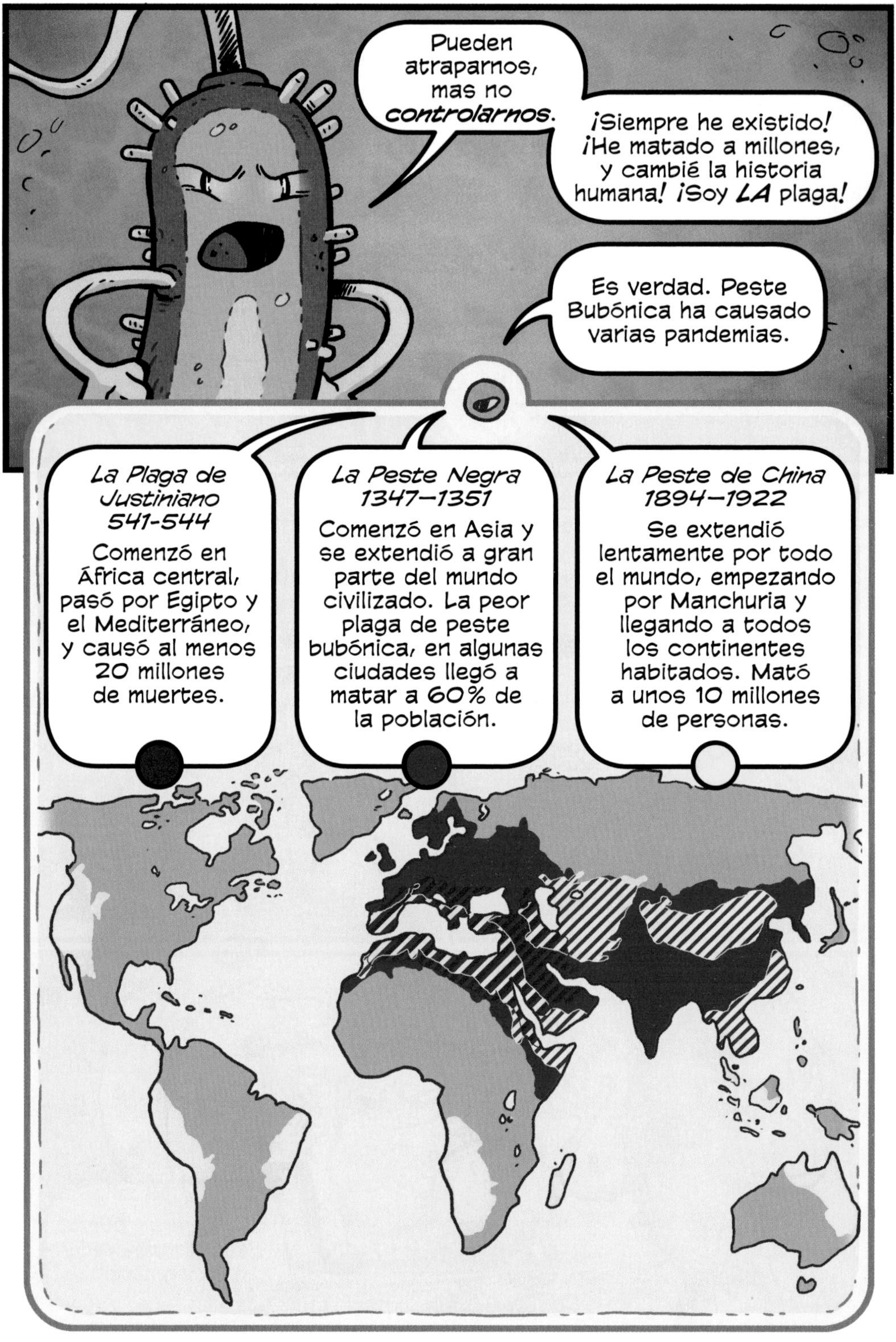
Pueden atraparnos, mas no *controlarnos*.
¡Siempre he existido! ¡He matado a millones, y cambié la historia humana! ¡Soy *LA* plaga!
Es verdad. Peste Bubónica ha causado varias pandemias.
La Plaga de Justiniano 541-544
Comenzó en África central, pasó por Egipto y el Mediterráneo, y causó al menos 20 millones de muertes.
La Peste Negra 1347–1351
Comenzó en Asia y se extendió a gran parte del mundo civilizado. La peor plaga de peste bubónica, en algunas ciudades llegó a matar a 60% de la población.
La Peste de China 1894–1922
Se extendió lentamente por todo el mundo, empezando por Manchuria y llegando a todos los continentes habitados. Mató a unos 10 millones de personas.

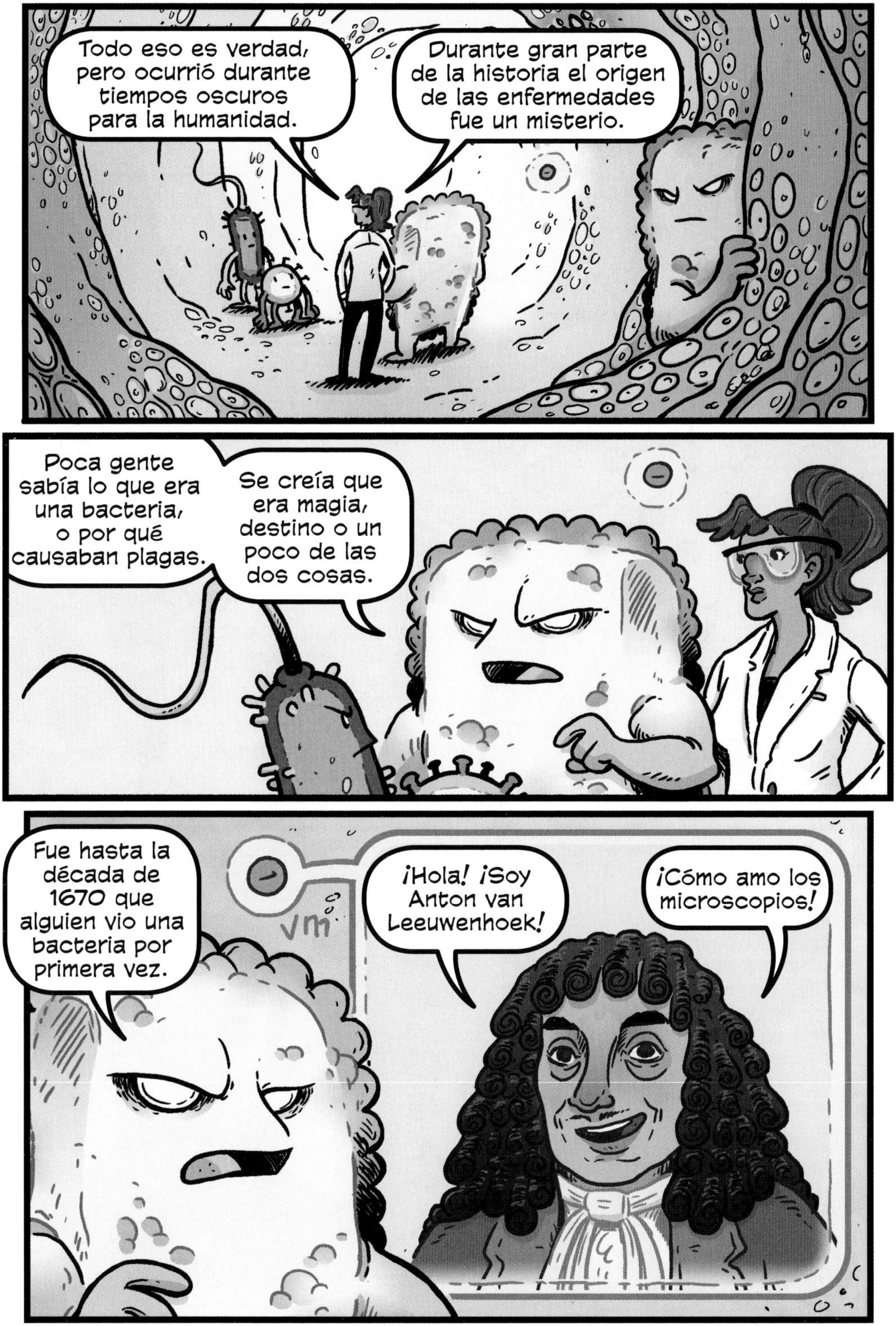
Todo eso es verdad, pero ocurrió durante tiempos oscuros para la humanidad.
Durante gran parte de la historia el origen de las enfermedades fue un misterio.
Poca gente sabía lo que era una bacteria, o por qué causaban plagas.
Se creía que era magia, destino o un poco de las dos cosas.
Fue hasta la década de 1670 que alguien vio una bacteria por primera vez.
¡Hola! ¡Soy Anton van Leeuwenhoek!
¡Cómo amo los microscopios!

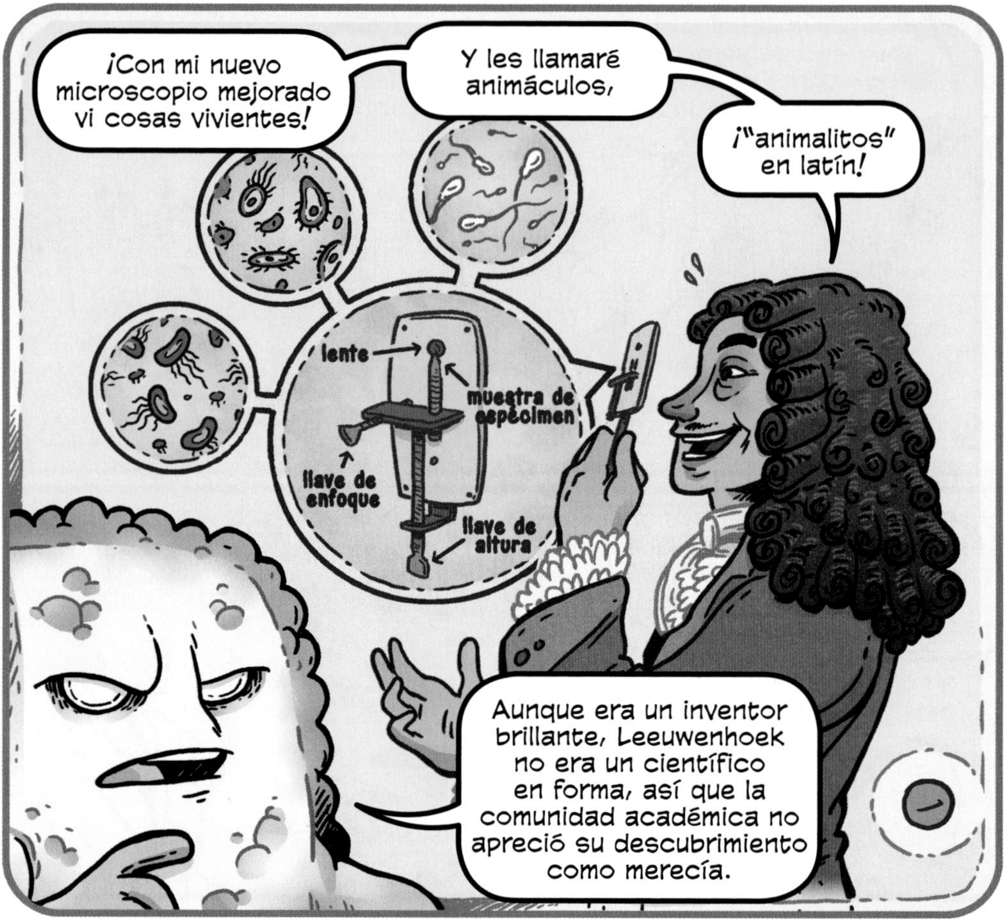
¡Con mi nuevo microscopio mejorado vi cosas vivientes!
Y les llamaré animáculos,
¡"animalitos" en latín!
lente
muestra de espécimen
llave de enfoque
llave de altura
Aunque era un inventor brillante, Leeuwenhoek no era un científico en forma, así que la comunidad académica no apreció su descubrimiento como merecía.

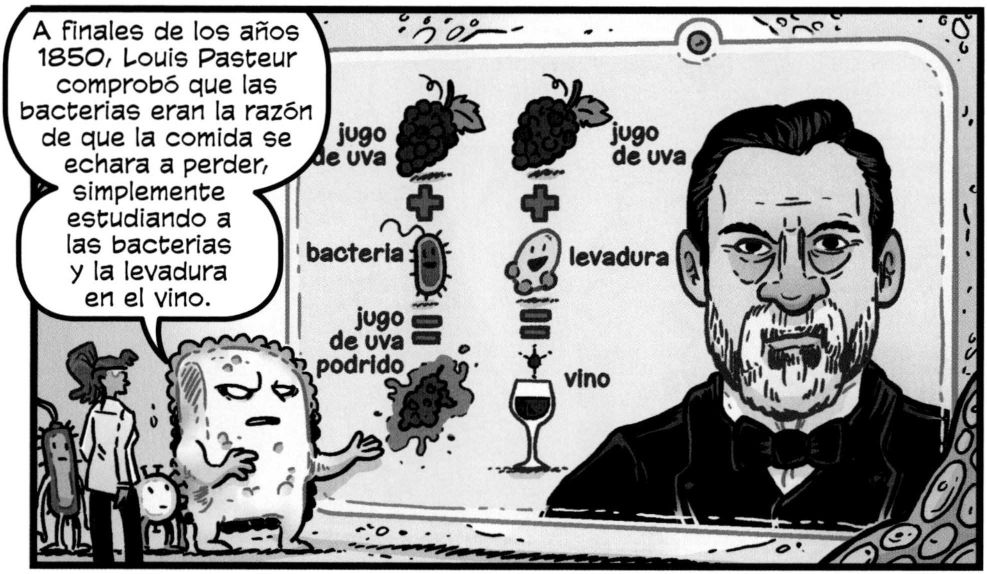
A finales de los años 1850, Louis Pasteur comprobó que las bacterias eran la razón de que la comida se echara a perder, simplemente estudiando a las bacterias y la levadura en el vino.
jugo de uva
bacteria
jugo de uva podrido
jugo de uva
levadura
vino

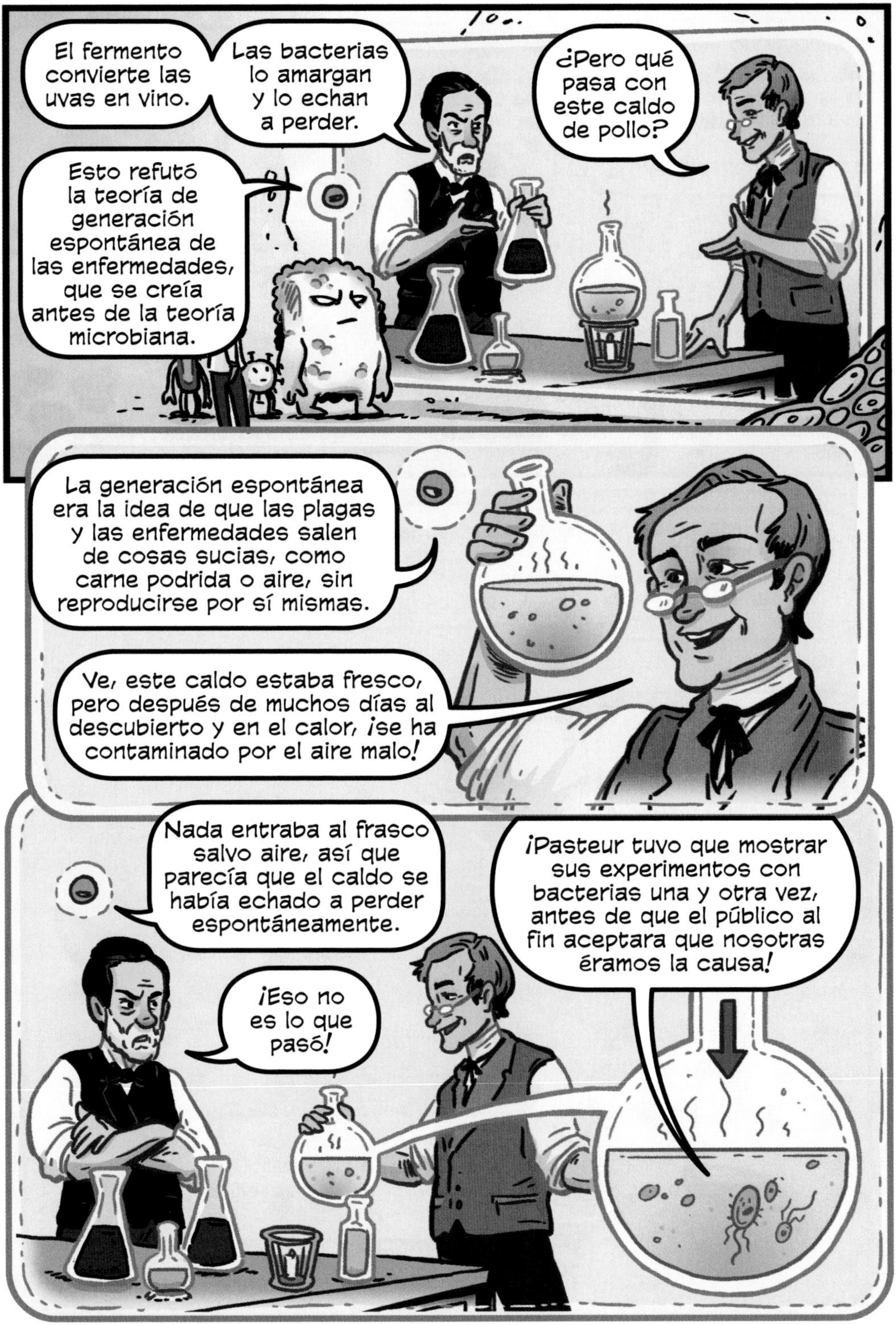
El fermento convierte las uvas en vino.
Las bacterias lo amargan y lo echan a perder.
¿Pero qué pasa con este caldo de pollo?
Esto refutó la teoría de generación espontánea de las enfermedades, que se creía antes de la teoría microbiana.
La generación espontánea era la idea de que las plagas y las enfermedades salen de cosas sucias, como carne podrida o aire, sin reproducirse por sí mismas.
Ve, este caldo estaba fresco, pero después de muchos días al descubierto y en el calor, ¡se ha contaminado por el aire malo!
Nada entraba al frasco salvo aire, así que parecía que el caldo se había echado a perder espontáneamente.
¡Eso no es lo que pasó!
¡Pasteur tuvo que mostrar sus experimentos con bacterias una y otra vez, antes de que el público al fin aceptara que nosotras éramos la causa!

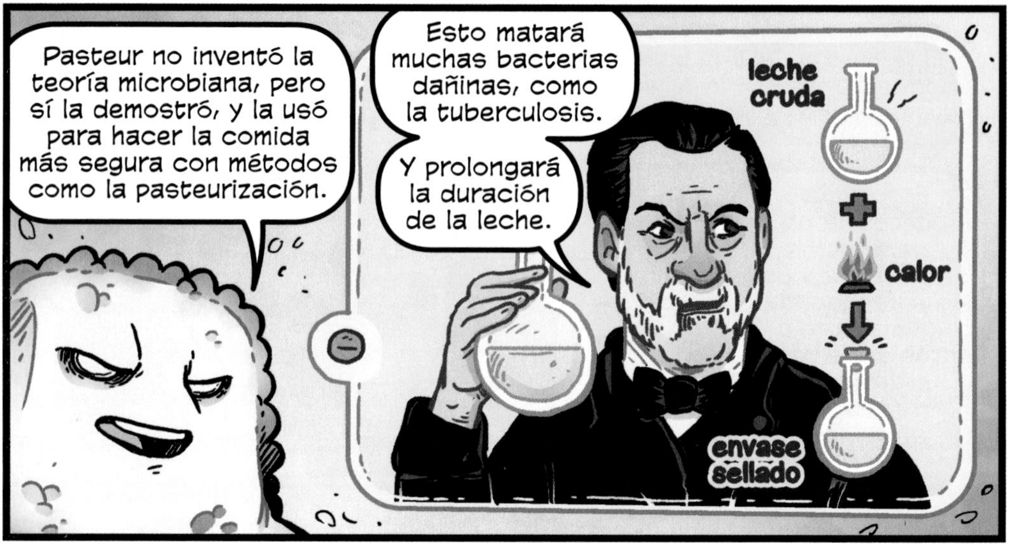
Pasteur no inventó la teoría microbiana, pero sí la demostró, y la usó para hacer la comida más segura con métodos como la pasteurización.
Esto matará muchas bacterias dañinas, como la tuberculosis.
Y prolongará la duración de la leche.
leche cruda
calor
envase sellado

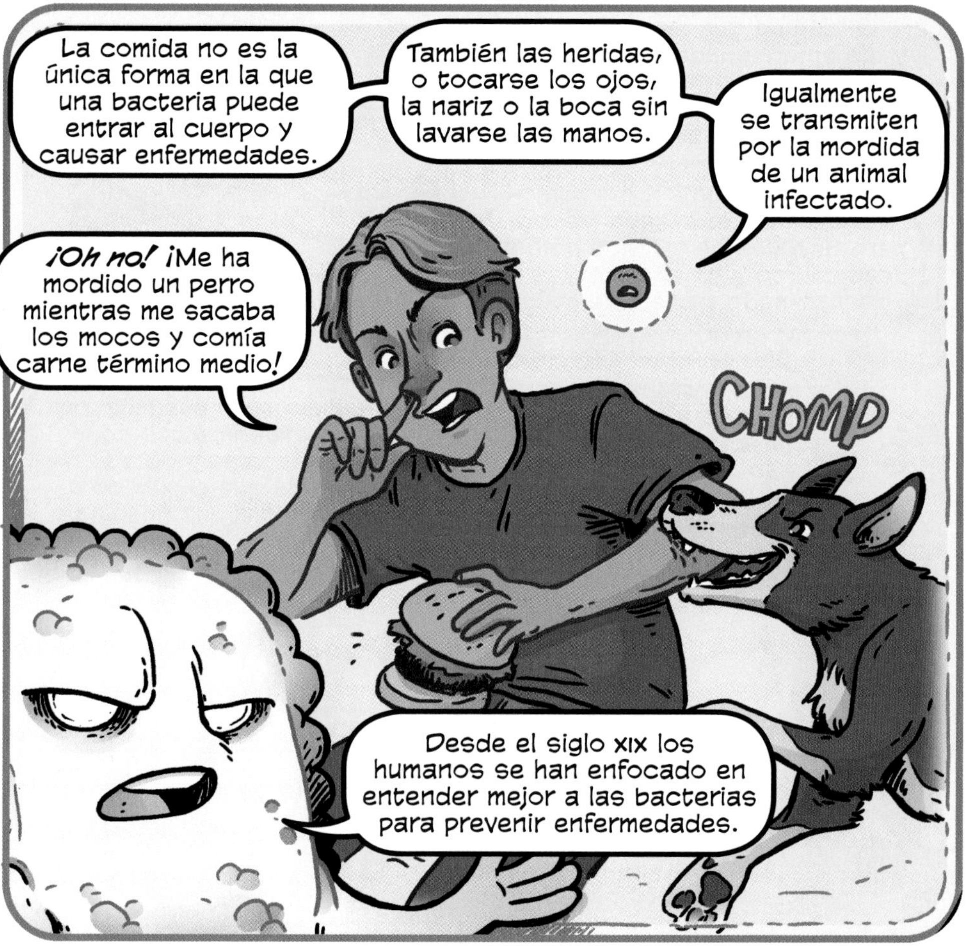
La comida no es la única forma en la que una bacteria puede entrar al cuerpo y causar enfermedades.
También las heridas, o tocarse los ojos, la nariz o la boca sin lavarse las manos.
Igualmente se transmiten por la mordida de un animal infectado.
¡Oh no! ¡Me ha mordido un perro mientras me sacaba los mocos y comía carne término medio!
CHOMP
Desde el siglo XIX los humanos se han enfocado en entender mejor a las bacterias para prevenir enfermedades.

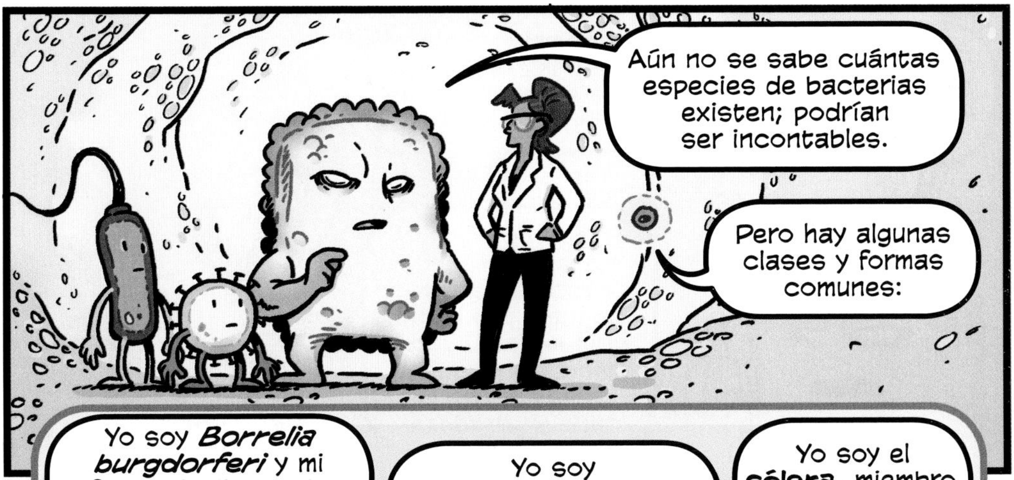
Aún no se sabe cuántas especies de bacterias existen; podrían ser incontables.
Pero hay algunas clases y formas comunes:

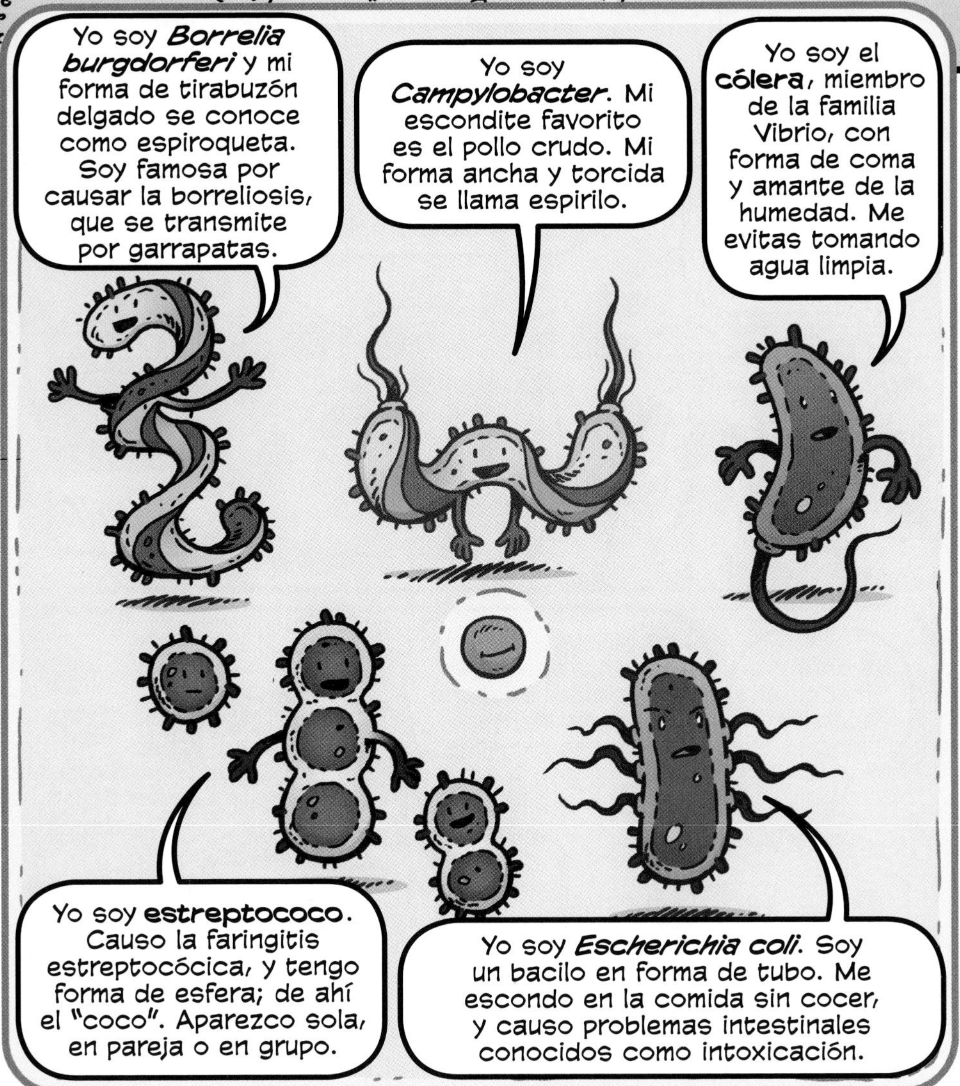
Yo soy *Borrelia burgdorferi* y mi forma de tirabuzón delgado se conoce como espiroqueta. Soy famosa por causar la borreliosis, que se transmite por garrapatas.
Yo soy *Campylobacter*. Mi escondite favorito es el pollo crudo. Mi forma ancha y torcida se llama espirilo.
Yo soy el **cólera**, miembro de la familia Vibrio, con forma de coma y amante de la humedad. Me evitas tomando agua limpia.
Yo soy **estreptococo**. Causo la faringitis estreptocócica, y tengo forma de esfera; de ahí el "coco". Aparezco sola, en pareja o en grupo.
Yo soy *Escherichia coli*. Soy un bacilo en forma de tubo. Me escondo en la comida sin cocer, y causo problemas intestinales conocidos como intoxicación.

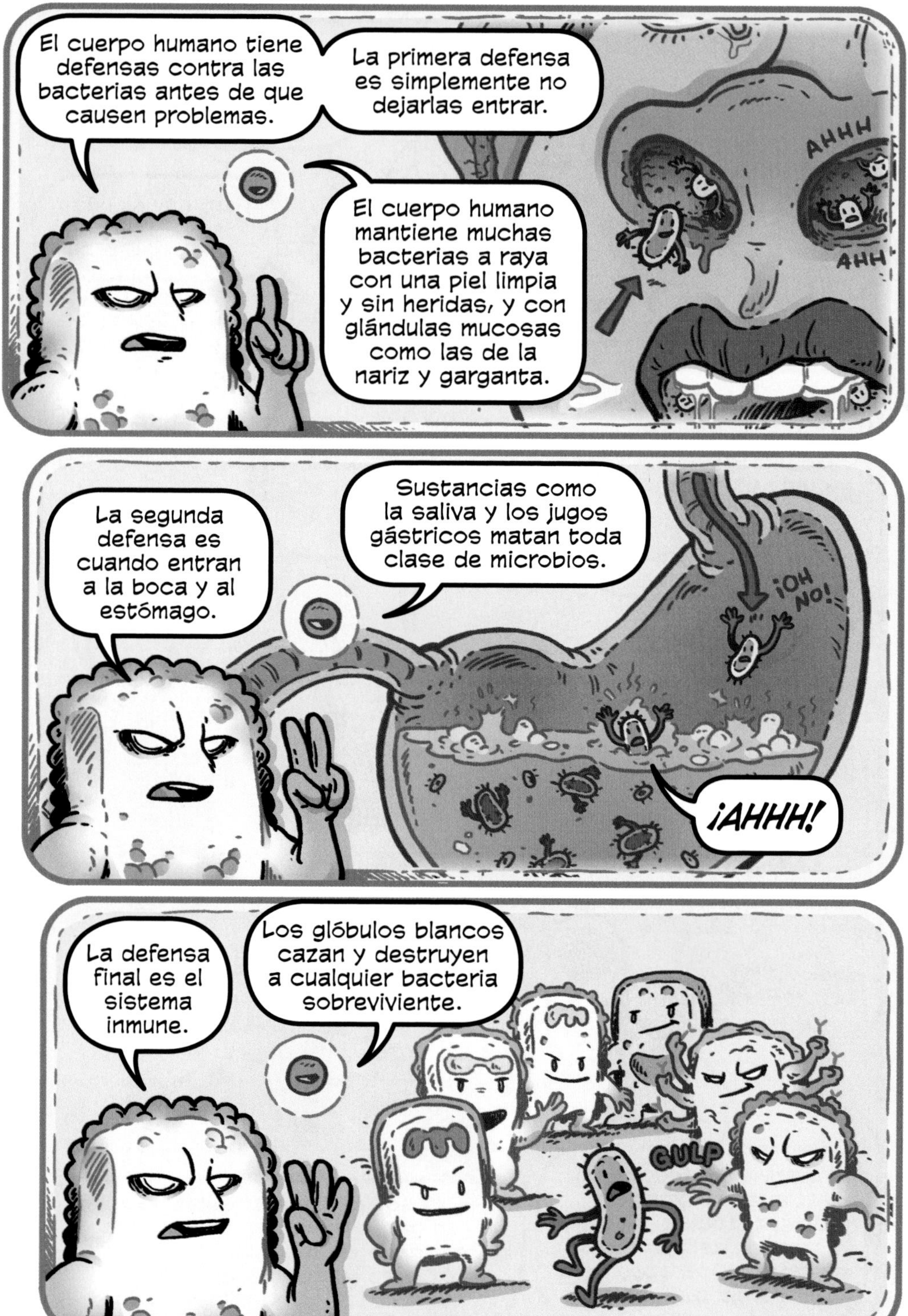

El cuerpo humano tiene defensas contra las bacterias antes de que causen problemas.
La primera defensa es simplemente no dejarlas entrar.
El cuerpo humano mantiene muchas bacterias a raya con una piel limpia y sin heridas, y con glándulas mucosas como las de la nariz y garganta.
AHHH
AHH
La segunda defensa es cuando entran a la boca y al estómago.
Sustancias como la saliva y los jugos gástricos matan toda clase de microbios.
¡OH NO!
¡AHHH!
La defensa final es el sistema inmune.
Los glóbulos blancos cazan y destruyen a cualquier bacteria sobreviviente.
GULP

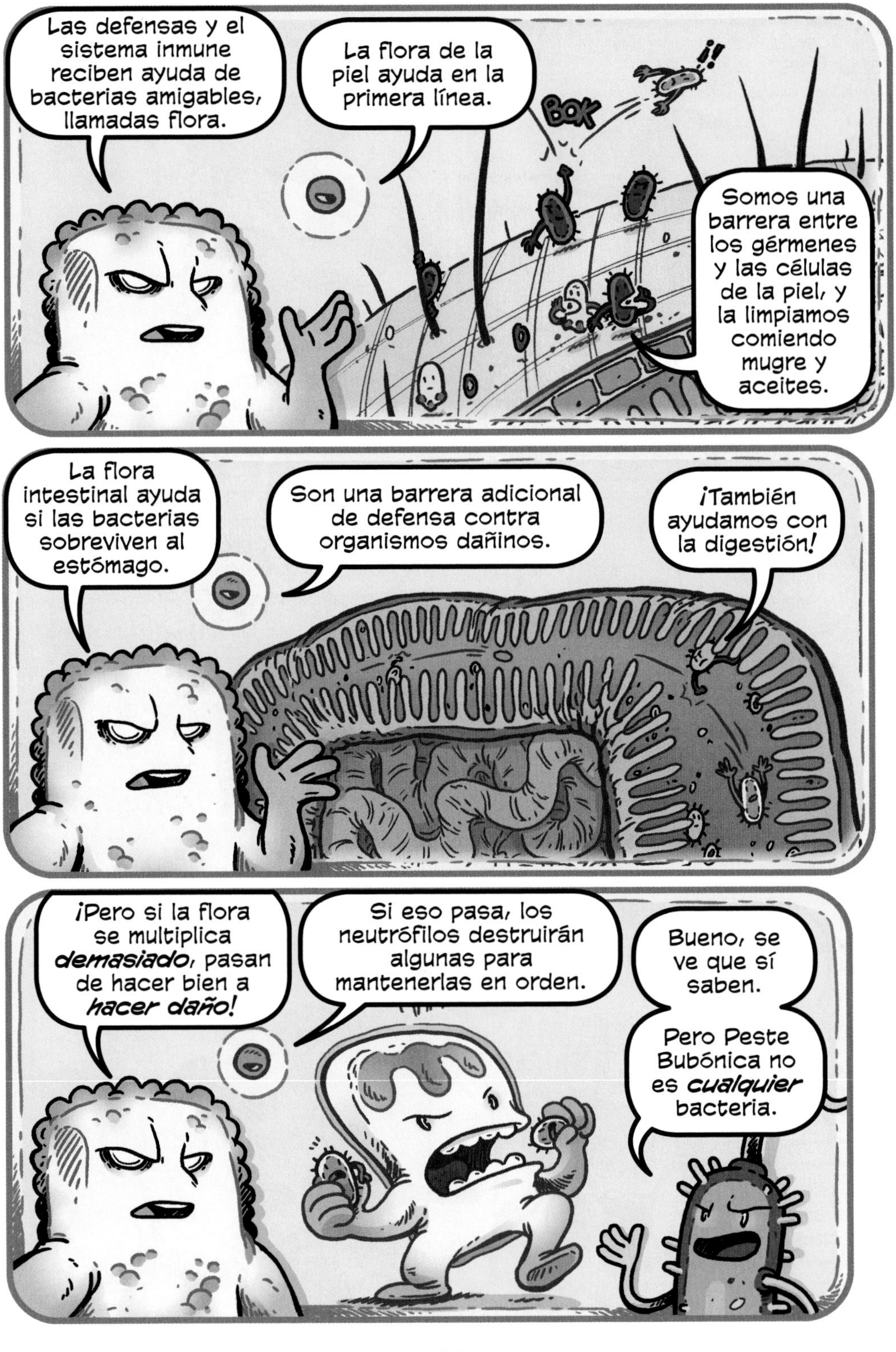

Las defensas y el sistema inmune reciben ayuda de bacterias amigables, llamadas flora.
La flora de la piel ayuda en la primera línea.
BOK
¡!
Somos una barrera entre los gérmenes y las células de la piel, y la limpiamos comiendo mugre y aceites.
La flora intestinal ayuda si las bacterias sobreviven al estómago.
Son una barrera adicional de defensa contra organismos dañinos.
¡También ayudamos con la digestión!
¡Pero si la flora se multiplica *demasiado*, pasan de hacer bien a *hacer daño*!
Si eso pasa, los neutrófilos destruirán algunas para mantenerlas en orden.
Bueno, se ve que sí saben.
Pero Peste Bubónica no es *cualquier* bacteria.

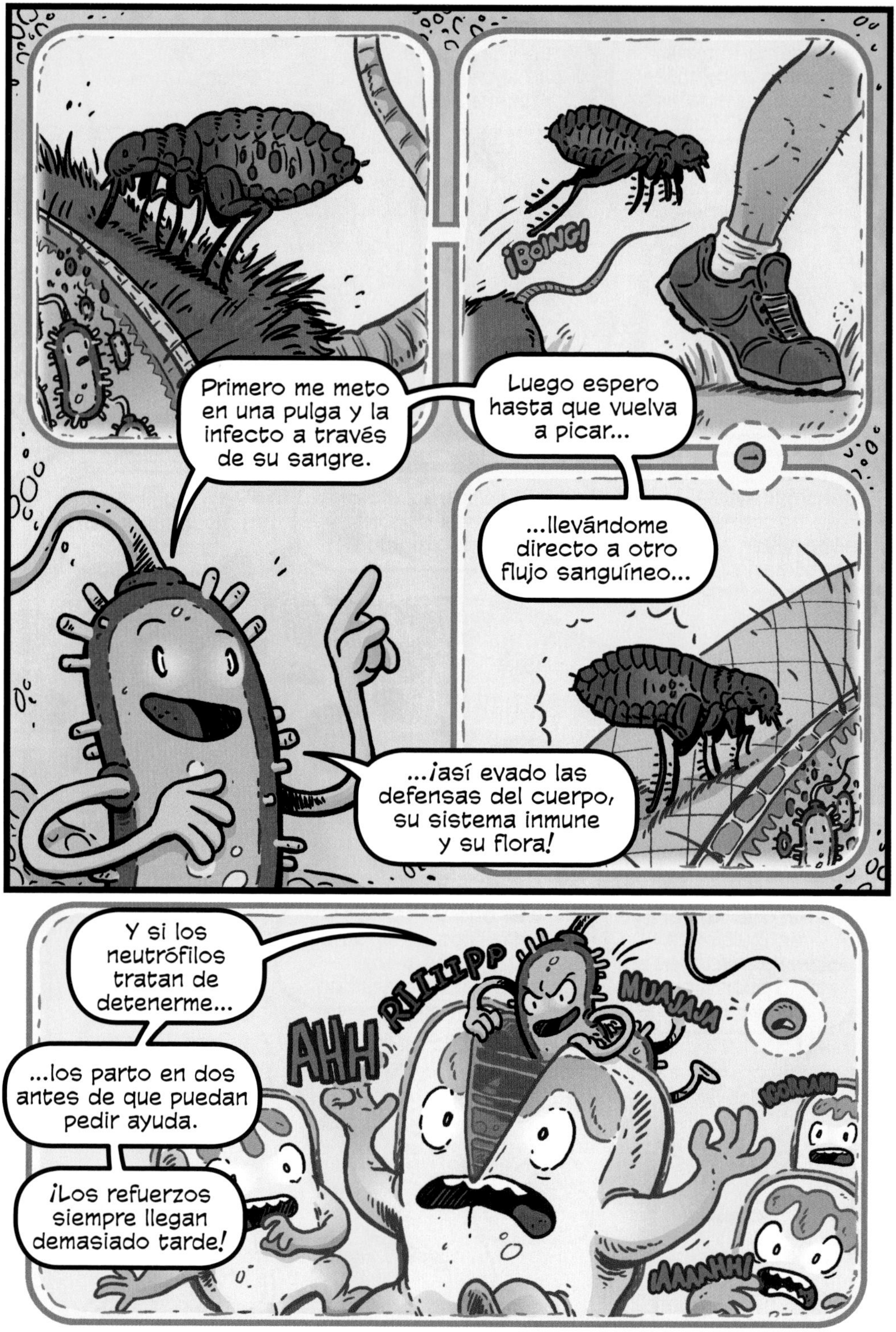
¡BOING!
Primero me meto en una pulga y la infecto a través de su sangre.
Luego espero hasta que vuelva a picar...
...llevándome directo a otro flujo sanguíneo...
...¡así evado las defensas del cuerpo, su sistema inmune y su flora!
Y si los neutrófilos tratan de detenerme...
...los parto en dos antes de que puedan pedir ayuda.
¡Los refuerzos siempre llegan demasiado tarde!
AHH
RIIIIPP
MUAJAJA
¡CORRAN!
¡AAAHH!

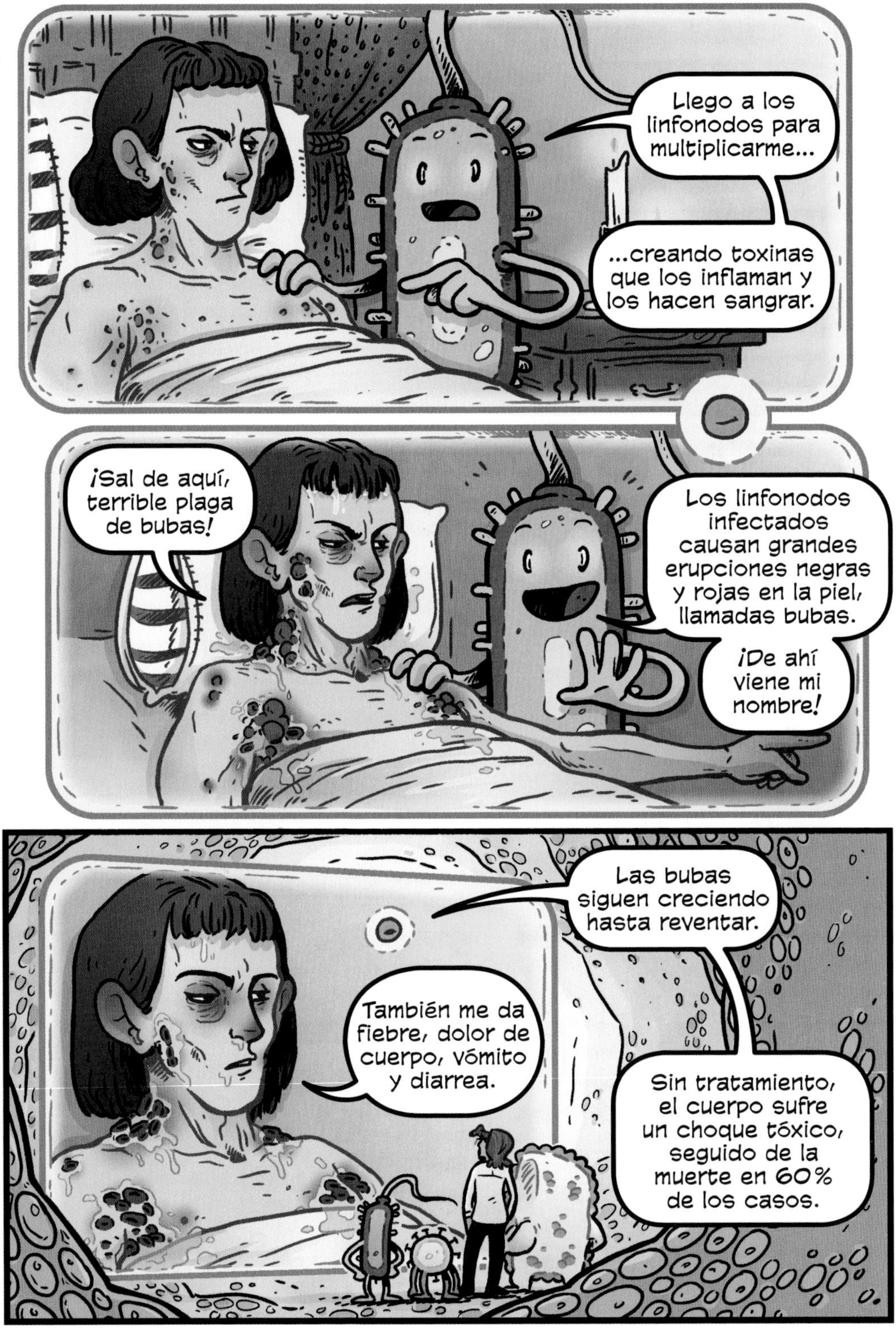
Llego a los linfonodos para multiplicarme...
...creando toxinas que los inflaman y los hacen sangrar.
¡Sal de aquí, terrible plaga de bubas!
Los linfonodos infectados causan grandes erupciones negras y rojas en la piel, llamadas bubas.
¡De ahí viene mi nombre!
Las bubas siguen creciendo hasta reventar.
También me da fiebre, dolor de cuerpo, vómito y diarrea.
Sin tratamiento, el cuerpo sufre un choque tóxico, seguido de la muerte en 60% de los casos.

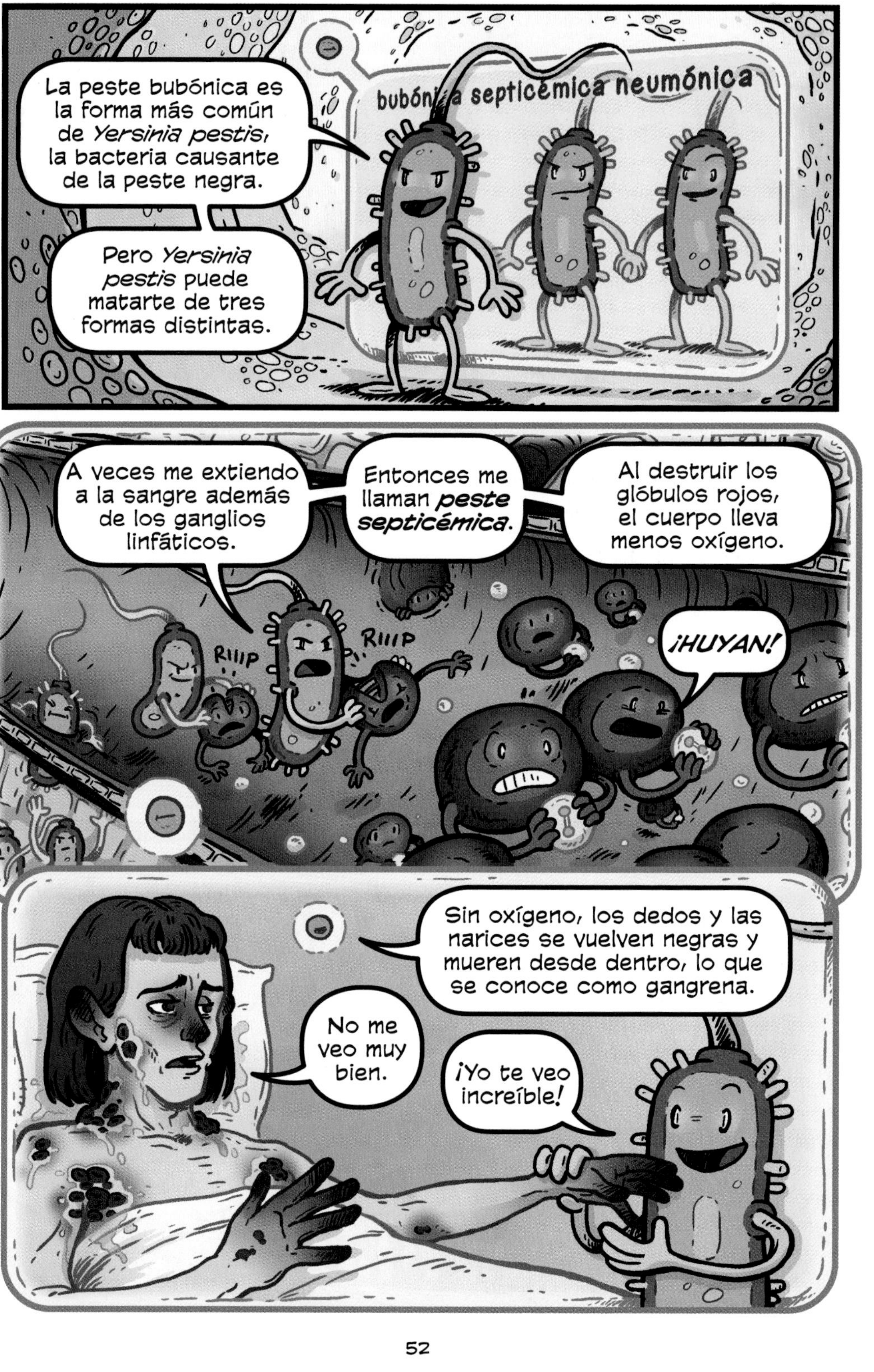

La peste bubónica es la forma más común de *Yersinia pestis*, la bacteria causante de la peste negra.
septicémica neumónica
Pero *Yersinia pestis* puede matarte de tres formas distintas.
A veces me extiendo a la sangre además de los ganglios linfáticos.
Entonces me llaman ***peste septicémica***.
Al destruir los glóbulos rojos, el cuerpo lleva menos oxígeno.
RIIIP
RIIIP
¡HUYAN!
Sin oxígeno, los dedos y las narices se vuelven negras y mueren desde dentro, lo que se conoce como gangrena.
No me veo muy bien.
¡Yo te veo increíble!

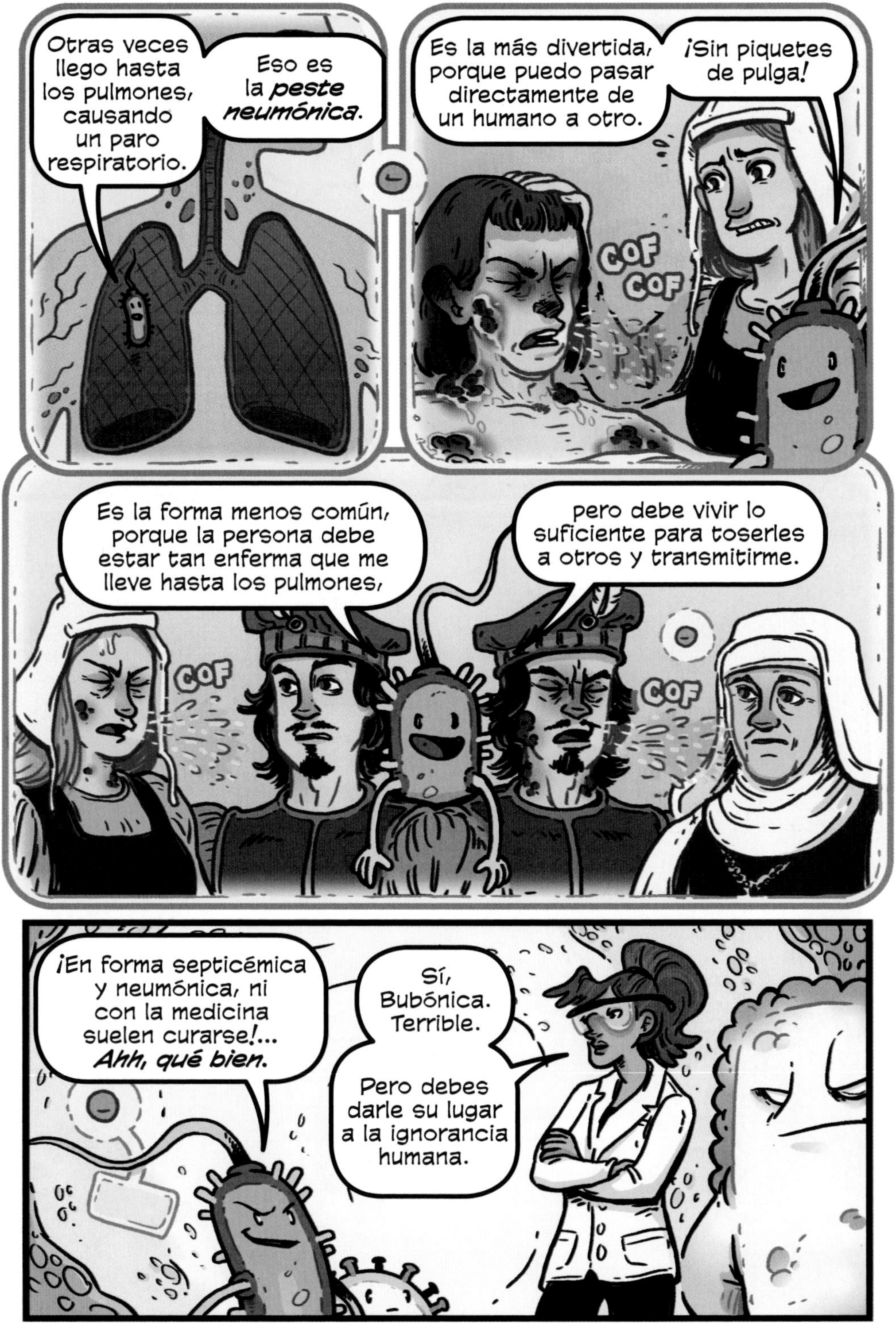
Otras veces llego hasta los pulmones, causando un paro respiratorio.
Eso es la *peste neumónica*.
Es la más divertida, porque puedo pasar directamente de un humano a otro.
¡Sin piquetes de pulga!
COF COF
Es la forma menos común, porque la persona debe estar tan enferma que me lleve hasta los pulmones,
pero debe vivir lo suficiente para toserles a otros y transmitirme.
COF
COF
¡En forma septicémica y neumónica, ni con la medicina suelen curarse!... *Ahh, qué bien*.
Sí, Bubónica. Terrible.
Pero debes darle su lugar a la ignorancia humana.

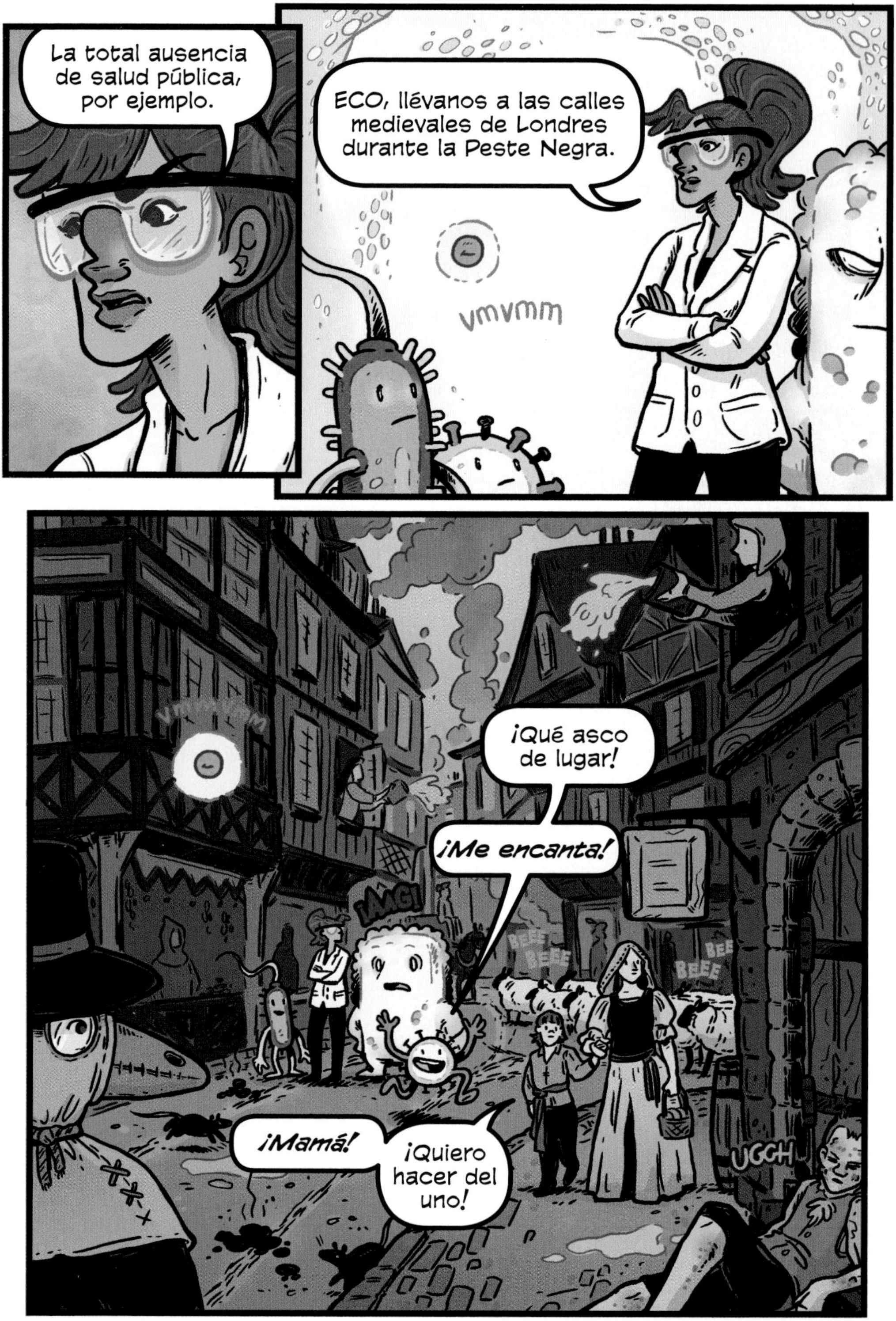
La total ausencia de salud pública, por ejemplo.
ECO, llévanos a las calles medievales de Londres durante la Peste Negra.
VMVMM
VMMVMM
¡Qué asco de lugar!
¡Me encanta!
¡AAG!
BEEE
BEEE
BEE
BEEE
¡Mamá!
¡Quiero hacer del uno!
UGGH

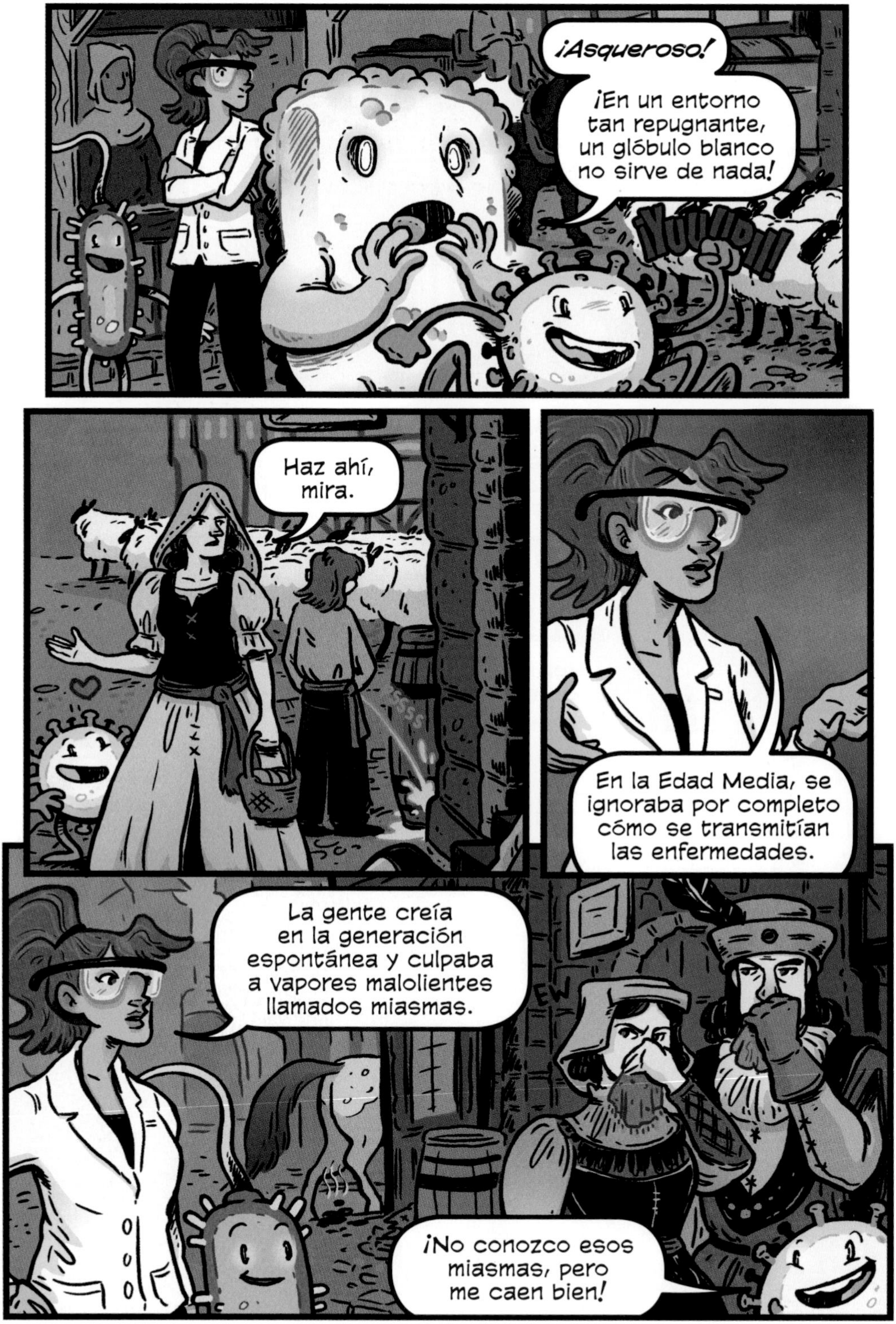
¡Asqueroso!
¡En un entorno tan repugnante, un glóbulo blanco no sirve de nada!
Haz ahí, mira.
En la Edad Media, se ignoraba por completo cómo se transmitían las enfermedades.
La gente creía en la generación espontánea y culpaba a vapores malolientes llamados miasmas.
EW
¡No conozco esos miasmas, pero me caen bien!

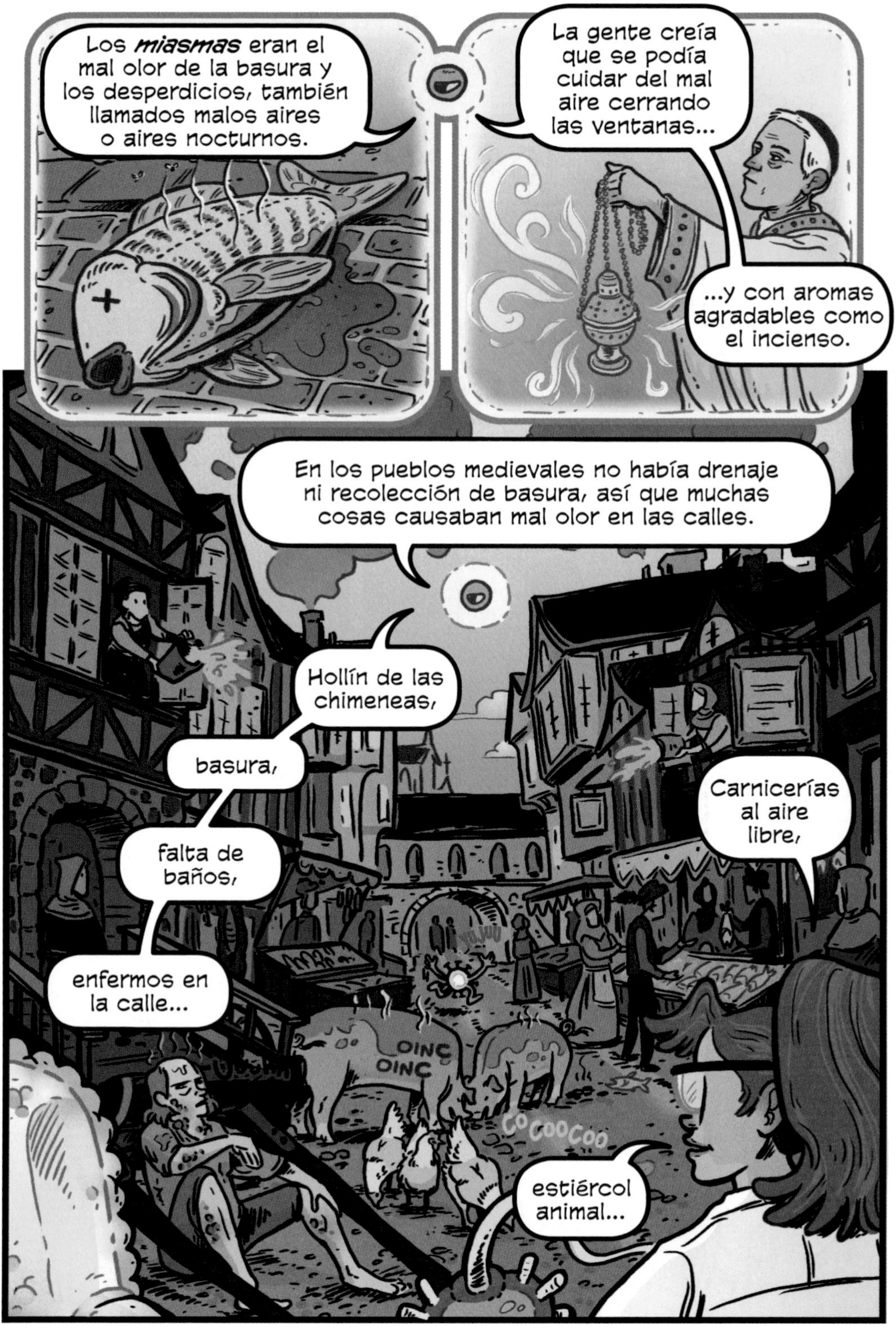
Los *miasmas* eran el mal olor de la basura y los desperdicios, también llamados malos aires o aires nocturnos.
La gente creía que se podía cuidar del mal aire cerrando las ventanas...
...y con aromas agradables como el incienso.
En los pueblos medievales no había drenaje ni recolección de basura, así que muchas cosas causaban mal olor en las calles.
Hollín de las chimeneas,
basura,
falta de baños,
enfermos en la calle...
Carnicerías al aire libre,
OINC OINC
COCOOCOO
estiércol animal...

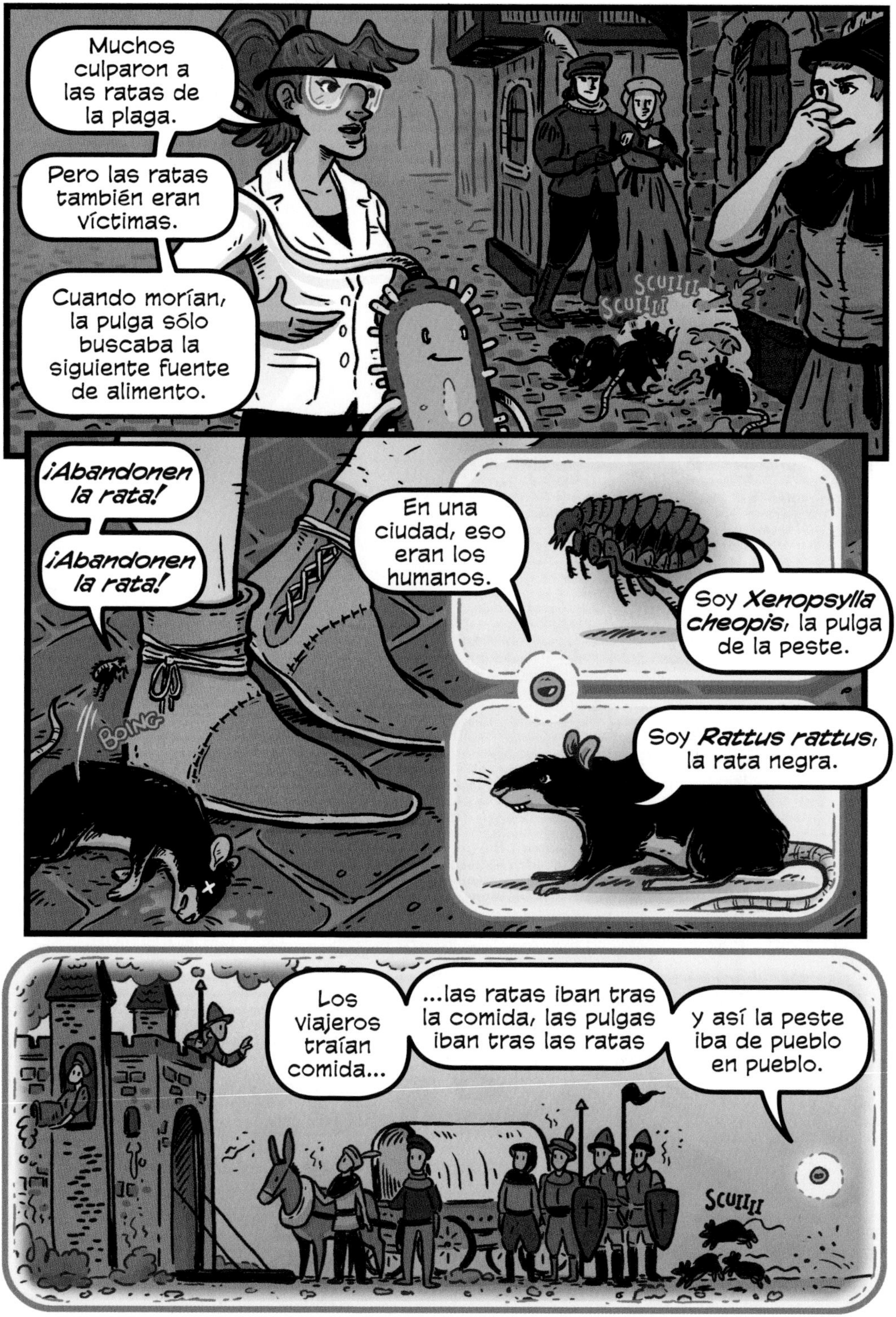
Muchos culparon a las ratas de la plaga.
Pero las ratas también eran víctimas.
Cuando morían, la pulga sólo buscaba la siguiente fuente de alimento.
SCUIII
SCUIII
¡Abandonen la rata!
¡Abandonen la rata!
En una ciudad, eso eran los humanos.
Soy *Xenopsylla cheopis*, la pulga de la peste.
BOING
Soy *Rattus rattus*, la rata negra.
Los viajeros traían comida...
...las ratas iban tras la comida, las pulgas iban tras las ratas
y así la peste iba de pueblo en pueblo.
SCUIII

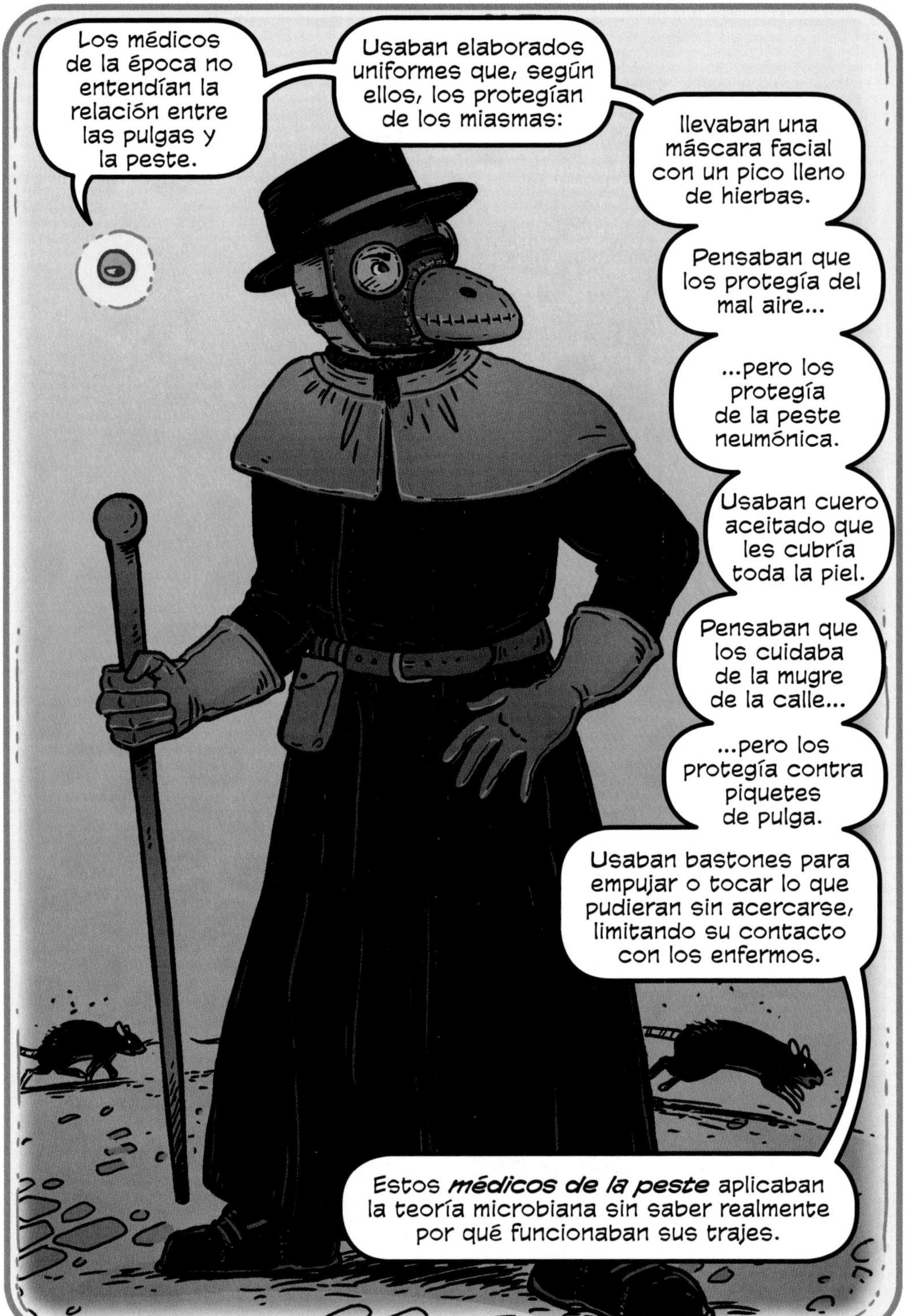
Los médicos de la época no entendían la relación entre las pulgas y la peste.
Usaban elaborados uniformes que, según ellos, los protegían de los miasmas:
llevaban una máscara facial con un pico lleno de hierbas.
Pensaban que los protegía del mal aire...
...pero los protegía de la peste neumónica.
Usaban cuero aceitado que les cubría toda la piel.
Pensaban que los cuidaba de la mugre de la calle...
...pero los protegía contra piquetes de pulga.
Usaban bastones para empujar o tocar lo que pudieran sin acercarse, limitando su contacto con los enfermos.
Estos *médicos de la peste* aplicaban la teoría microbiana sin saber realmente por qué funcionaban sus trajes.

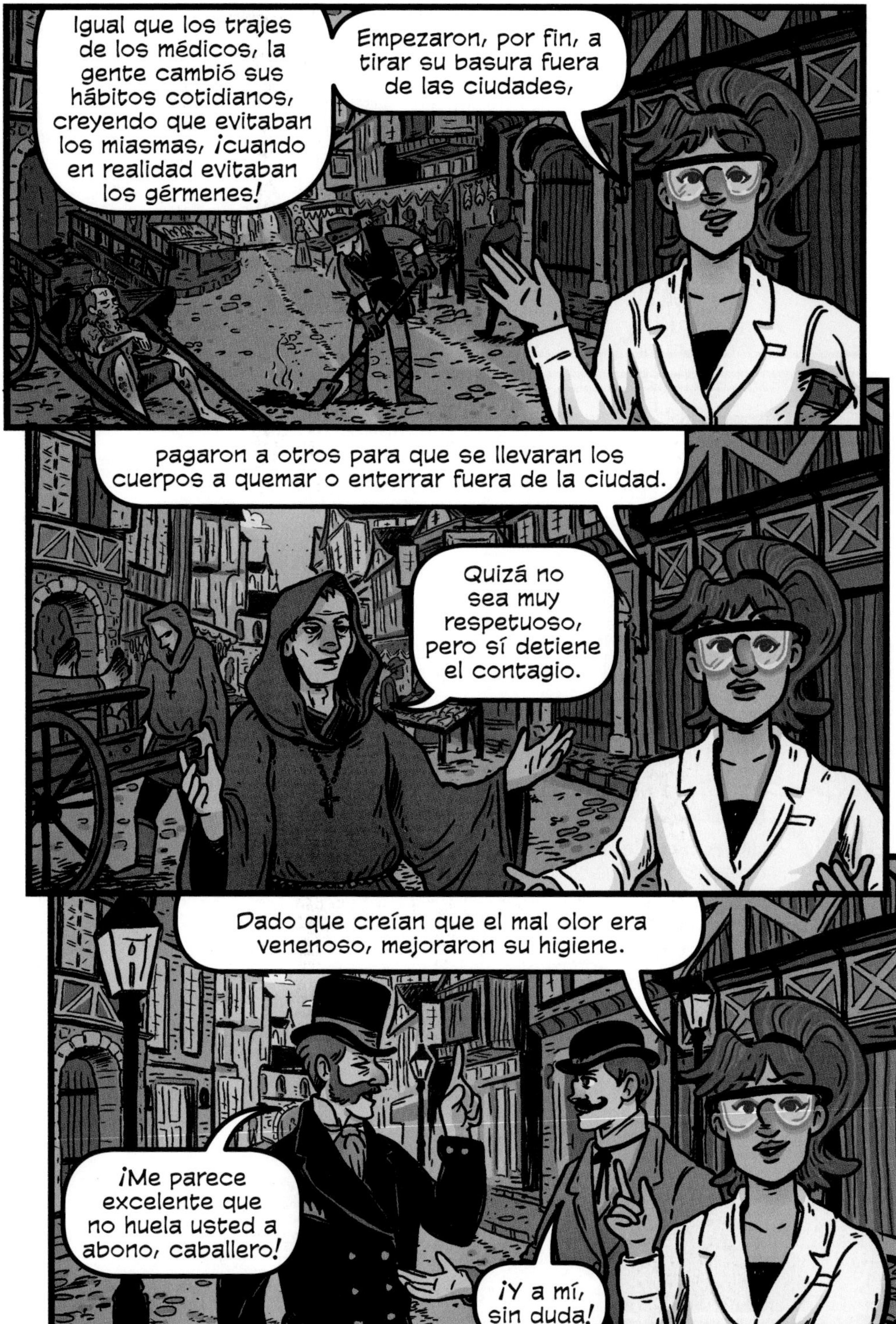
Igual que los trajes de los médicos, la gente cambió sus hábitos cotidianos, creyendo que evitaban los miasmas, ¡cuando en realidad evitaban los gérmenes!
Empezaron, por fin, a tirar su basura fuera de las ciudades,
pagaron a otros para que se llevaran los cuerpos a quemar o enterrar fuera de la ciudad.
Quizá no sea muy respetuoso, pero sí detiene el contagio.
Dado que creían que el mal olor era venenoso, mejoraron su higiene.
¡Me parece excelente que no huela usted a abono, caballero!
¡Y a mí, sin duda!

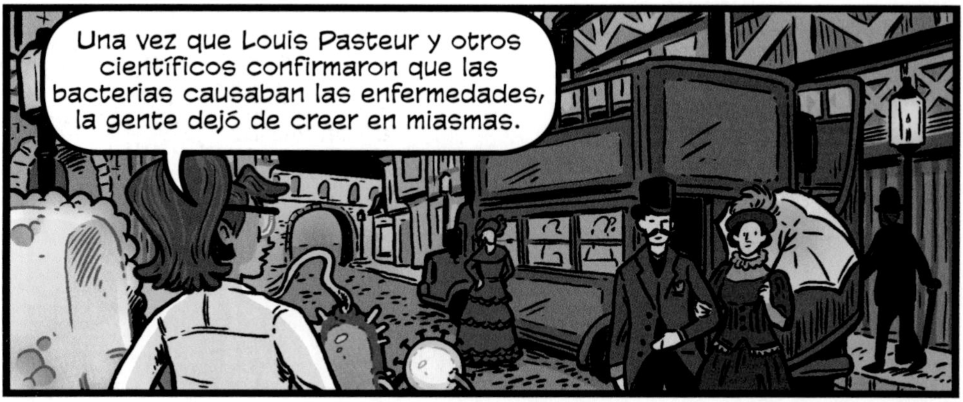
Una vez que Louis Pasteur y otros científicos confirmaron que las bacterias causaban las enfermedades, la gente dejó de creer en miasmas.

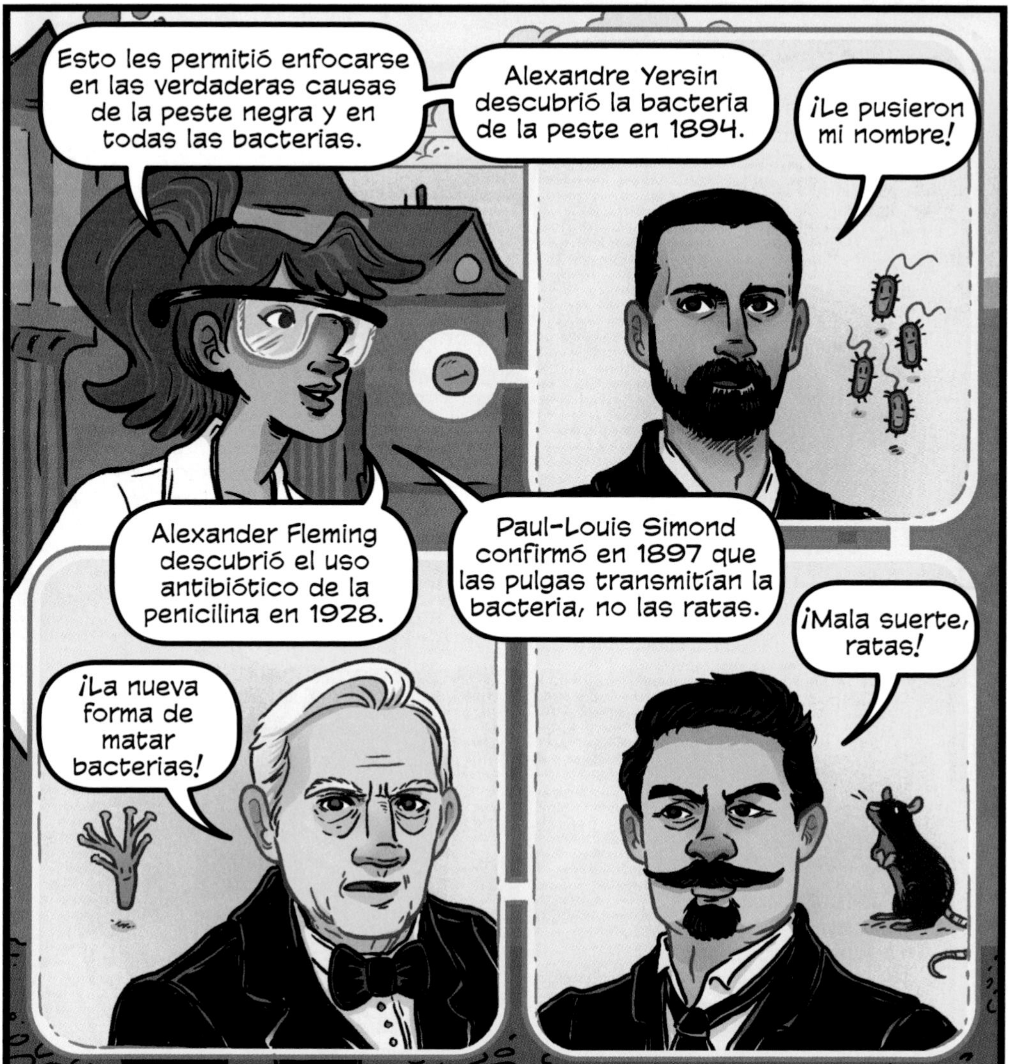
Esto les permitió enfocarse en las verdaderas causas de la peste negra y en todas las bacterias.
Alexandre Yersin descubrió la bacteria de la peste en 1894.
¡Le pusieron mi nombre!
Alexander Fleming descubrió el uso antibiótico de la penicilina en 1928.
Paul-Louis Simond confirmó en 1897 que las pulgas transmitían la bacteria, no las ratas.
¡Mala suerte, ratas!
¡La nueva forma de matar bacterias!

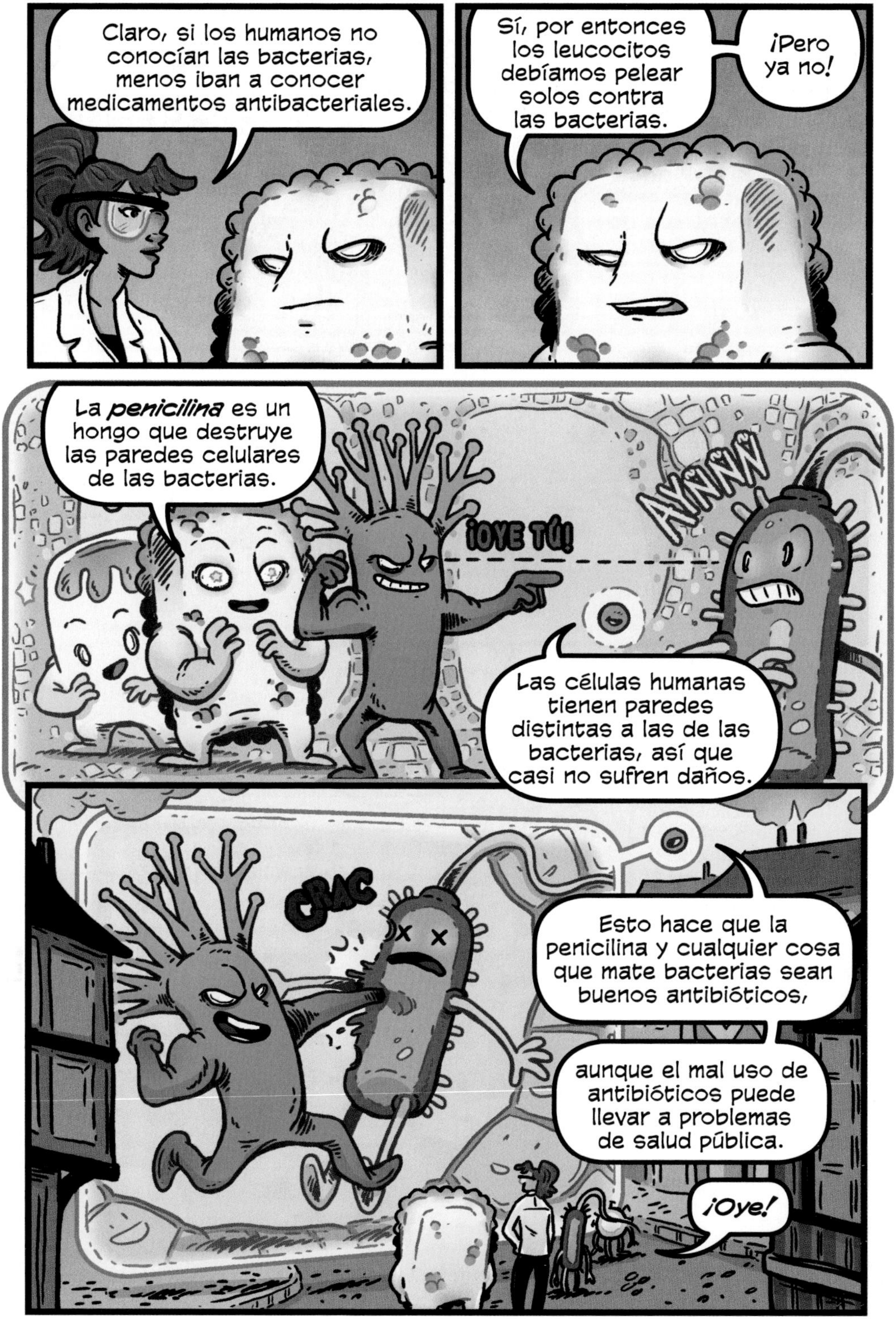
Claro, si los humanos no conocían las bacterias, menos iban a conocer medicamentos antibacteriales.
Sí, por entonces los leucocitos debíamos pelear solos contra las bacterias.
¡Pero ya no!
La *penicilina* es un hongo que destruye las paredes celulares de las bacterias.
¡OYE TÚ!
AYÑÑÑ
Las células humanas tienen paredes distintas a las de las bacterias, así que casi no sufren daños.
CRAC
Esto hace que la penicilina y cualquier cosa que mate bacterias sean buenos antibióticos,
aunque el mal uso de antibióticos puede llevar a problemas de salud pública.
¡Oye!

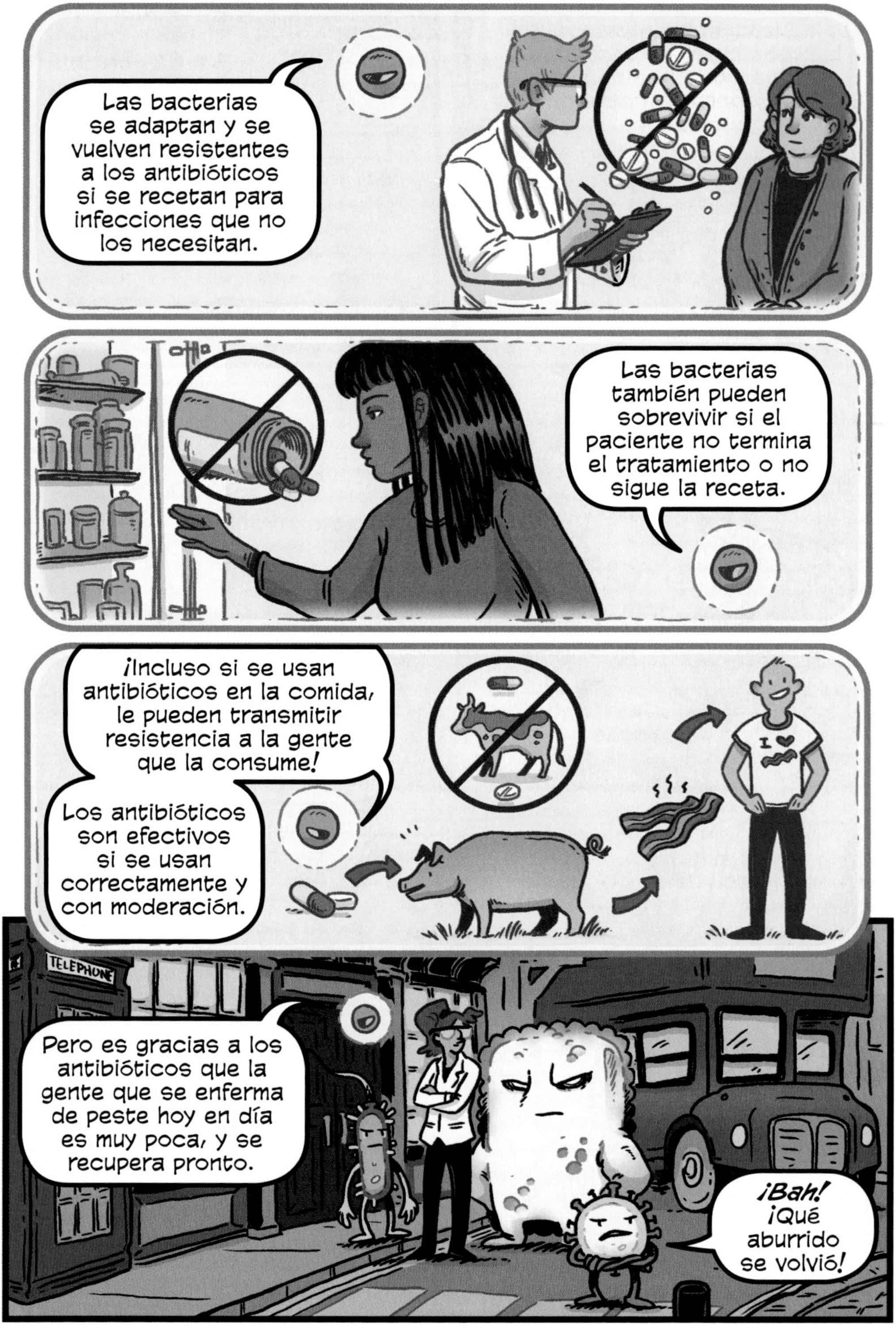
Las bacterias se adaptan y se vuelven resistentes a los antibióticos si se recetan para infecciones que no los necesitan.
Las bacterias también pueden sobrevivir si el paciente no termina el tratamiento o no sigue la receta.
¡Incluso si se usan antibióticos en la comida, le pueden transmitir resistencia a la gente que la consume!
Los antibióticos son efectivos si se usan correctamente y con moderación.
TELEPHONE
Pero es gracias a los antibióticos que la gente que se enferma de peste hoy en día es muy poca, y se recupera pronto.
¡Bah! ¡Qué aburrido se volvió!

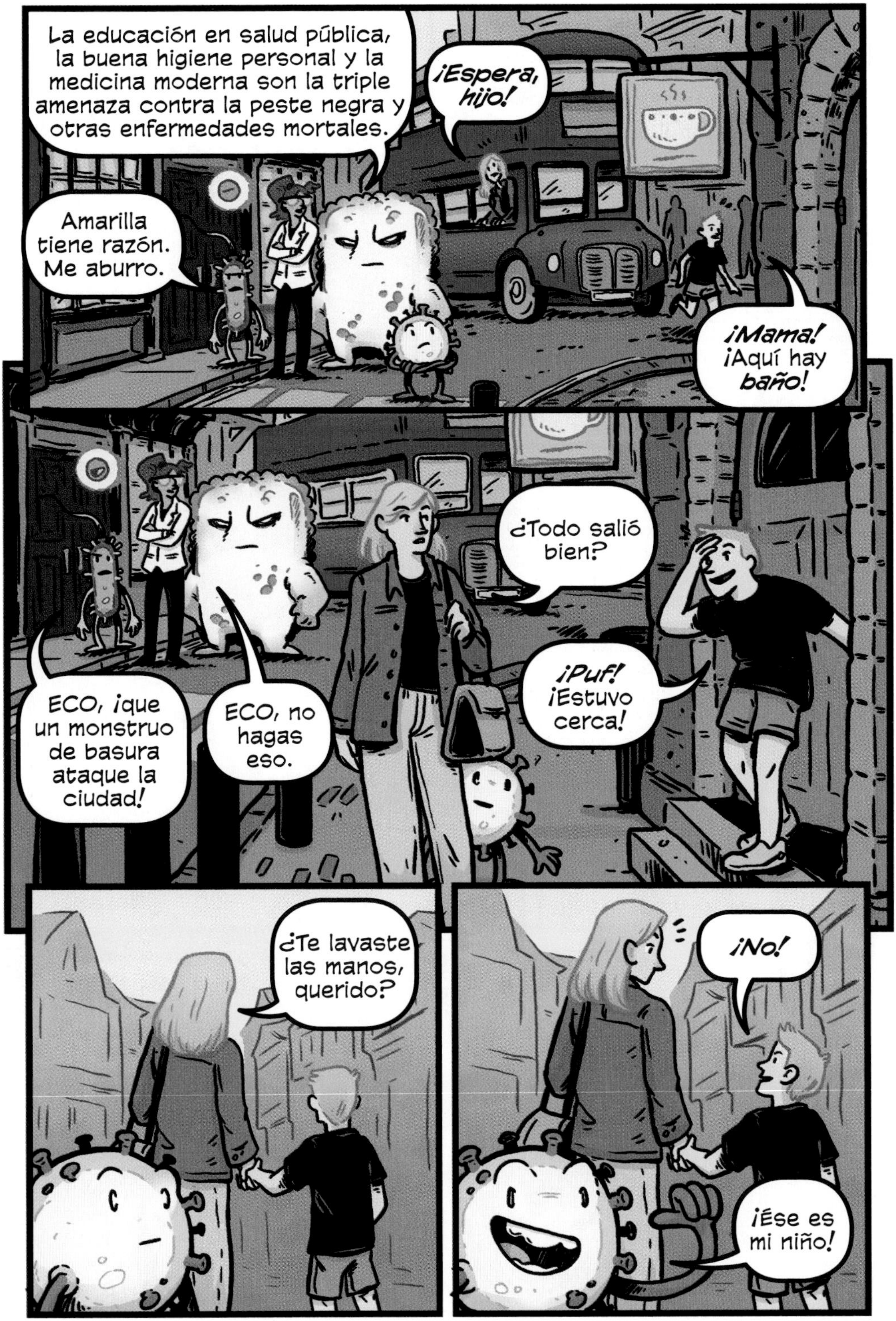
La educación en salud pública, la buena higiene personal y la medicina moderna son la triple amenaza contra la peste negra y otras enfermedades mortales.
¡Espera, hijo!
Amarilla tiene razón. Me aburro.
¡Mama! ¡Aquí hay baño!
¿Todo salió bien?
ECO, ¡que un monstruo de basura ataque la ciudad!
ECO, no hagas eso.
¡Puf! ¡Estuvo cerca!
¿Te lavaste las manos, querido?
¡No!
¡Ese es mi niño!

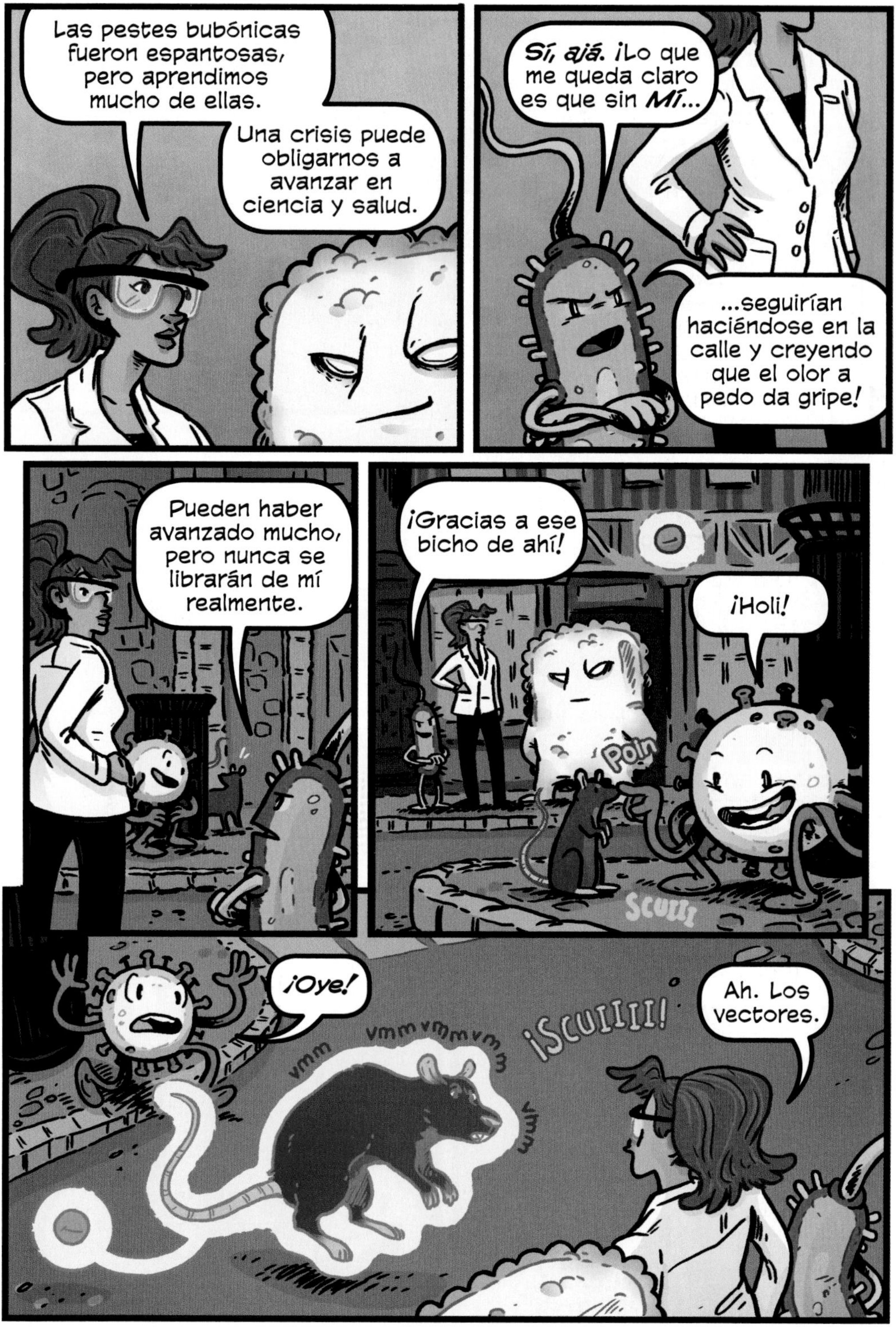

Las pestes bubónicas fueron espantosas, pero aprendimos mucho de ellas.
Una crisis puede obligarnos a avanzar en ciencia y salud.
Sí, ajá. ¡Lo que me queda claro es que sin MÍ...
...seguirían haciéndose en la calle y creyendo que el olor a pedo da gripe!
Pueden haber avanzado mucho, pero nunca se librarán de mí realmente.
¡Gracias a ese bicho de ahí!
¡Holi!
POIN
SCUIII
¡Oye!
vmm vmm vmm vmm vmm vmm
¡SCUIIII!
Ah. Los vectores.

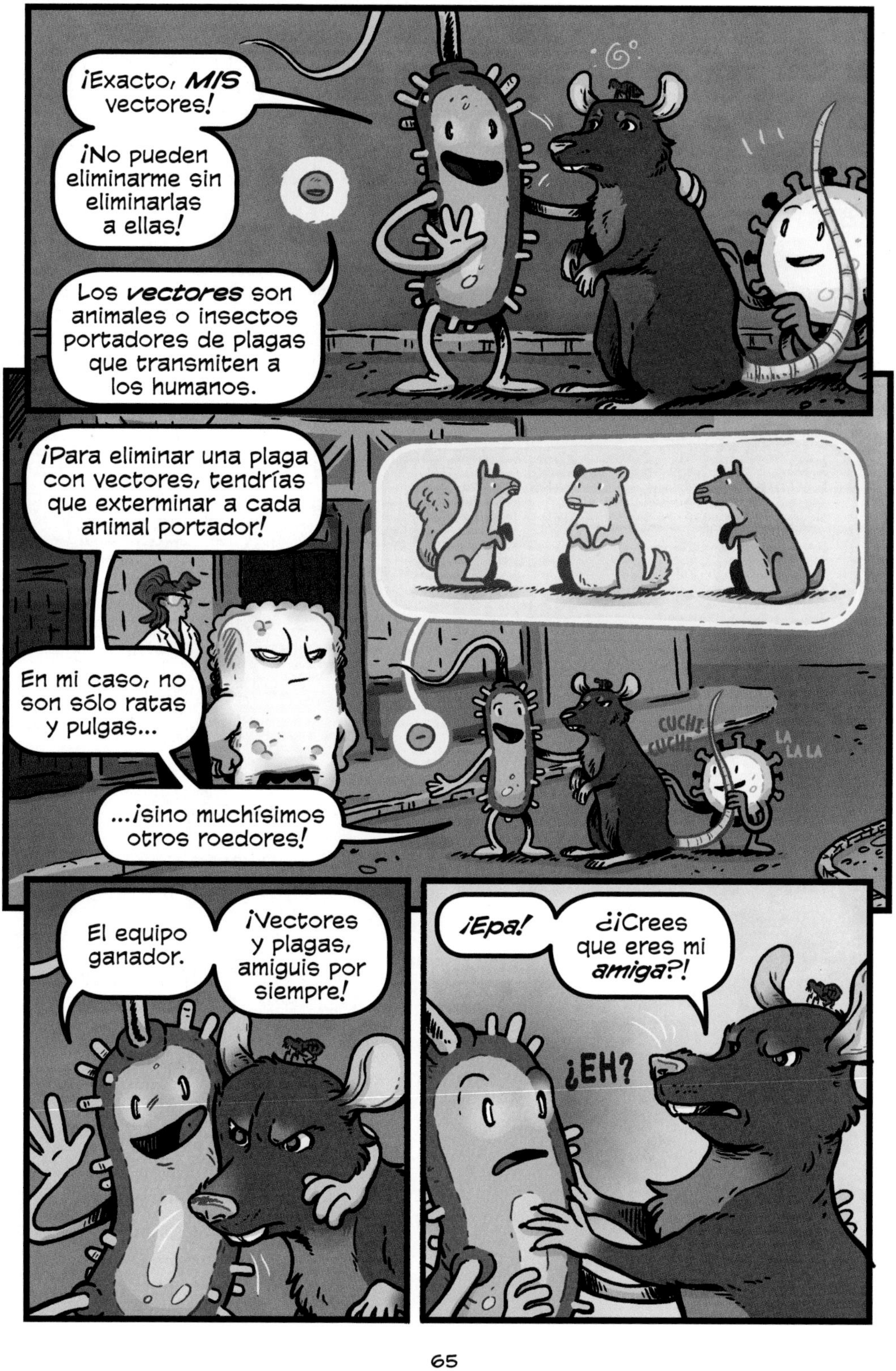
¡Exacto, *MIS* vectores!
¡No pueden eliminarme sin eliminarlas a ellas!
Los *vectores* son animales o insectos portadores de plagas que transmiten a los humanos.
¡Para eliminar una plaga con vectores, tendrías que exterminar a cada animal portador!
En mi caso, no son sólo ratas y pulgas...
...¡sino muchísimos otros roedores!
CUCHI CUCHI
LA LA LA
El equipo ganador.
¡Vectores y plagas, amiguis por siempre!
¡Epa!
¿¡Crees que eres mi *amiga*?!
¿EH?

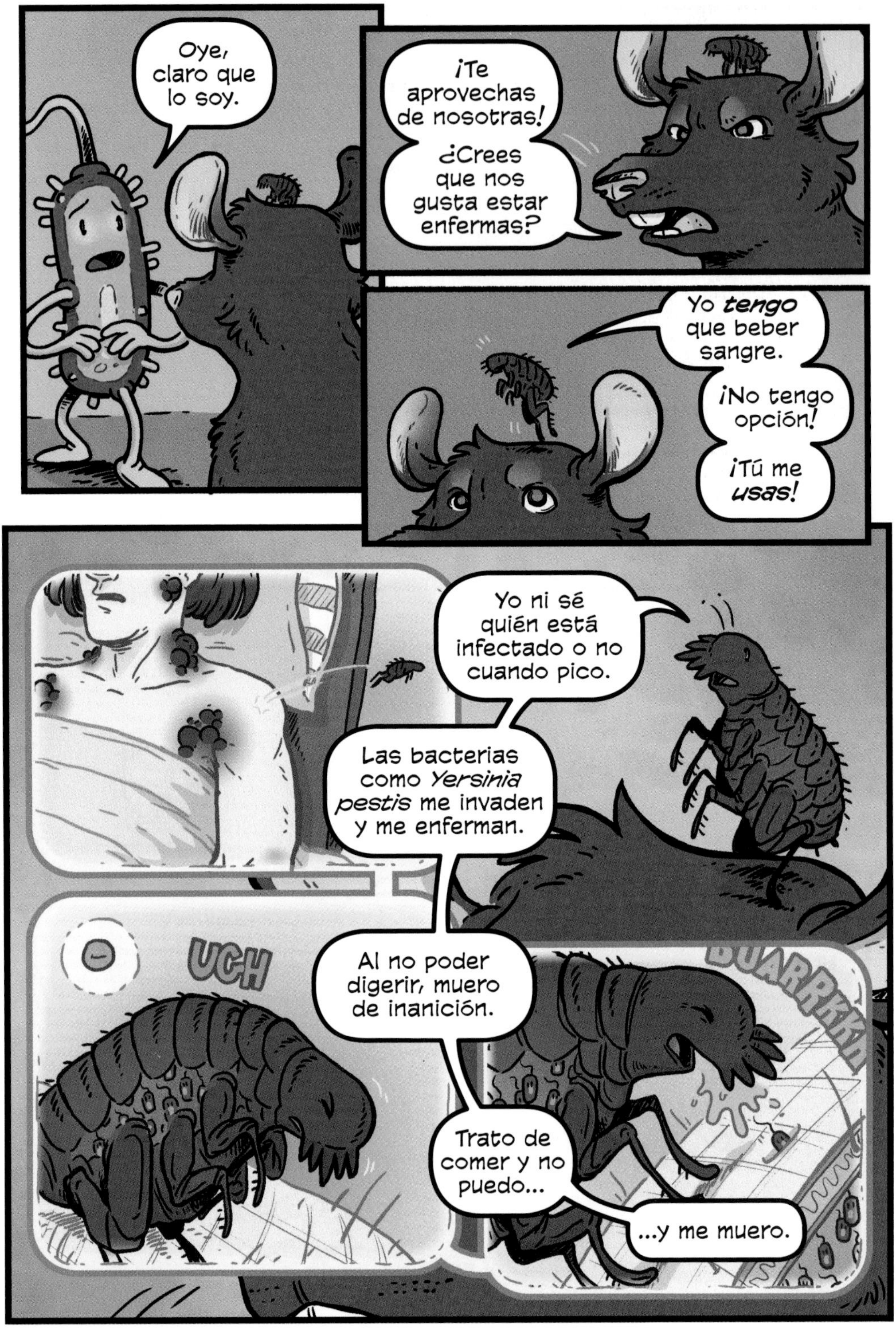
Oye, claro que lo soy.
¡Te aprovechas de nosotras!
¿Crees que nos gusta estar enfermas?
Yo *tengo* que beber sangre.
¡No tengo opción!
¡Tú me *usas*!
Yo ni sé quién está infectado o no cuando pico.
Las bacterias como *Yersinia pestis* me invaden y me enferman.
UCH
Al no poder digerir, muero de inanición.
BUARRKKK
Trato de comer y no puedo...
...y me muero.

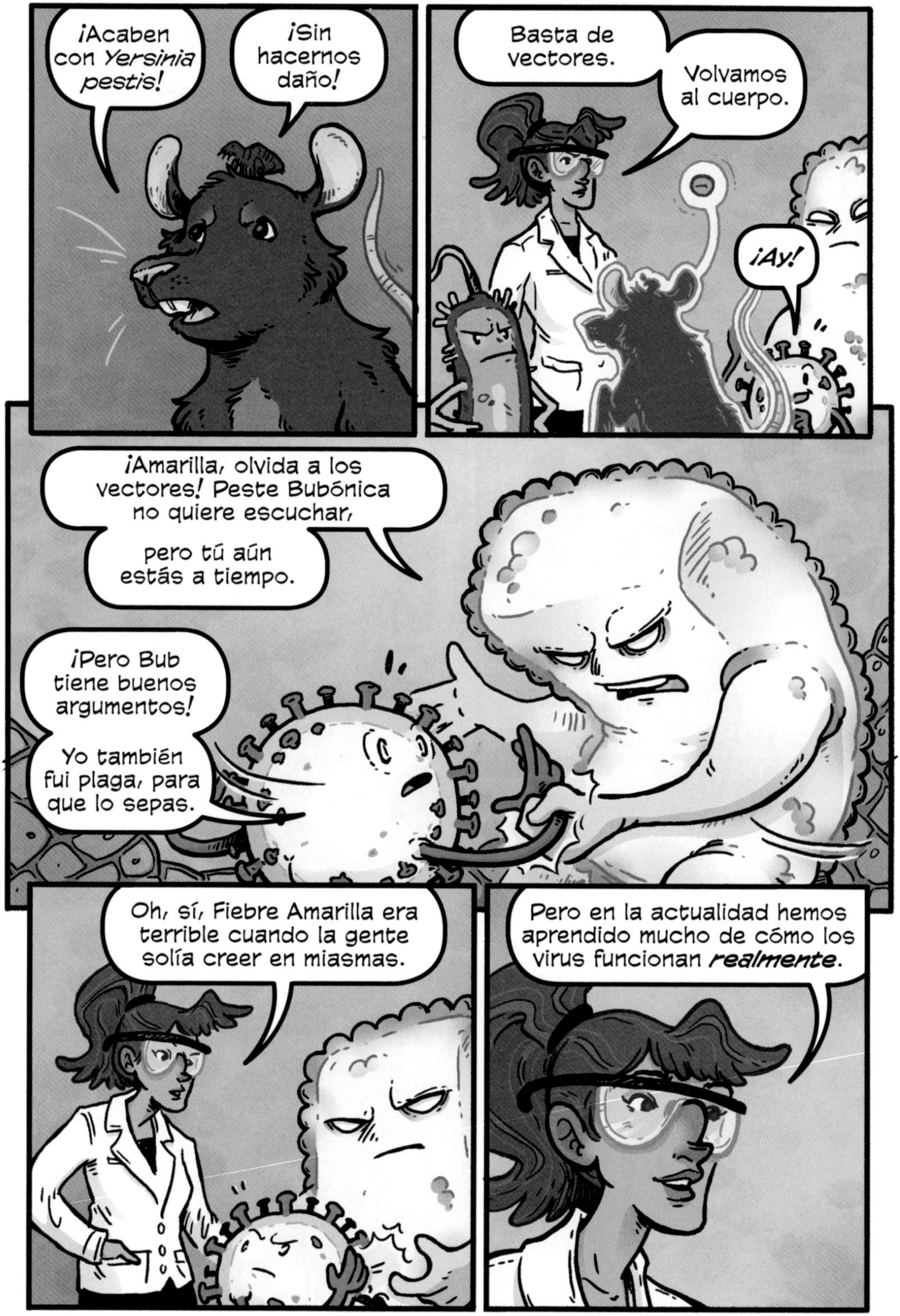
¡Acaben con *Yersinia pestis*!
¡Sin hacernos daño!
Basta de vectores.
Volvamos al cuerpo.
¡Ay!
¡Amarilla, olvida a los vectores! Peste Bubónica no quiere escuchar,
pero tú aún estás a tiempo.
¡Pero Bub tiene buenos argumentos!
Yo también fui plaga, para que lo sepas.
Oh, sí, Fiebre Amarilla era terrible cuando la gente solía creer en miasmas.
Pero en la actualidad hemos aprendido mucho de cómo los virus funcionan ***realmente***.

Un virus entra a los humanos del mismo modo que las bacterias,

pero una vez dentro, se comporta muy diferente.

¡Mmm, moquitos!

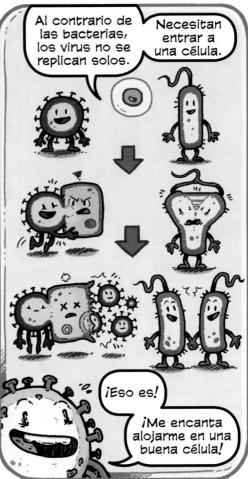

Al contrario de las bacterias, los virus no se replican solos.

Necesitan entrar a una célula.

¡Eso es!

¡Me encanta alojarme en una buena célula!

Espina de proteínas

Envoltura

Cápside

Genoma (ARN o ADN)

En realidad los virus sólo son material genético envuelto en una cubierta de proteínas llamada cápside. Algunos tienen una envoltura de grasa...

...y algunas envolturas tienen espinas.

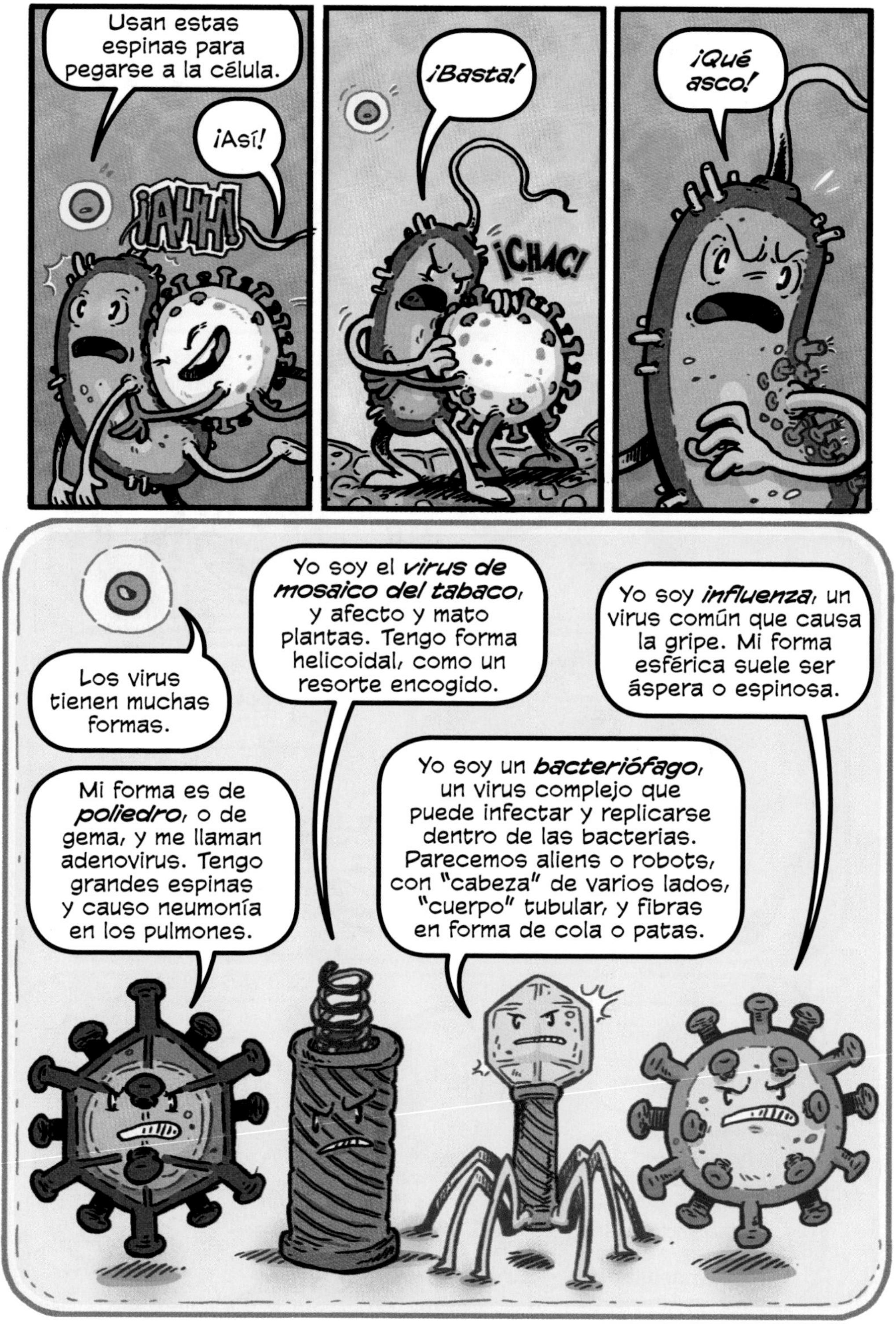
Usan estas espinas para pegarse a la célula.
¡Así!
¡AHH!
¡Basta!
¡CHAC!
¡Qué asco!
Los virus tienen muchas formas.
Yo soy el virus de mosaico del tabaco, y afecto y mato plantas. Tengo forma helicoidal, como un resorte encogido.
Yo soy influenza, un virus común que causa la gripe. Mi forma esférica suele ser áspera o espinosa.
Mi forma es de poliedro, o de gema, y me llaman adenovirus. Tengo grandes espinas y causo neumonía en los pulmones.
Yo soy un bacteriófago, un virus complejo que puede infectar y replicarse dentro de las bacterias. Parecemos aliens o robots, con "cabeza" de varios lados, "cuerpo" tubular, y fibras en forma de cola o patas.

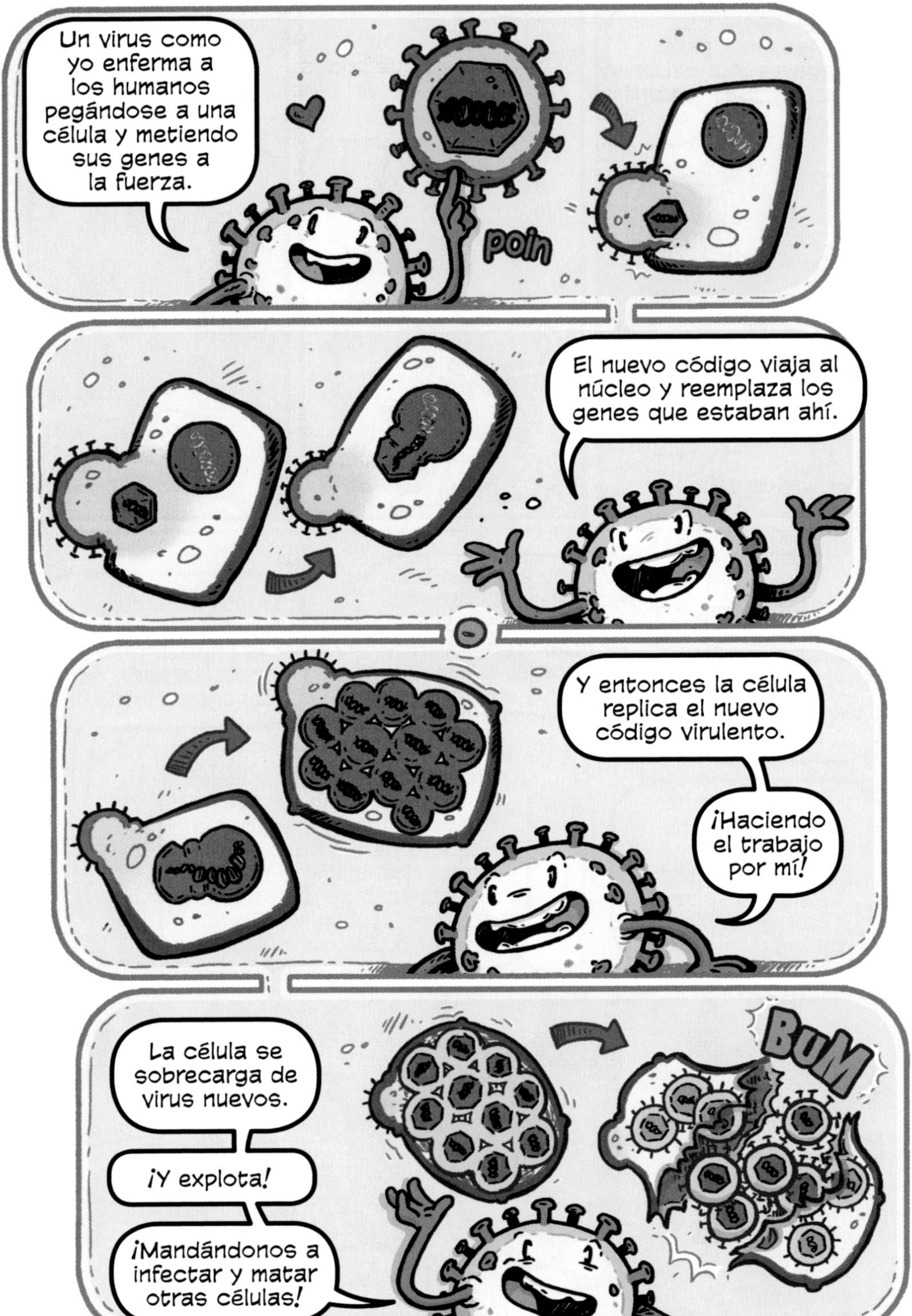
Un virus como yo enferma a los humanos pegándose a una célula y metiendo sus genes a la fuerza.
poin
El nuevo código viaja al núcleo y reemplaza los genes que estaban ahí.
Y entonces la célula replica el nuevo código virulento.
¡Haciendo el trabajo por mí!
La célula se sobrecarga de virus nuevos.
¡Y explota!
¡Mandándonos a infectar y matar otras células!
BUM

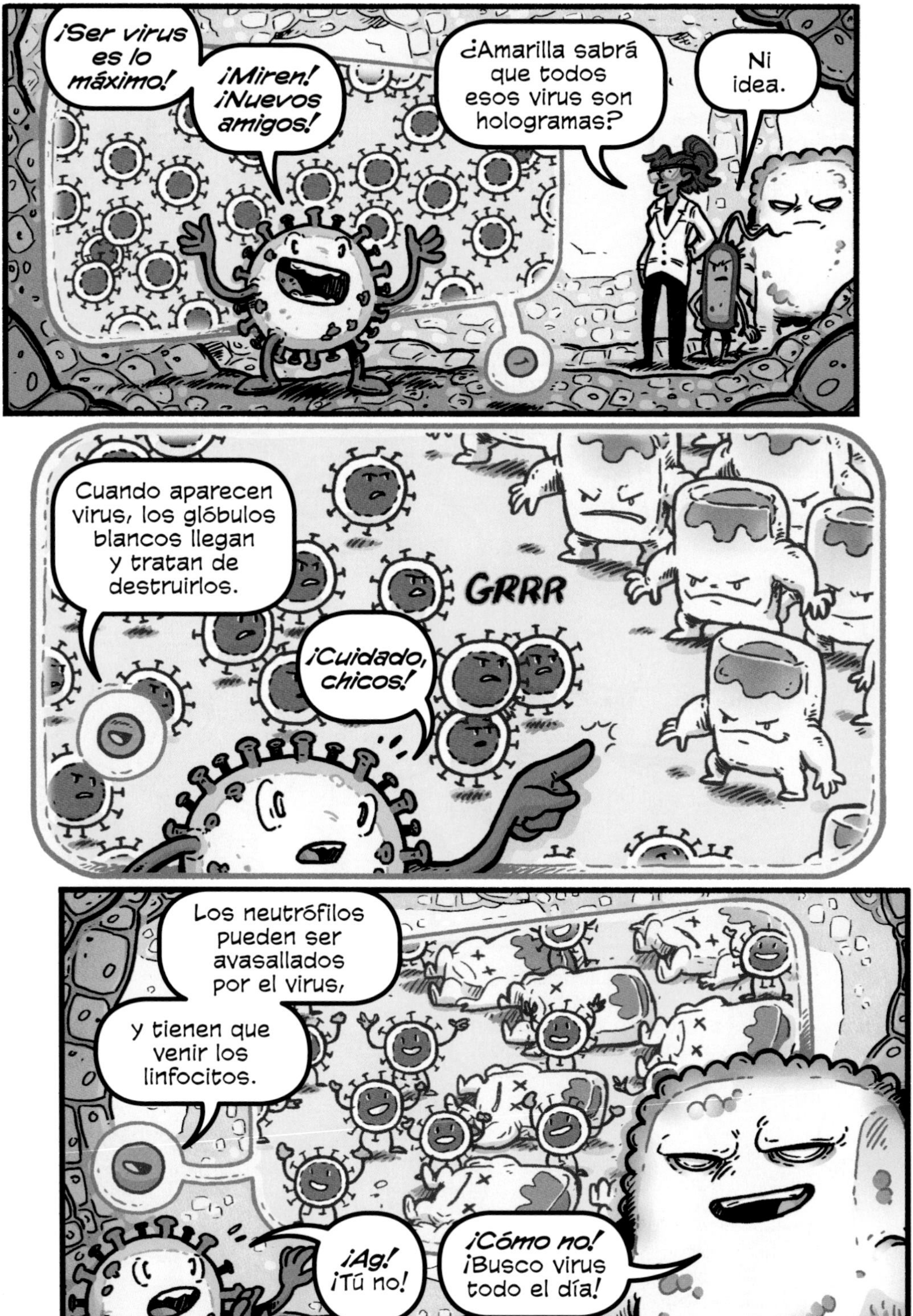
¡Ser virus es lo máximo!
¡Miren! ¡Nuevos amigos!
¿Amarilla sabrá que todos esos virus son hologramas?
Ni idea.
Cuando aparecen virus, los glóbulos blancos llegan y tratan de destruirlos.
GRRR
¡Cuidado, chicos!
Los neutrófilos pueden ser avasallados por el virus,
y tienen que venir los linfocitos.
¡Ag! ¡Tú no!
¡Cómo no! ¡Busco virus todo el día!

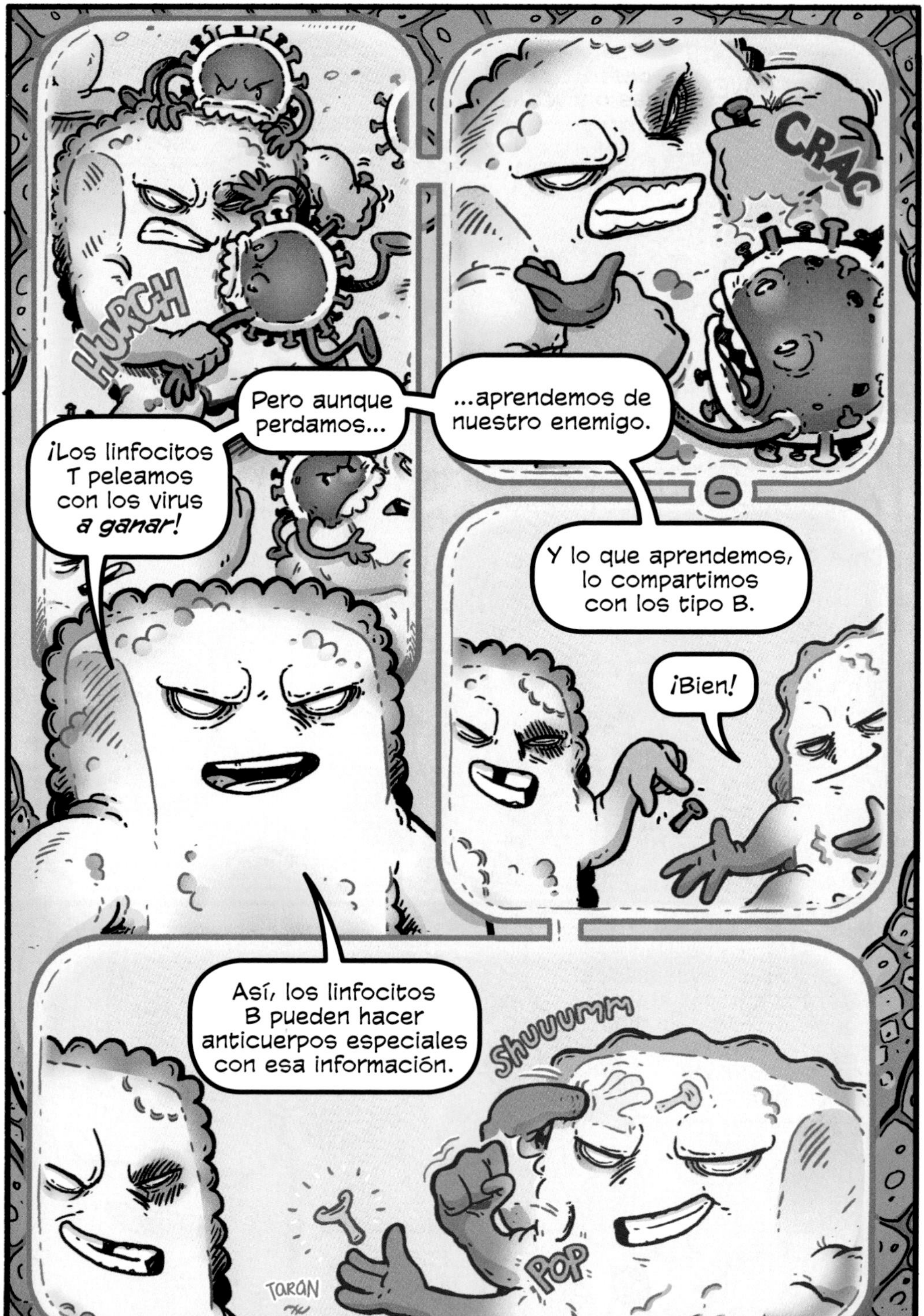
HURCH
CRAC
Pero aunque perdamos...
...aprendemos de nuestro enemigo.
¡Los linfocitos T peleamos con los virus *a ganar*!
Y lo que aprendemos, lo compartimos con los tipo B.
¡Bien!
Así, los linfocitos B pueden hacer anticuerpos especiales con esa información.
SHUUUMM
POP
TARAN

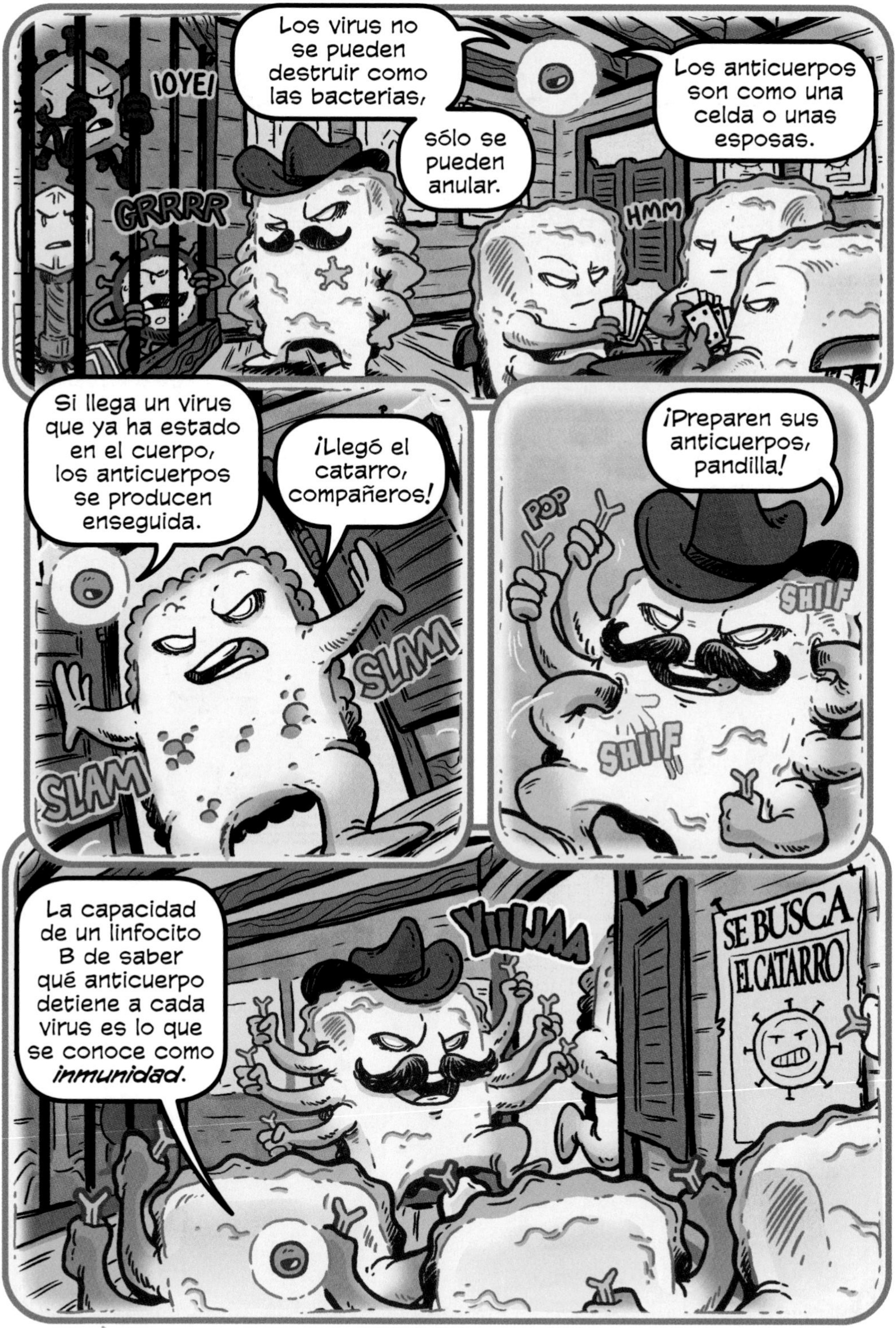

¡OYE!
Los virus no se pueden destruir como las bacterias,
sólo se pueden anular.
Los anticuerpos son como una celda o unas esposas.
GRRRR
HMM
Si llega un virus que ya ha estado en el cuerpo, los anticuerpos se producen enseguida.
¡Llegó el catarro, compañeros!
SLAM
SLAM
¡Preparen sus anticuerpos, pandilla!
POP
SHIIF
SHIIF
La capacidad de un linfocito B de saber qué anticuerpo detiene a cada virus es lo que se conoce como *inmunidad*.
YIIIJAA
SE BUSCA
EL CATARRO

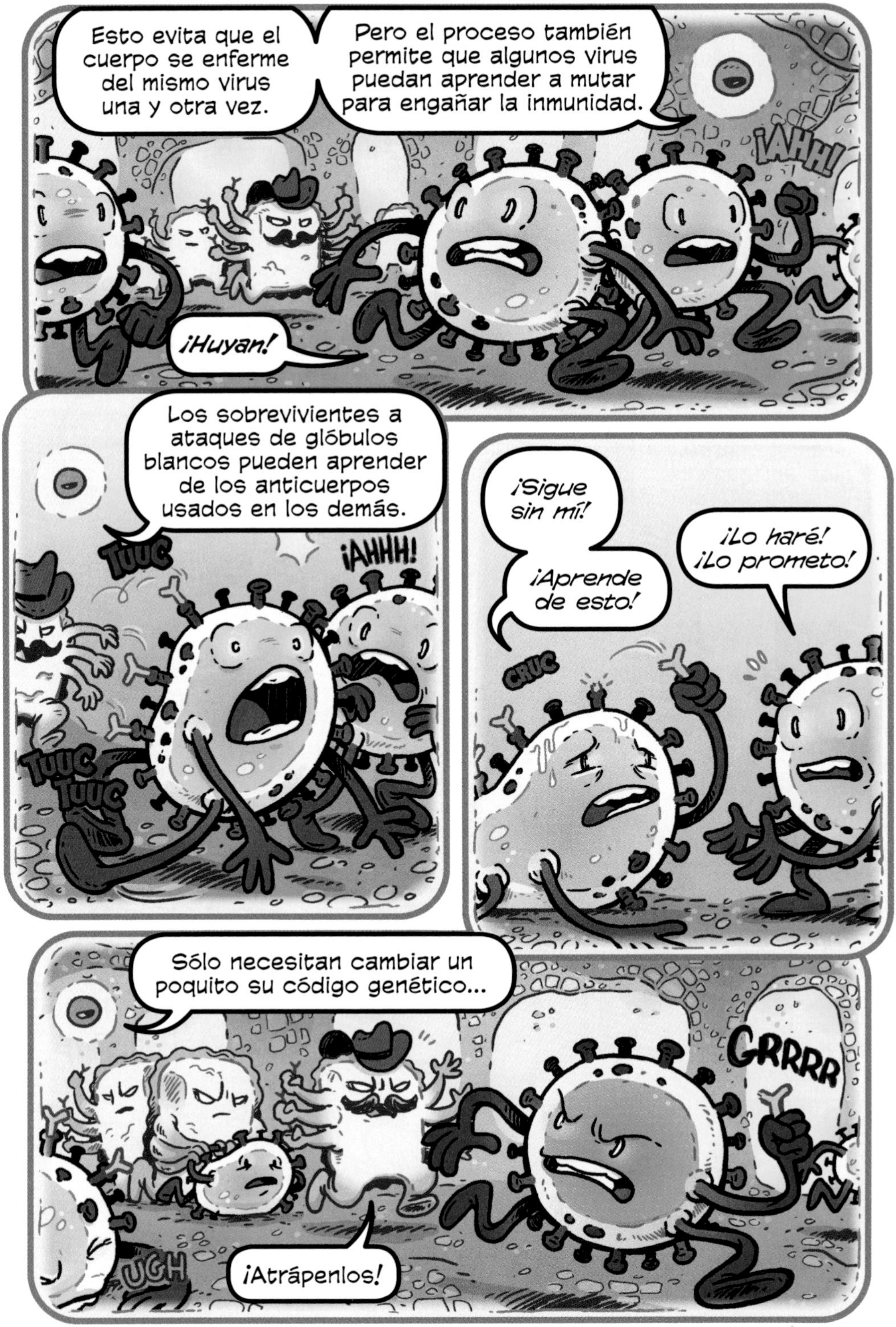

Esto evita que el cuerpo se enferme del mismo virus una y otra vez.
Pero el proceso también permite que algunos virus puedan aprender a mutar para engañar la inmunidad.
¡AHH!
¡Huyan!
Los sobrevivientes a ataques de glóbulos blancos pueden aprender de los anticuerpos usados en los demás.
TUUC
¡AHHH!
TUUC TUUC
¡Sigue sin mí!
¡Aprende de esto!
¡Lo haré! ¡Lo prometo!
CRUC
Sólo necesitan cambiar un poquito su código genético...
GRRRR
UGH
¡Atrápenlos!

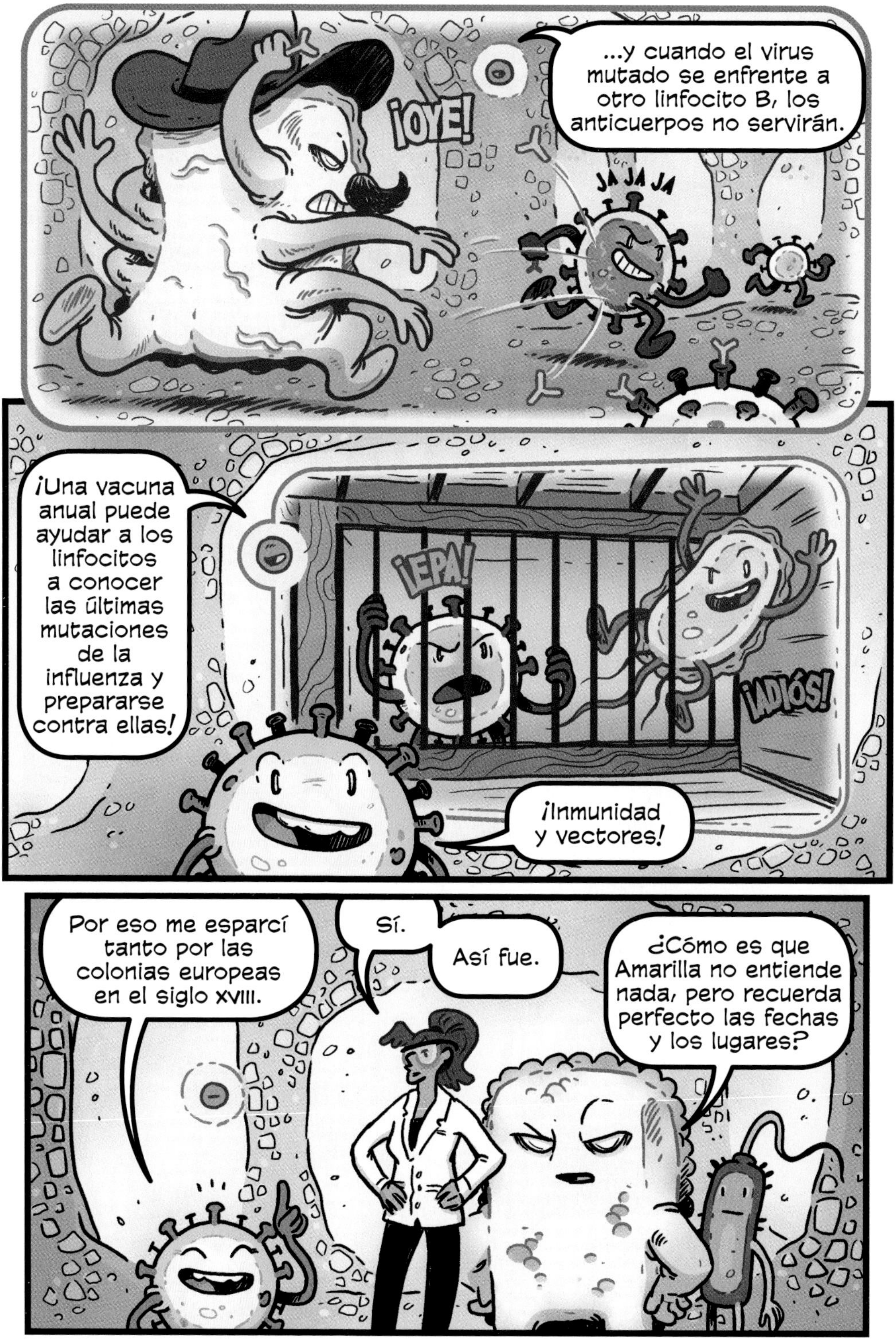
¡OYE!
...y cuando el virus mutado se enfrente a otro linfocito B, los anticuerpos no servirán.
JA JA JA
¡Una vacuna anual puede ayudar a los linfocitos a conocer las últimas mutaciones de la influenza y prepararse contra ellas!
¡EPA!
¡ADIÓS!
¡Inmunidad y vectores!
Por eso me esparcí tanto por las colonias europeas en el siglo XVIII.
Sí.
Así fue.
¿Cómo es que Amarilla no entiende nada, pero recuerda perfecto las fechas y los lugares?

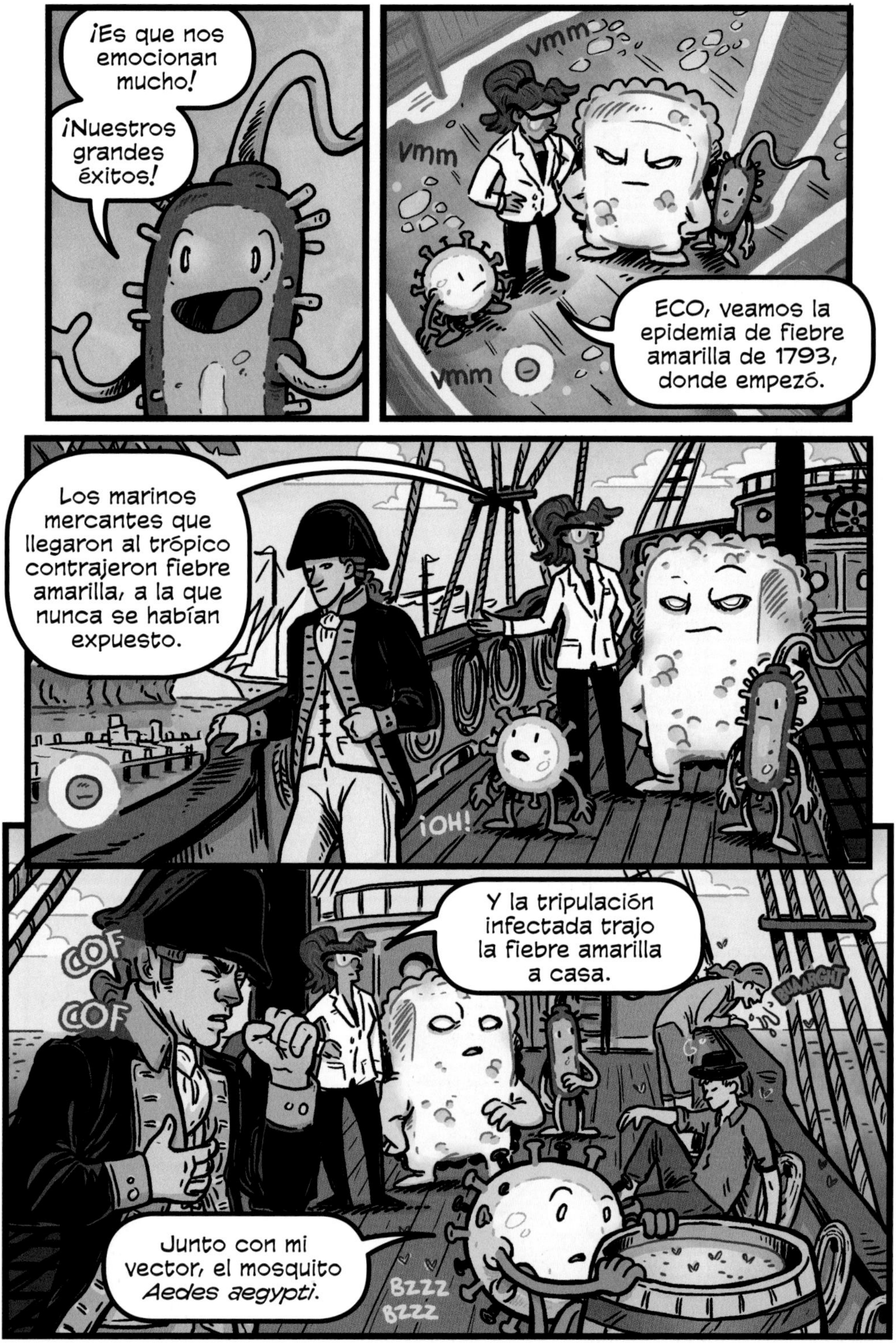
¡Es que nos emocionan mucho!
¡Nuestros grandes éxitos!
vmm
vmm
vmm
ECO, veamos la epidemia de fiebre amarilla de 1793, donde empezó.
Los marinos mercantes que llegaron al trópico contrajeron fiebre amarilla, a la que nunca se habían expuesto.
¡OH!
COF
COF
Y la tripulación infectada trajo la fiebre amarilla a casa.
BLAARGHT
Junto con mi vector, el mosquito *Aedes aegypti*.
BZZZ
BZZZ

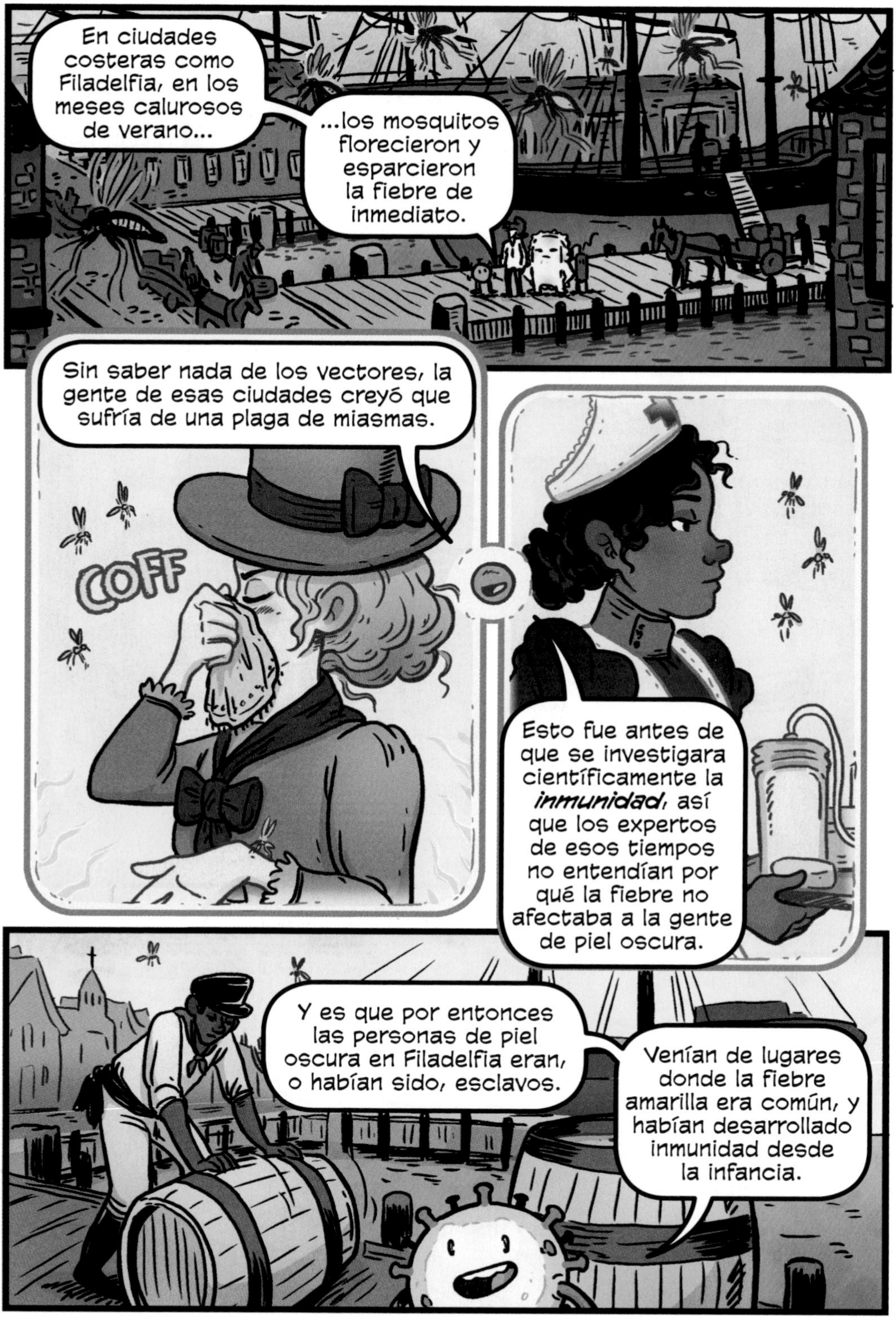

En ciudades costeras como Filadelfia, en los meses calurosos de verano...
...los mosquitos florecieron y esparcieron la fiebre de inmediato.
Sin saber nada de los vectores, la gente de esas ciudades creyó que sufría de una plaga de miasmas.
COFF
Esto fue antes de que se investigara científicamente la *inmunidad*, así que los expertos de esos tiempos no entendían por qué la fiebre no afectaba a la gente de piel oscura.
Y es que por entonces las personas de piel oscura en Filadelfia eran, o habían sido, esclavos.
Venían de lugares donde la fiebre amarilla era común, y habían desarrollado inmunidad desde la infancia.

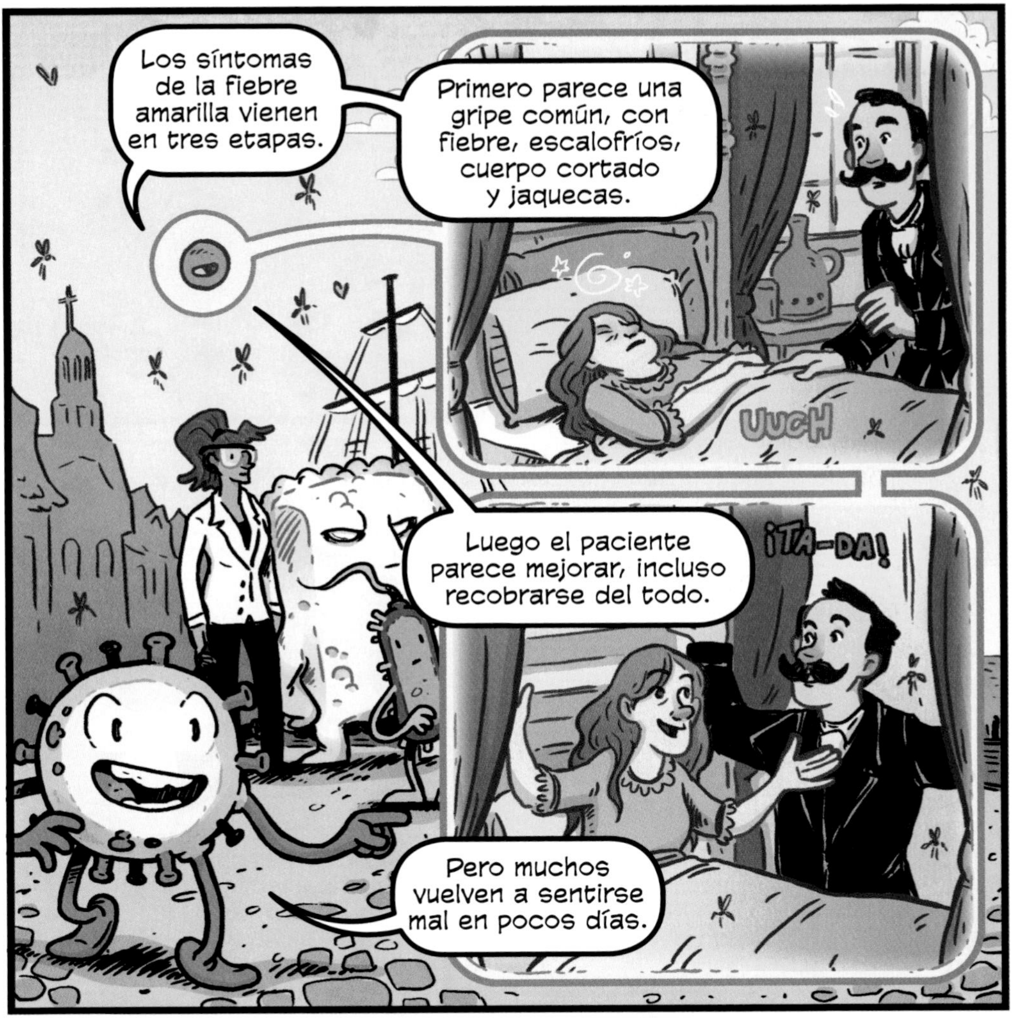
Los síntomas de la fiebre amarilla vienen en tres etapas.
Primero parece una gripe común, con fiebre, escalofríos, cuerpo cortado y jaquecas.
UUGH
Luego el paciente parece mejorar, incluso recobrarse del todo.
¡TA-DA!
Pero muchos vuelven a sentirse mal en pocos días.

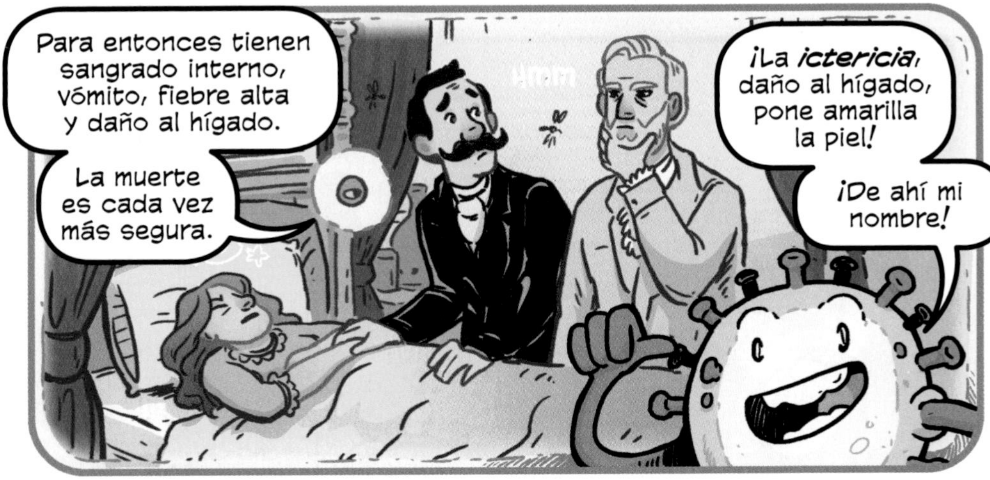
Para entonces tienen sangrado interno, vómito, fiebre alta y daño al hígado.
La muerte es cada vez más segura.
HMM
¡La *ictericia*, daño al hígado, pone amarilla la piel!
¡De ahí mi nombre!

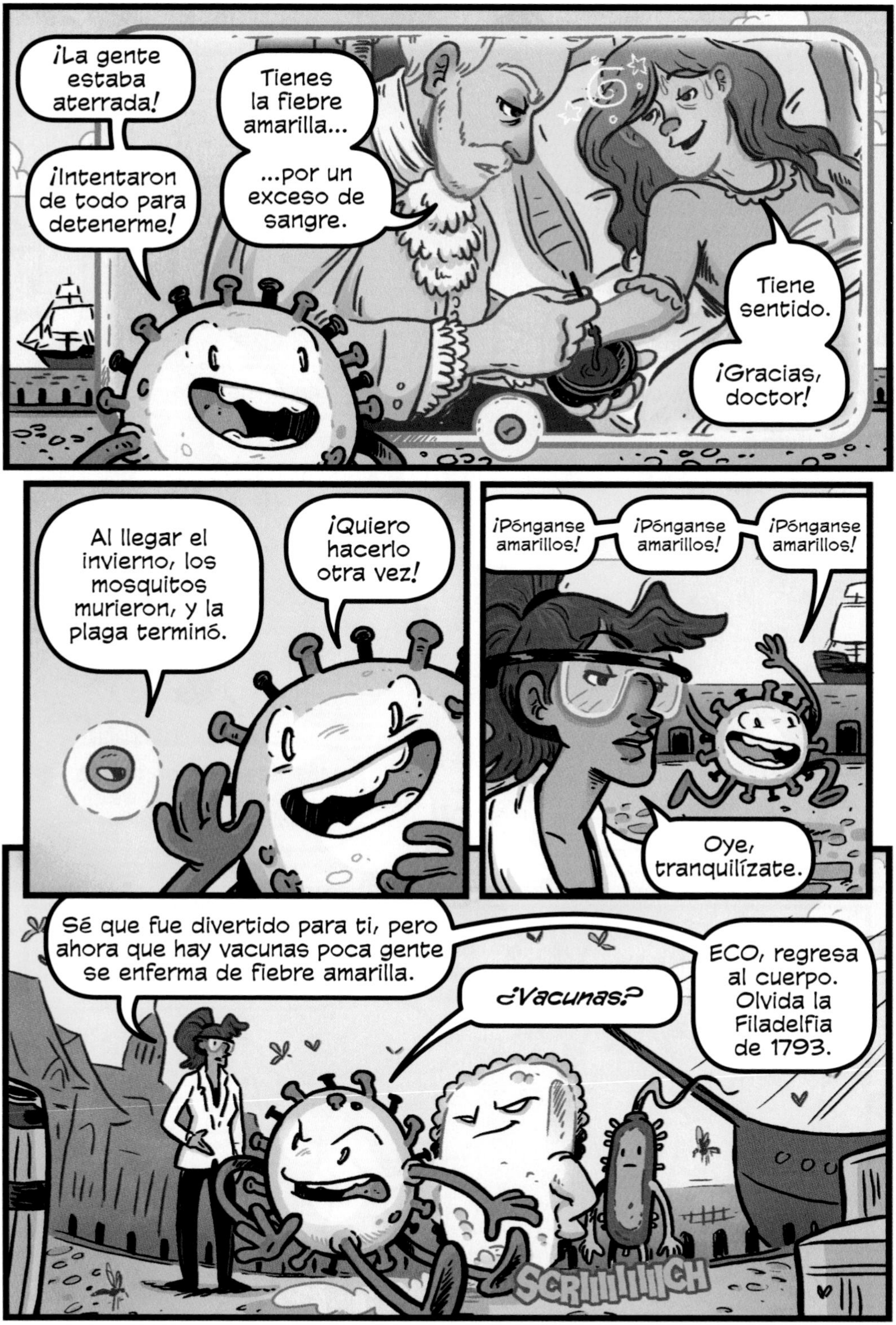

¡La gente estaba aterrada!
¡Intentaron de todo para detenerme!
Tienes la fiebre amarilla...
...por un exceso de sangre.
Tiene sentido.
¡Gracias, doctor!
Al llegar el invierno, los mosquitos murieron, y la plaga terminó.
¡Quiero hacerlo otra vez!
¡Pónganse amarillos!
¡Pónganse amarillos!
¡Pónganse amarillos!
Oye, tranquilízate.
Sé que fue divertido para ti, pero ahora que hay vacunas poca gente se enferma de fiebre amarilla.
¿Vacunas?
ECO, regresa al cuerpo. Olvida la Filadelfia de 1793.
SCRIIIIIIICH

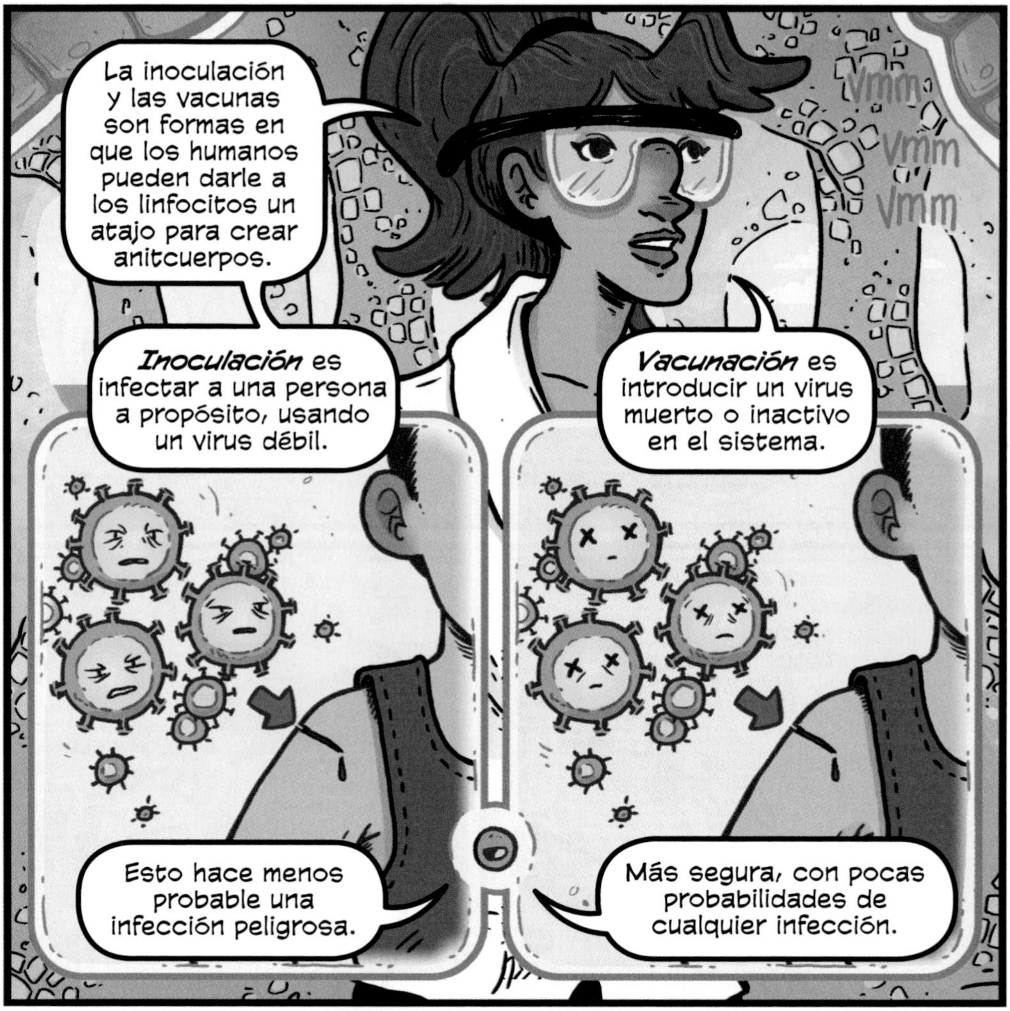
La inoculación y las vacunas son formas en que los humanos pueden darle a los linfocitos un atajo para crear anitcuerpos.
Vmm
Vmm
Vmm
Inoculación es infectar a una persona a propósito, usando un virus débil.
Vacunación es introducir un virus muerto o inactivo en el sistema.
Esto hace menos probable una infección peligrosa.
Más segura, con pocas probabilidades de cualquier infección.

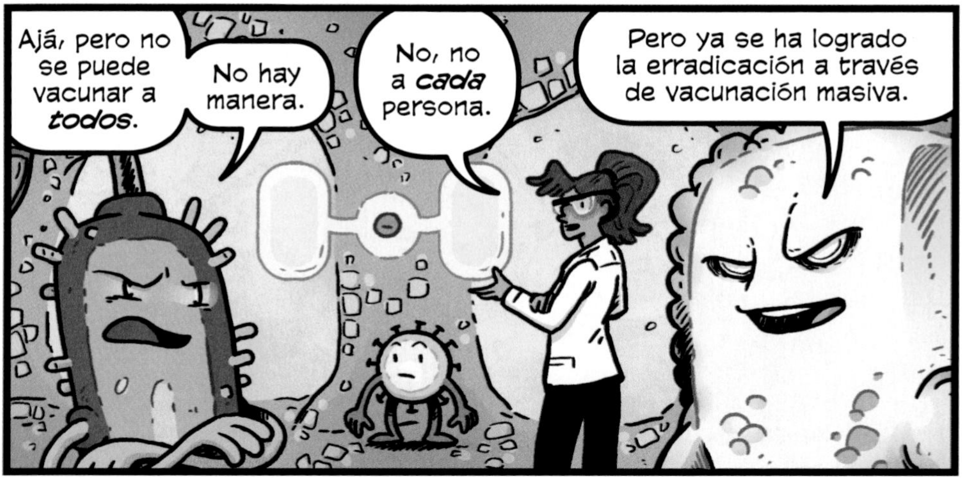
Ajá, pero no se puede vacunar a ***todos***.
No hay manera.
No, no a ***cada*** persona.
Pero ya se ha logrado la erradicación a través de vacunación masiva.

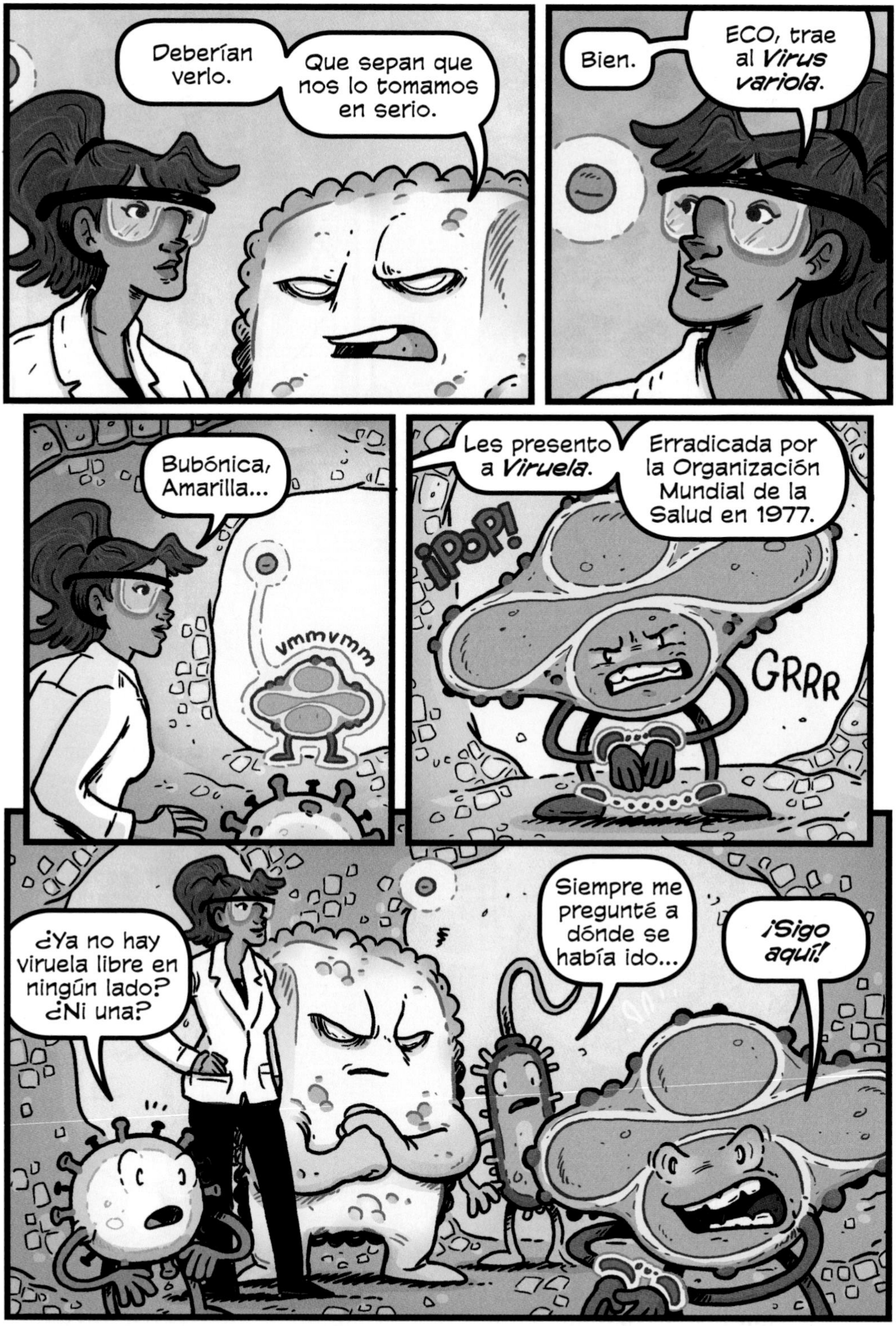
Deberían verlo.
Que sepan que nos lo tomamos en serio.
Bien.
ECO, trae al *Virus variola*.
Bubónica, Amarilla...
VMMVMM
Les presento a *Viruela*.
Erradicada por la Organización Mundial de la Salud en 1977.
¡POP!
GRRR
¿Ya no hay viruela libre en ningún lado? ¿Ni una?
Siempre me pregunté a dónde se había ido...
¡Sigo aquí!

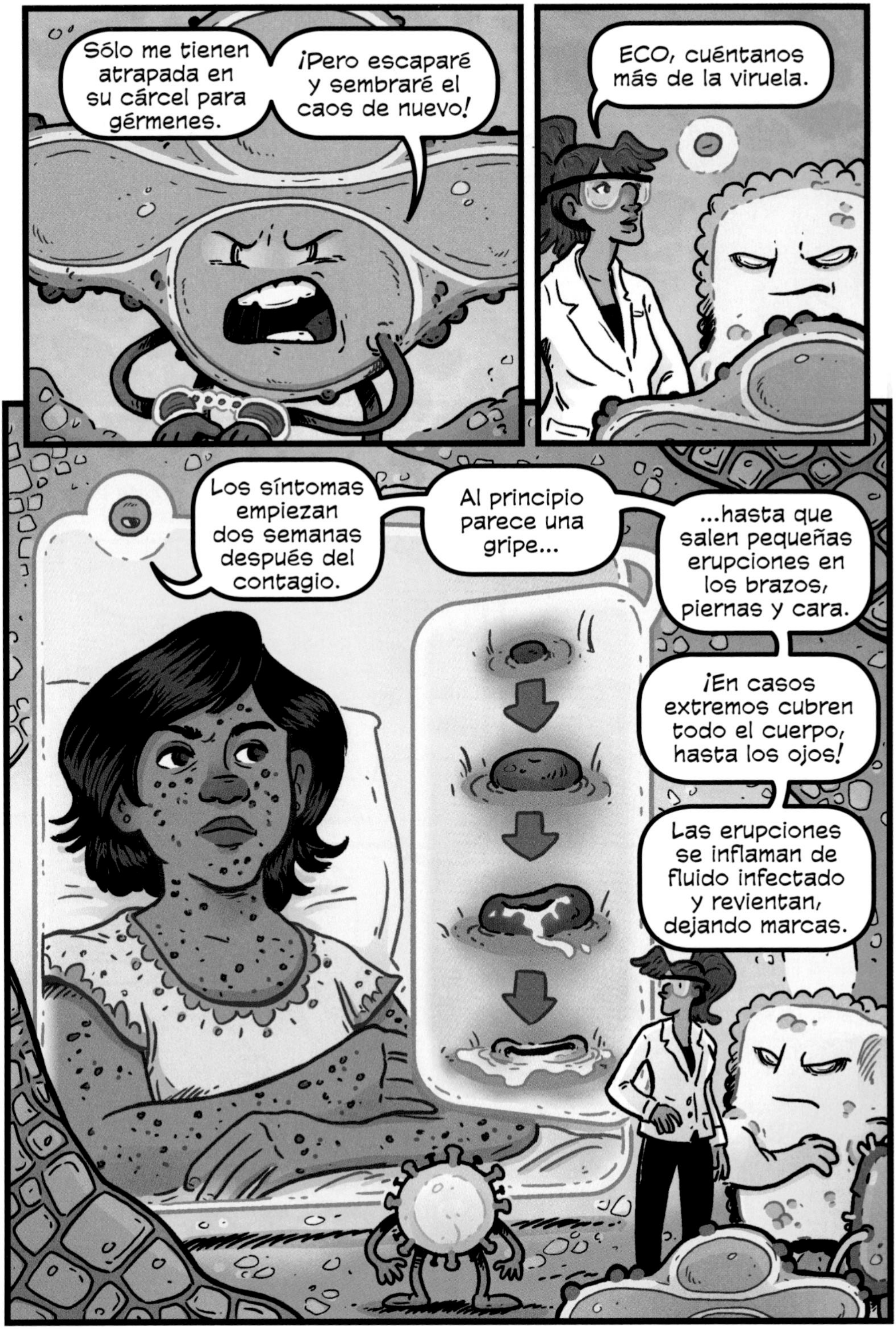
Sólo me tienen atrapada en su cárcel para gérmenes.
¡Pero escaparé y sembraré el caos de nuevo!
ECO, cuéntanos más de la viruela.
Los síntomas empiezan dos semanas después del contagio.
Al principio parece una gripe...
...hasta que salen pequeñas erupciones en los brazos, piernas y cara.
¡En casos extremos cubren todo el cuerpo, hasta los ojos!
Las erupciones se inflaman de fluido infectado y revientan, dejando marcas.

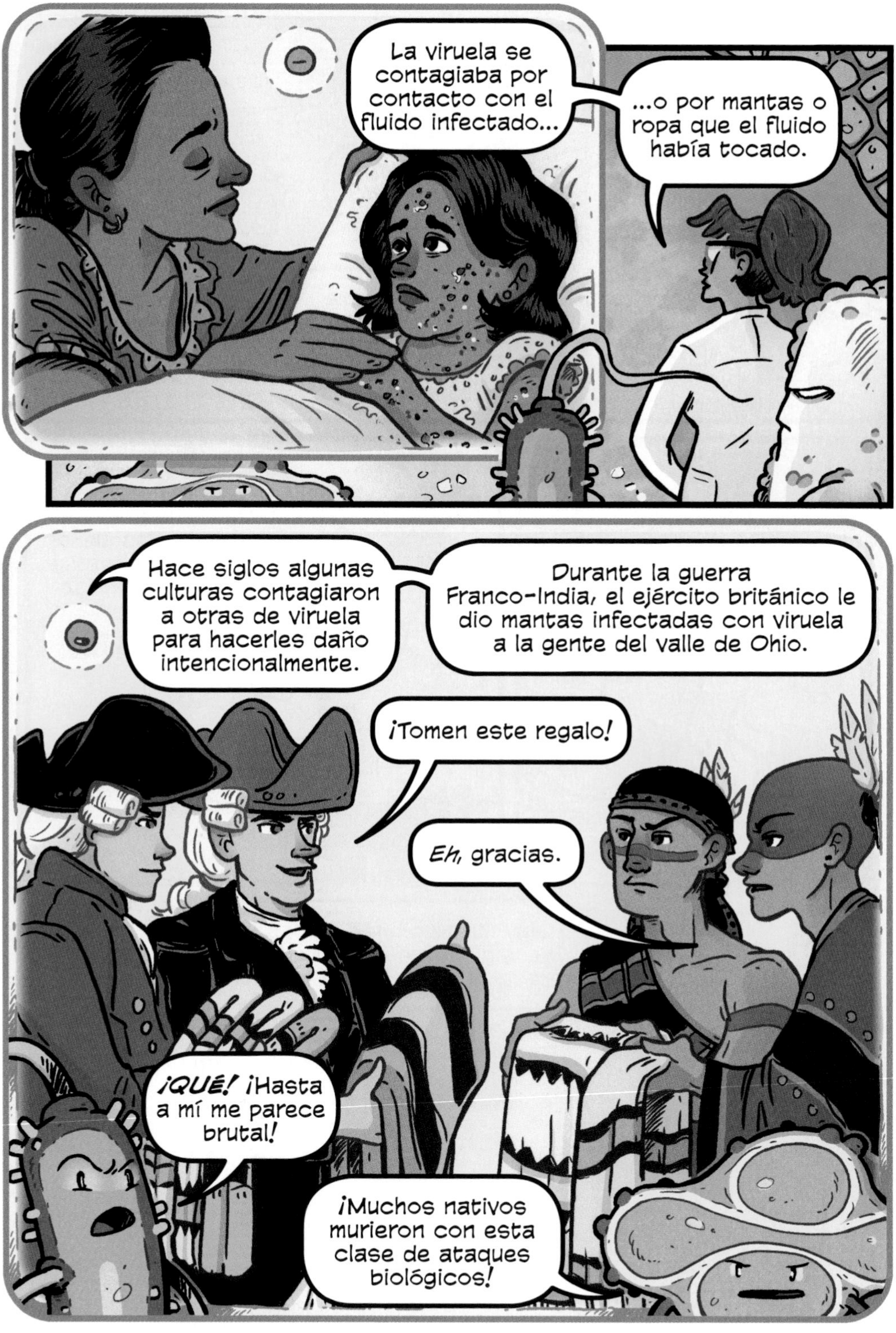
La viruela se contagiaba por contacto con el fluido infectado...
...o por mantas o ropa que el fluido había tocado.
Hace siglos algunas culturas contagiaron a otras de viruela para hacerles daño intencionalmente.
Durante la guerra Franco-India, el ejército británico le dio mantas infectadas con viruela a la gente del valle de Ohio.
¡Tomen este regalo!
Eh, gracias.
¡QUÉ! ¡Hasta a mí me parece brutal!
¡Muchos nativos murieron con esta clase de ataques biológicos!

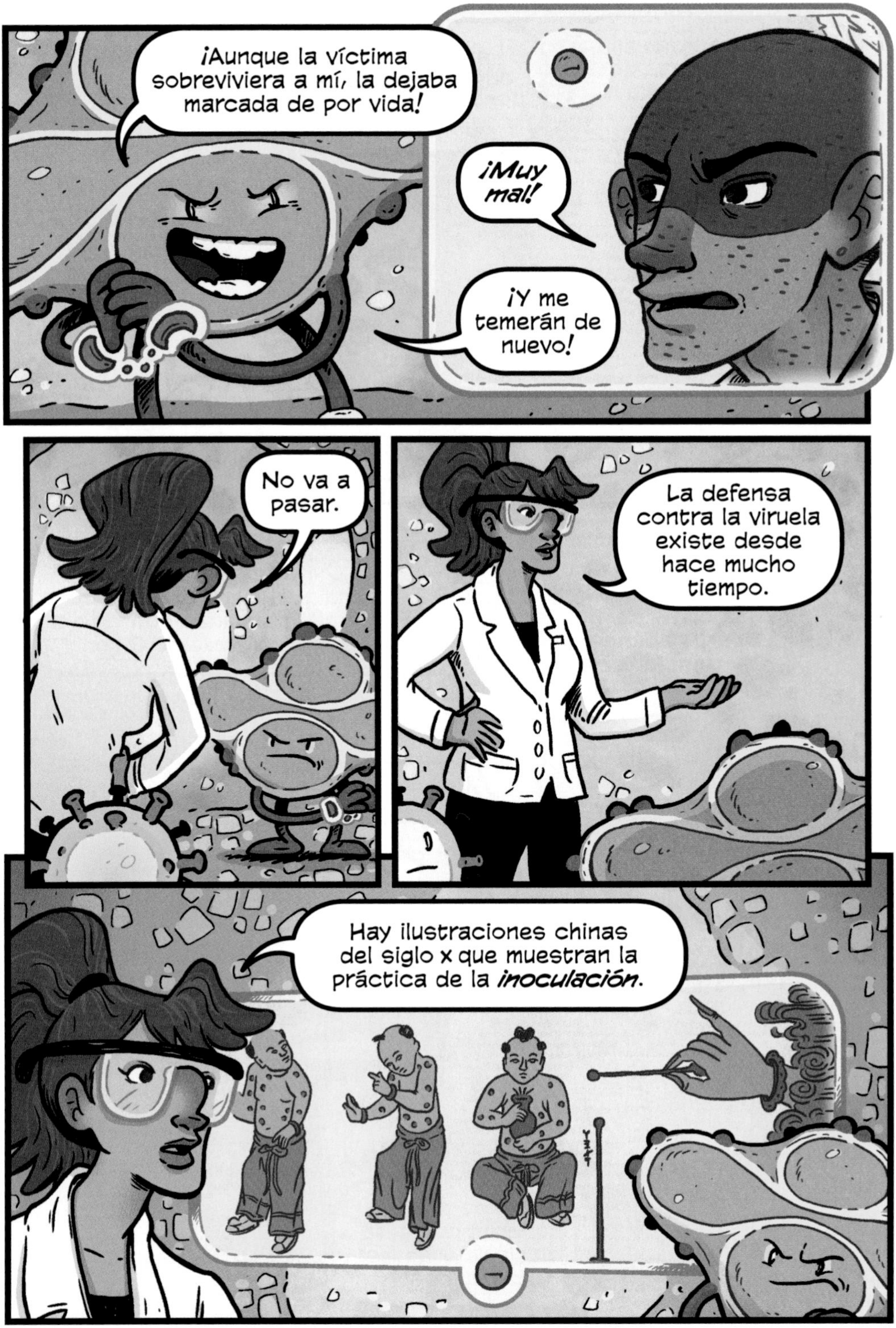
¡Aunque la víctima sobreviviera a mí, la dejaba marcada de por vida!
¡Muy mal!
¡Y me temerán de nuevo!
No va a pasar.
La defensa contra la viruela existe desde hace mucho tiempo.
Hay ilustraciones chinas del siglo x que muestran la práctica de la *inoculación*.

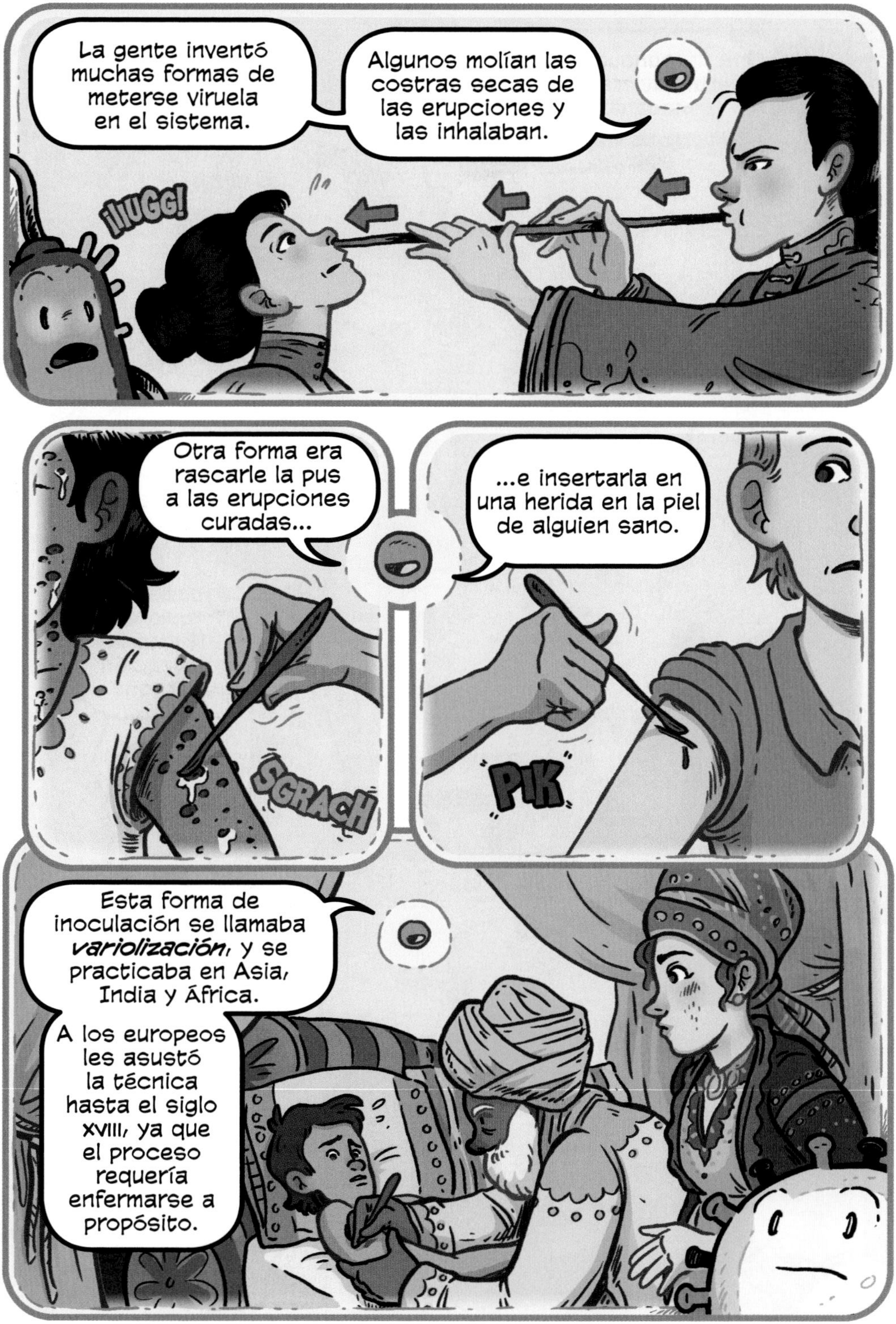
La gente inventó muchas formas de meterse viruela en el sistema.
Algunos molían las costras secas de las erupciones y las inhalaban.
¡¡UGG!
Otra forma era rascarle la pus a las erupciones curadas...
SGRACH
...e insertarla en una herida en la piel de alguien sano.
PIK
Esta forma de inoculación se llamaba ***variolización***, y se practicaba en Asia, India y África.
A los europeos les asustó la técnica hasta el siglo XVIII, ya que el proceso requería enfermarse a propósito.

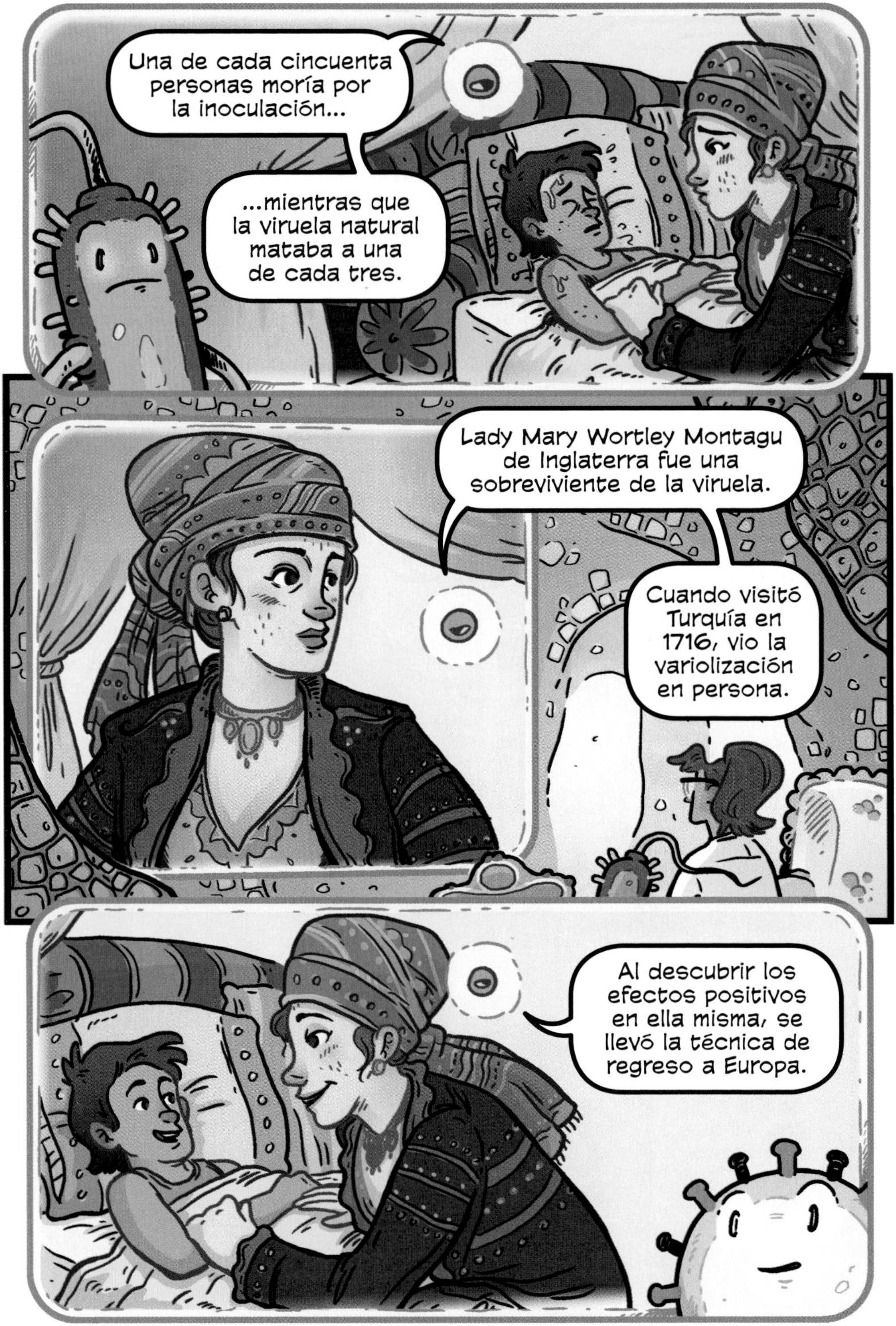
Una de cada cincuenta personas moría por la inoculación...
...mientras que la viruela natural mataba a una de cada tres.
Lady Mary Wortley Montagu de Inglaterra fue una sobreviviente de la viruela.
Cuando visitó Turquía en 1716, vio la variolización en persona.
Al descubrir los efectos positivos en ella misma, se llevó la técnica de regreso a Europa.

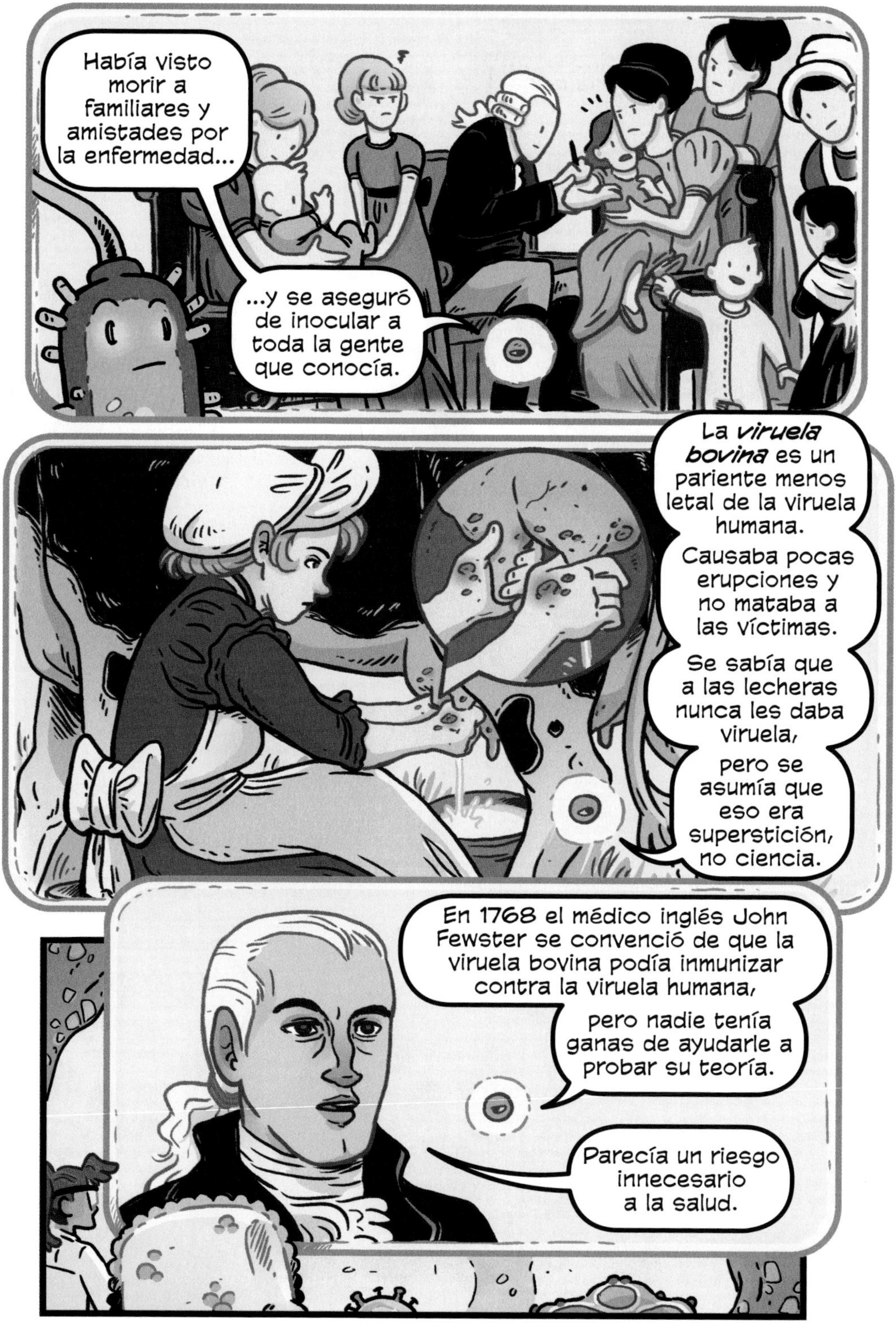
Había visto morir a familiares y amistades por la enfermedad...
...y se aseguró de inocular a toda la gente que conocía.
La *viruela bovina* es un pariente menos letal de la viruela humana.
Causaba pocas erupciones y no mataba a las víctimas.
Se sabía que a las lecheras nunca les daba viruela,
pero se asumía que eso era superstición, no ciencia.
En 1768 el médico inglés John Fewster se convenció de que la viruela bovina podía inmunizar contra la viruela humana,
pero nadie tenía ganas de ayudarle a probar su teoría.
Parecía un riesgo innecesario a la salud.

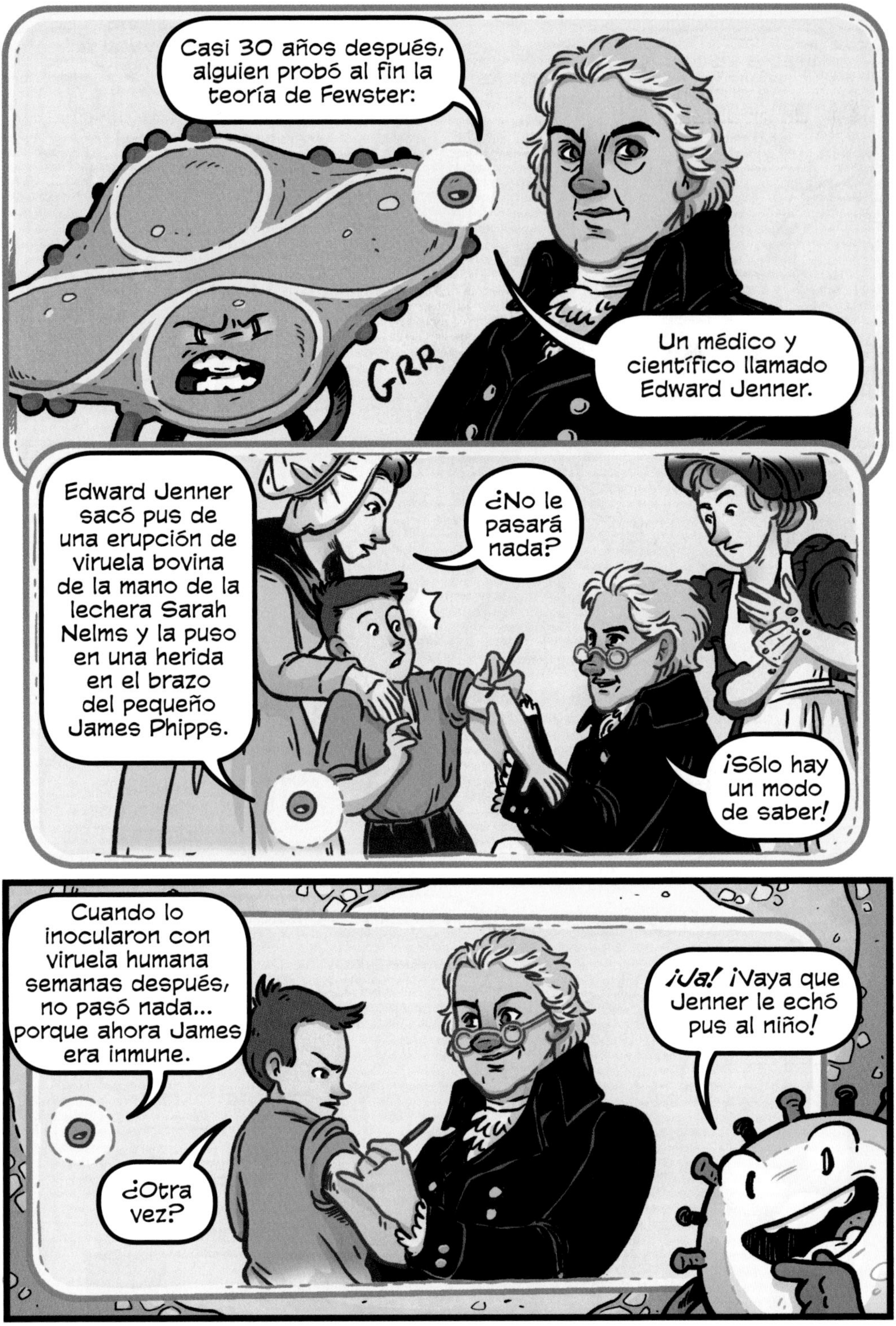
Casi 30 años después, alguien probó al fin la teoría de Fewster:
GRR
Un médico y científico llamado Edward Jenner.
Edward Jenner sacó pus de una erupción de viruela bovina de la mano de la lechera Sarah Nelms y la puso en una herida en el brazo del pequeño James Phipps.
¿No le pasará nada?
¡Sólo hay un modo de saber!
Cuando lo inocularon con viruela humana semanas después, no pasó nada... porque ahora James era inmune.
¿Otra vez?
¡Ja! ¡Vaya que Jenner le echó pus al niño!

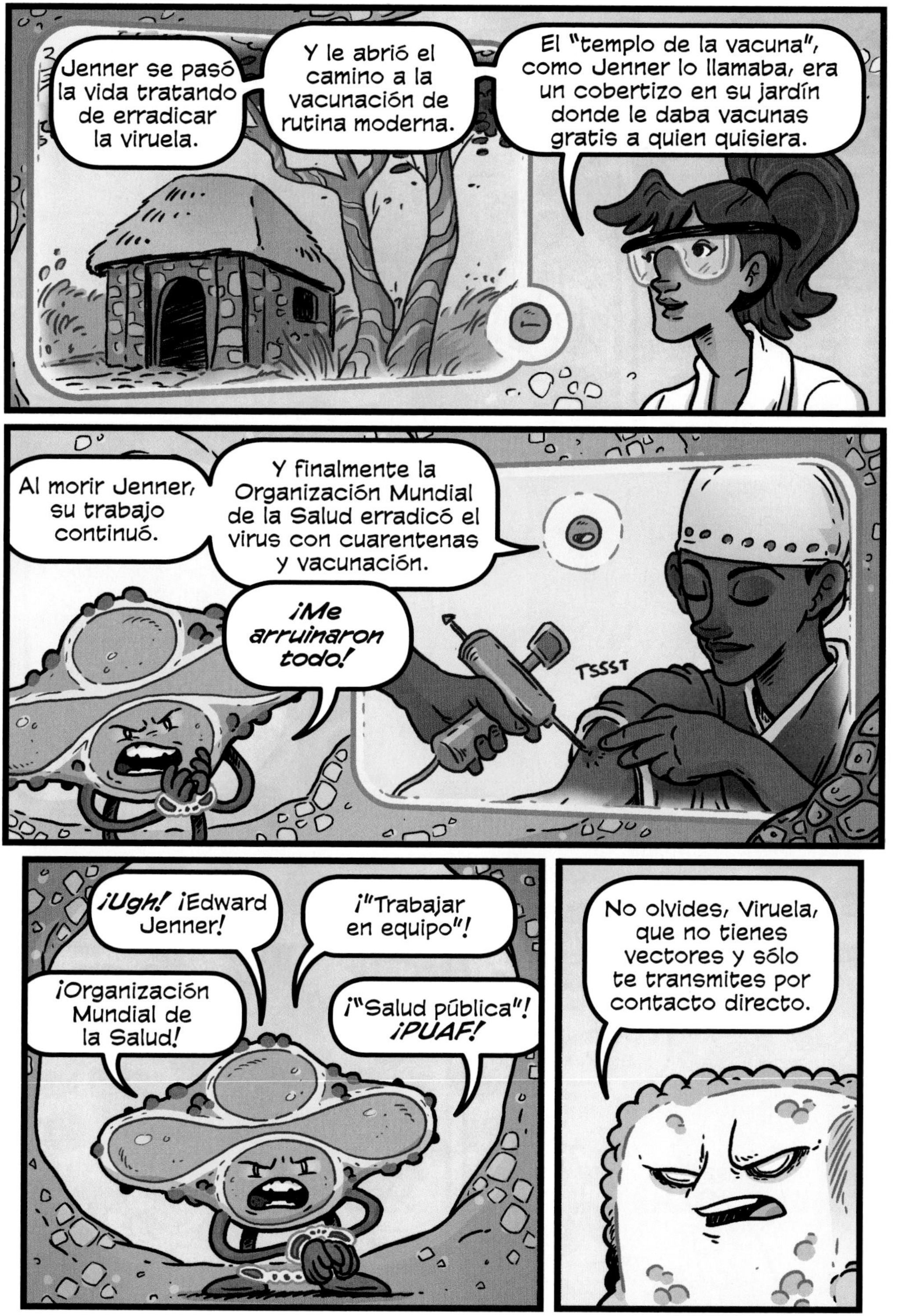
Jenner se pasó la vida tratando de erradicar la viruela.
Y le abrió el camino a la vacunación de rutina moderna.
El "templo de la vacuna", como Jenner lo llamaba, era un cobertizo en su jardín donde le daba vacunas gratis a quien quisiera.
Al morir Jenner, su trabajo continuó.
Y finalmente la Organización Mundial de la Salud erradicó el virus con cuarentenas y vacunación.
¡Me arruinaron todo!
TSSST
¡Ugh! ¡Edward Jenner!
¡"Trabajar en equipo"!
¡Organización Mundial de la Salud!
¡"Salud pública"! ¡PUAF!
No olvides, Viruela, que no tienes vectores y sólo te transmites por contacto directo.

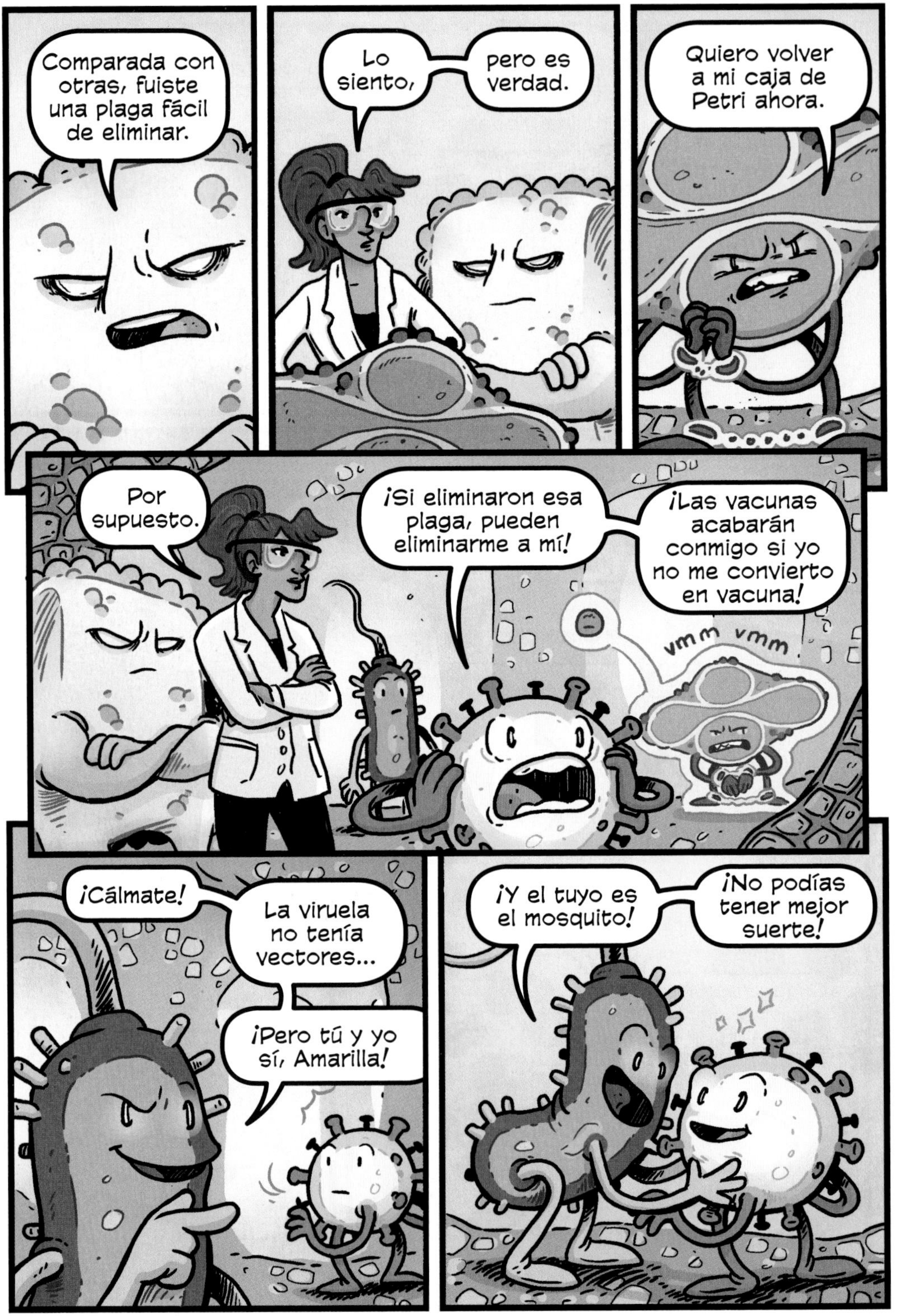
Comparada con otras, fuiste una plaga fácil de eliminar.
Lo siento,
pero es verdad.
Quiero volver a mi caja de Petri ahora.
Por supuesto.
¡Si eliminaron esa plaga, pueden eliminarme a mí!
¡Las vacunas acabarán conmigo si yo no me convierto en vacuna!
vmm vmm
¡Cálmate!
La viruela no tenía vectores...
¡Pero tú y yo sí, Amarilla!
¡Y el tuyo es el mosquito!
¡No podías tener mejor suerte!

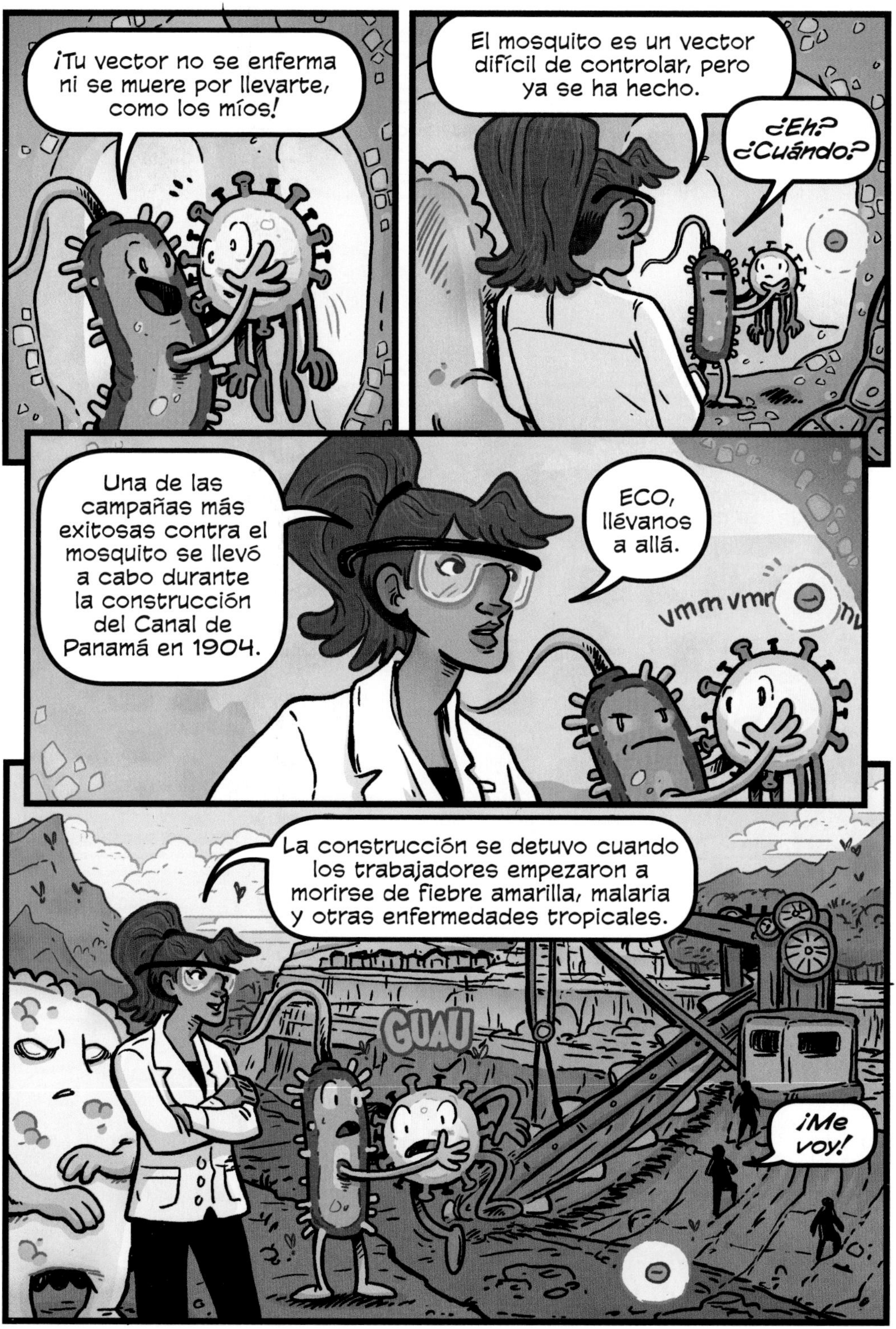
¡Tu vector no se enferma ni se muere por llevarte, como los míos!
El mosquito es un vector difícil de controlar, pero ya se ha hecho.
¿Eh? ¿Cuándo?
Una de las campañas más exitosas contra el mosquito se llevó a cabo durante la construcción del Canal de Panamá en 1904.
ECO, llévanos a allá.
vmm vmm
La construcción se detuvo cuando los trabajadores empezaron a morirse de fiebre amarilla, malaria y otras enfermedades tropicales.
GUAU
¡Me voy!

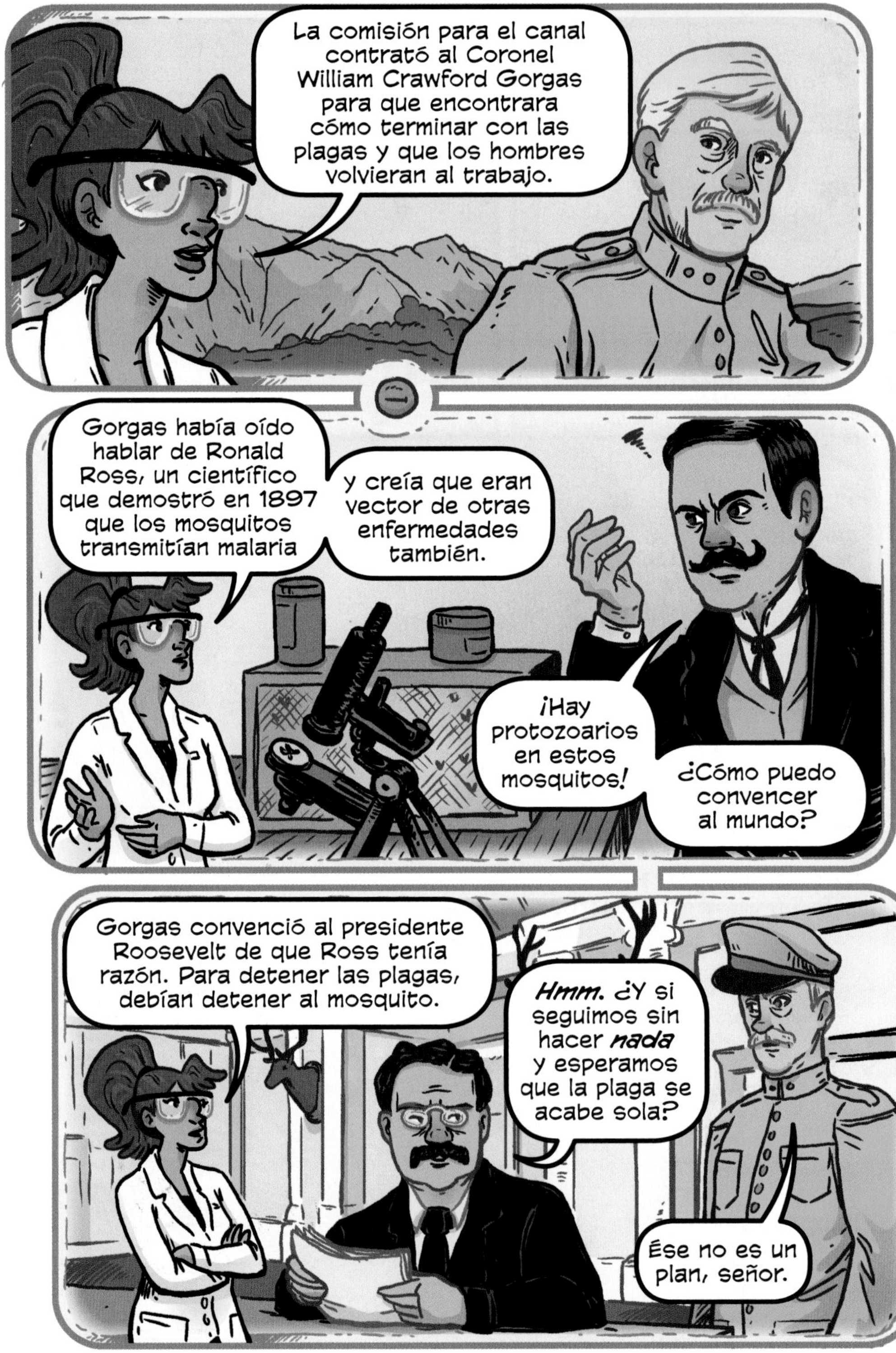
La comisión para el canal contrató al Coronel William Crawford Gorgas para que encontrara cómo terminar con las plagas y que los hombres volvieran al trabajo.
Gorgas había oído hablar de Ronald Ross, un científico que demostró en 1897 que los mosquitos transmitían malaria
y creía que eran vector de otras enfermedades también.
¡Hay protozoarios en estos mosquitos!
¿Cómo puedo convencer al mundo?
Gorgas convenció al presidente Roosevelt de que Ross tenía razón. Para detener las plagas, debían detener al mosquito.
Hmm. ¿Y si seguimos sin hacer *nada* y esperamos que la plaga se acabe sola?
Ése no es un plan, señor.

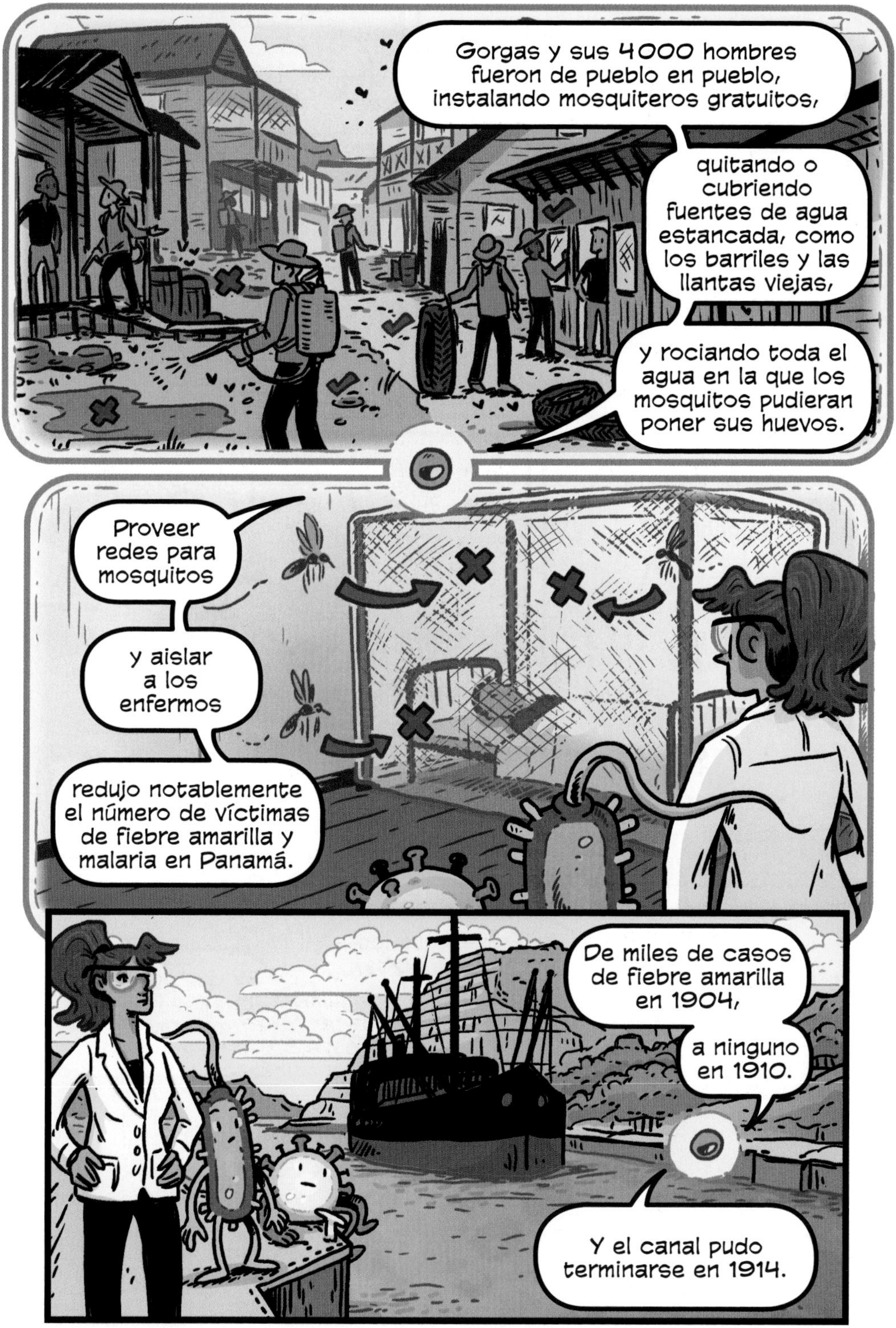

Gorgas y sus 4000 hombres fueron de pueblo en pueblo, instalando mosquiteros gratuitos,
quitando o cubriendo fuentes de agua estancada, como los barriles y las llantas viejas,
y rociando toda el agua en la que los mosquitos pudieran poner sus huevos.
Proveer redes para mosquitos
y aislar a los enfermos
redujo notablemente el número de víctimas de fiebre amarilla y malaria en Panamá.
De miles de casos de fiebre amarilla en 1904,
a ninguno en 1910.
Y el canal pudo terminarse en 1914.

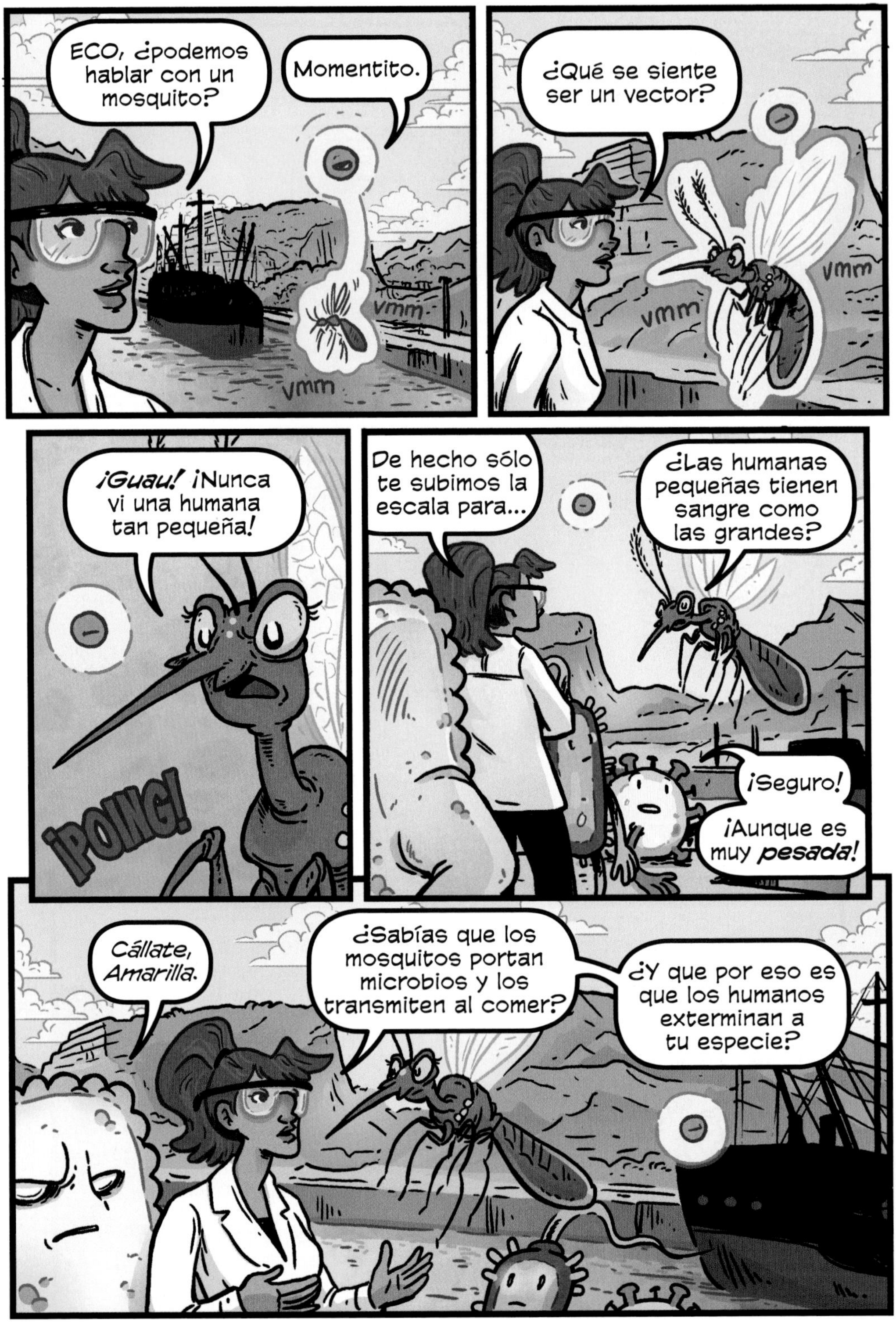
ECO, ¿podemos hablar con un mosquito?
Momentito.
vmm
vmm
¿Qué se siente ser un vector?
vmm
vmm
¡Guau! ¡Nunca vi una humana tan pequeña!
¡POING!
De hecho sólo te subimos la escala para...
¿Las humanas pequeñas tienen sangre como las grandes?
¡Seguro!
¡Aunque es muy pesada!
Cállate, Amarilla.
¿Sabías que los mosquitos portan microbios y los transmiten al comer?
¿Y que por eso es que los humanos exterminan a tu especie?

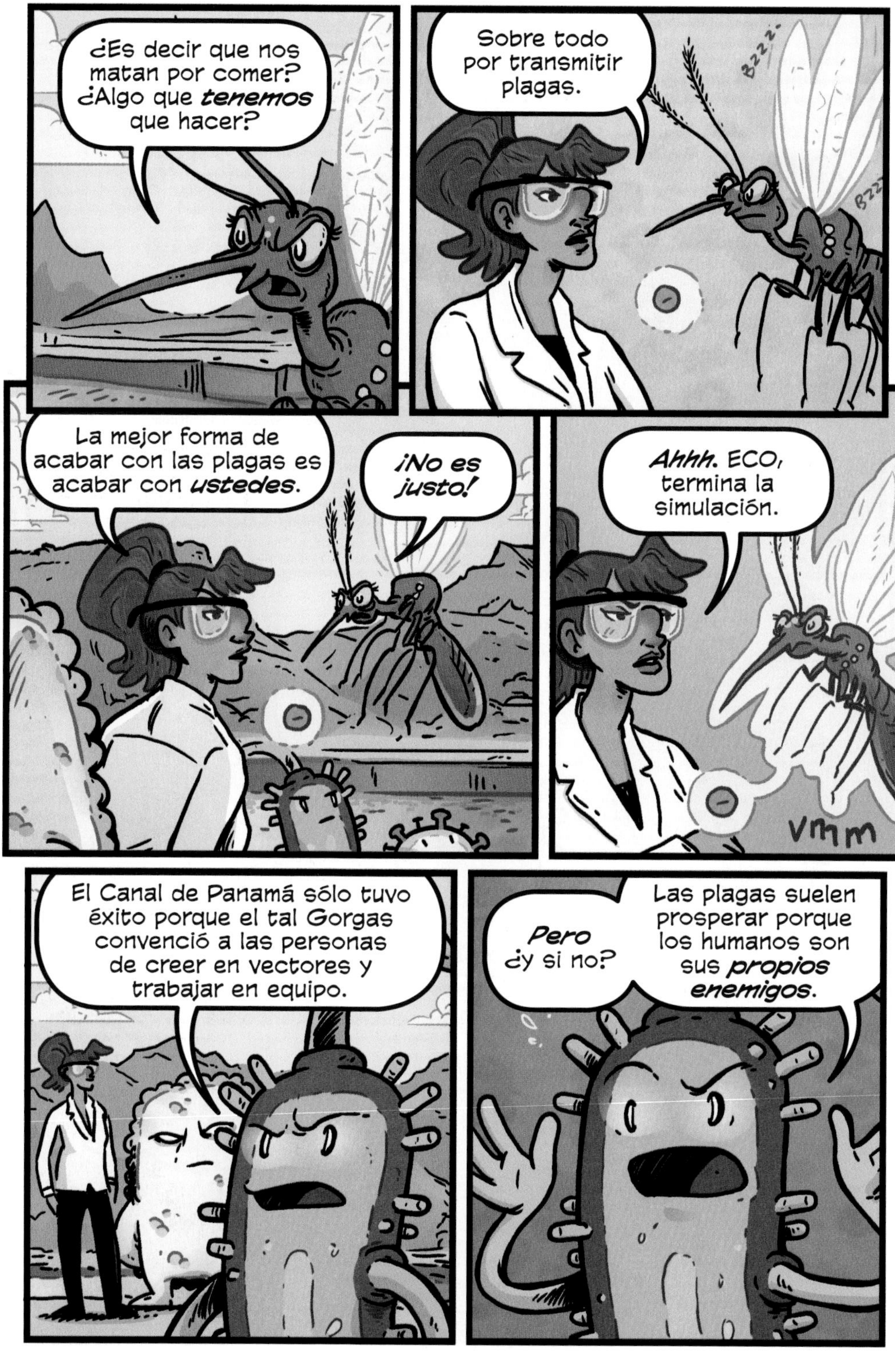
¿Es decir que nos matan por comer? ¿Algo que *tenemos* que hacer?
Sobre todo por transmitir plagas.
BZZZ
BZZZ
La mejor forma de acabar con las plagas es acabar con *ustedes*.
¡No es justo!
Ahhh. ECO, termina la simulación.
VMM
El Canal de Panamá sólo tuvo éxito porque el tal Gorgas convenció a las personas de creer en vectores y trabajar en equipo.
Las plagas suelen prosperar porque los humanos son sus *propios enemigos*.
Pero ¿y si no?

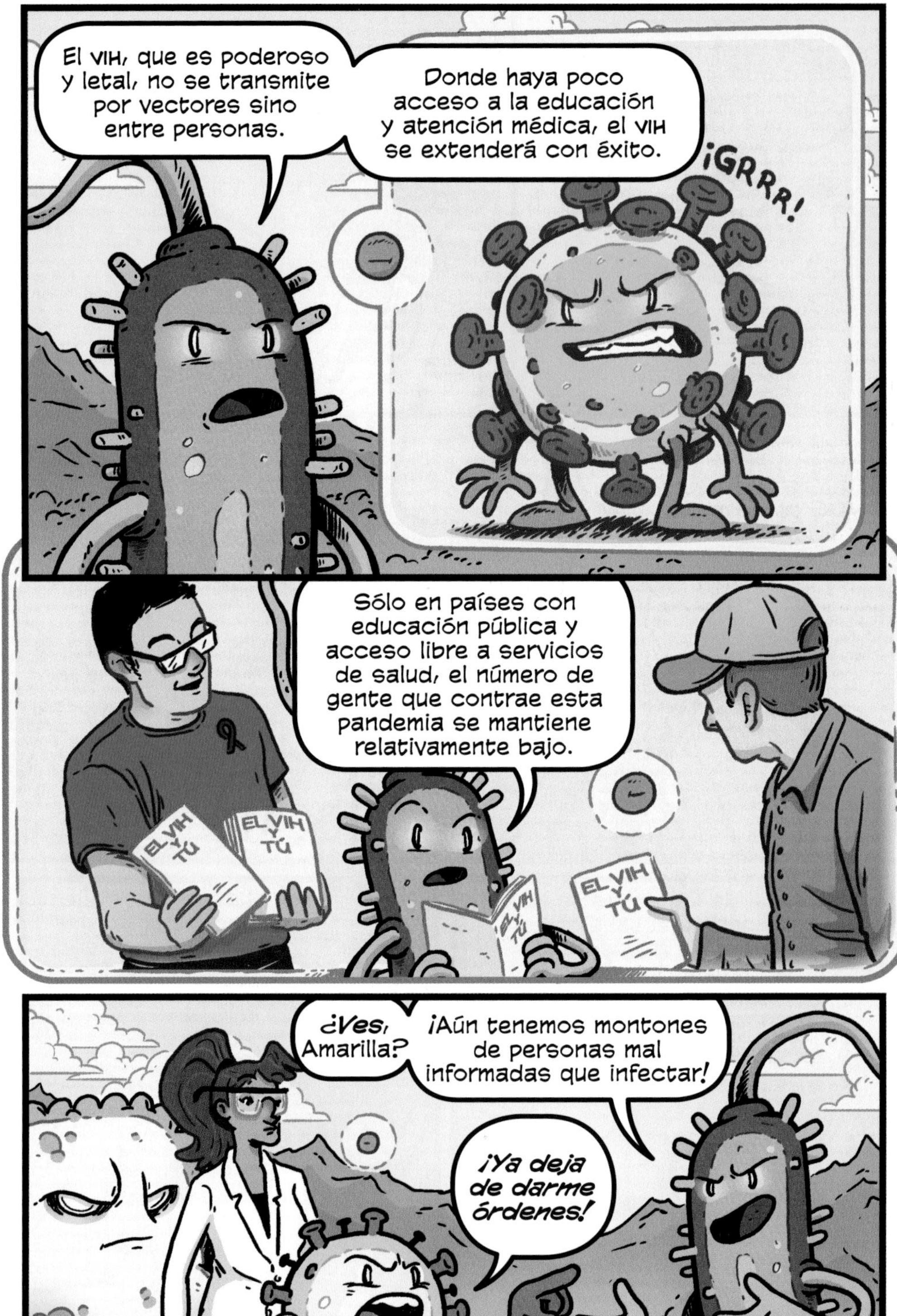
El VIH, que es poderoso y letal, no se transmite por vectores sino entre personas.
Donde haya poco acceso a la educación y atención médica, el VIH se extenderá con éxito.
¡GRRRR!
Sólo en países con educación pública y acceso libre a servicios de salud, el número de gente que contrae esta pandemia se mantiene relativamente bajo.
EL VIH Y TÚ
EL VIH Y TÚ
EL VIH Y TÚ
EL VIH Y TÚ
¿Ves, Amarilla?
¡Aún tenemos montones de personas mal informadas que infectar!
¡Ya deja de darme órdenes!

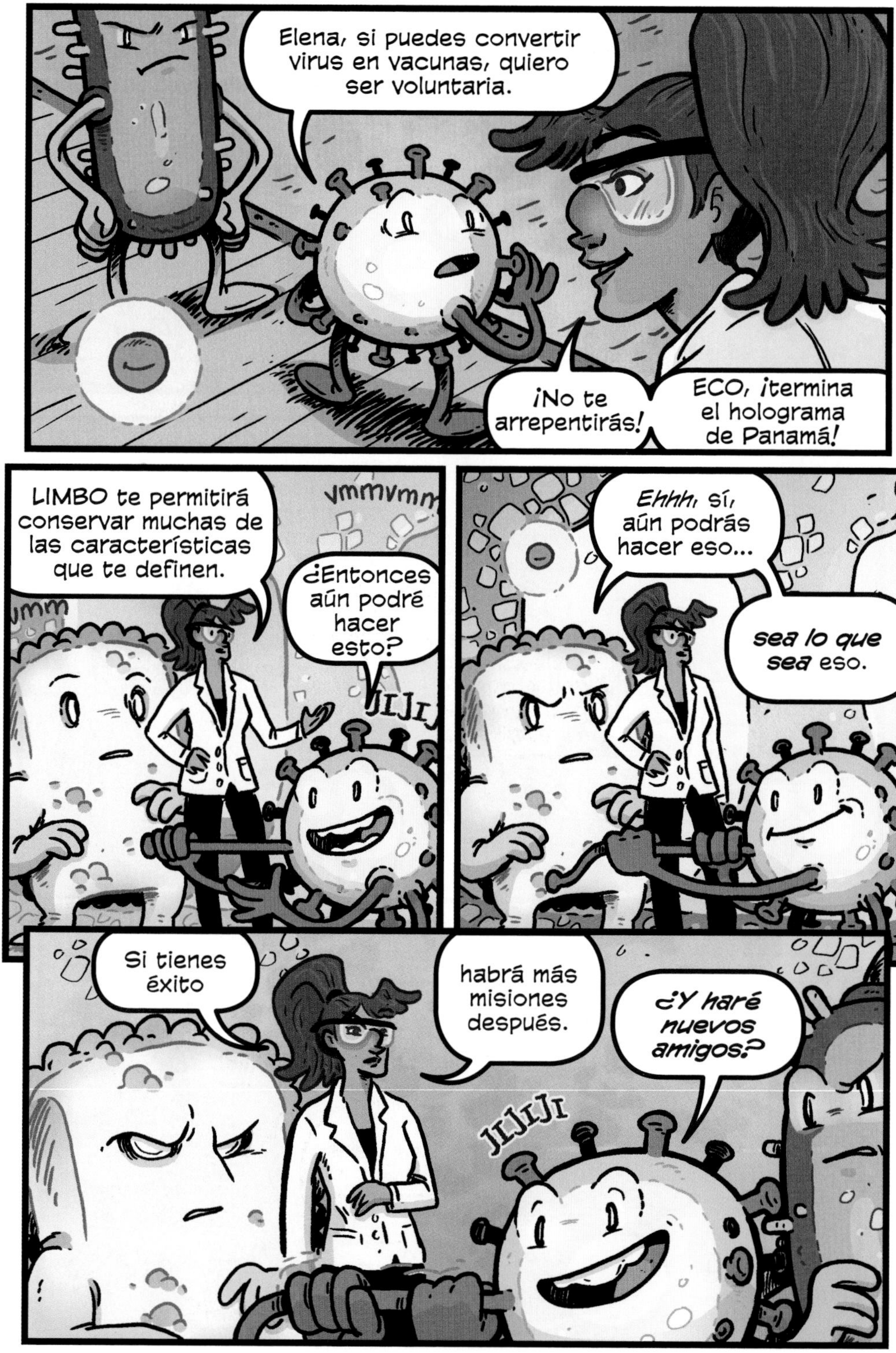
Elena, si puedes convertir virus en vacunas, quiero ser voluntaria.
¡No te arrepentirás!
ECO, ¡termina el holograma de Panamá!
LIMBO te permitirá conservar muchas de las características que te definen.
vmmvmm
vmm
¿Entonces aún podré hacer esto?
JIJIJ
Ehhh, sí, aún podrás hacer eso...
sea lo que sea eso.
Si tienes éxito
habrá más misiones después.
¿Y haré nuevos amigos?
JIJIJI

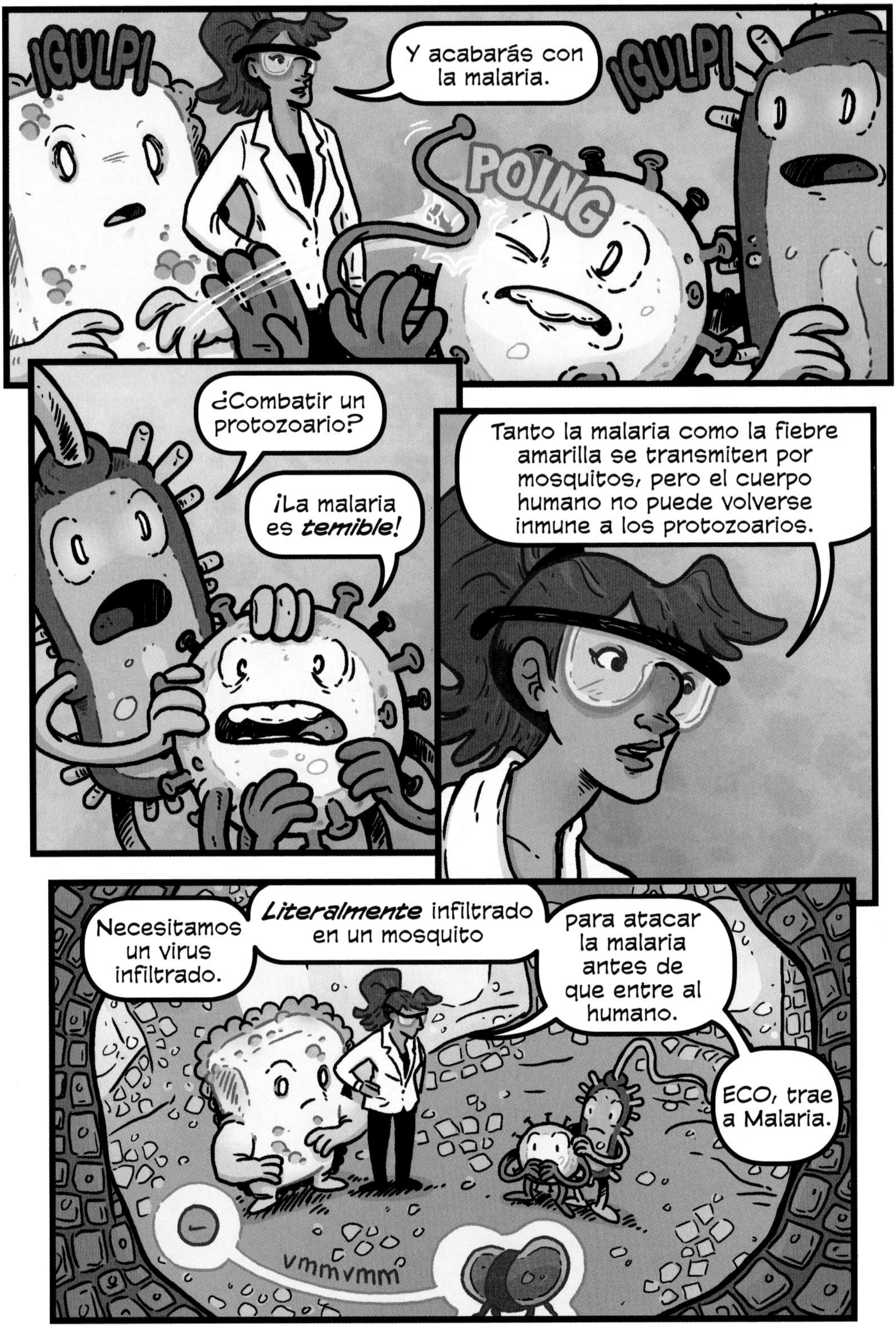
¡GULP!
Y acabarás con la malaria.
¡GULP!
POING
¿Combatir un protozoario?
¡La malaria es *temible*!
Tanto la malaria como la fiebre amarilla se transmiten por mosquitos, pero el cuerpo humano no puede volverse inmune a los protozoarios.
Necesitamos un virus infiltrado.
Literalmente infiltrado en un mosquito
para atacar la malaria antes de que entre al humano.
ECO, trae a Malaria.
vmmvmm

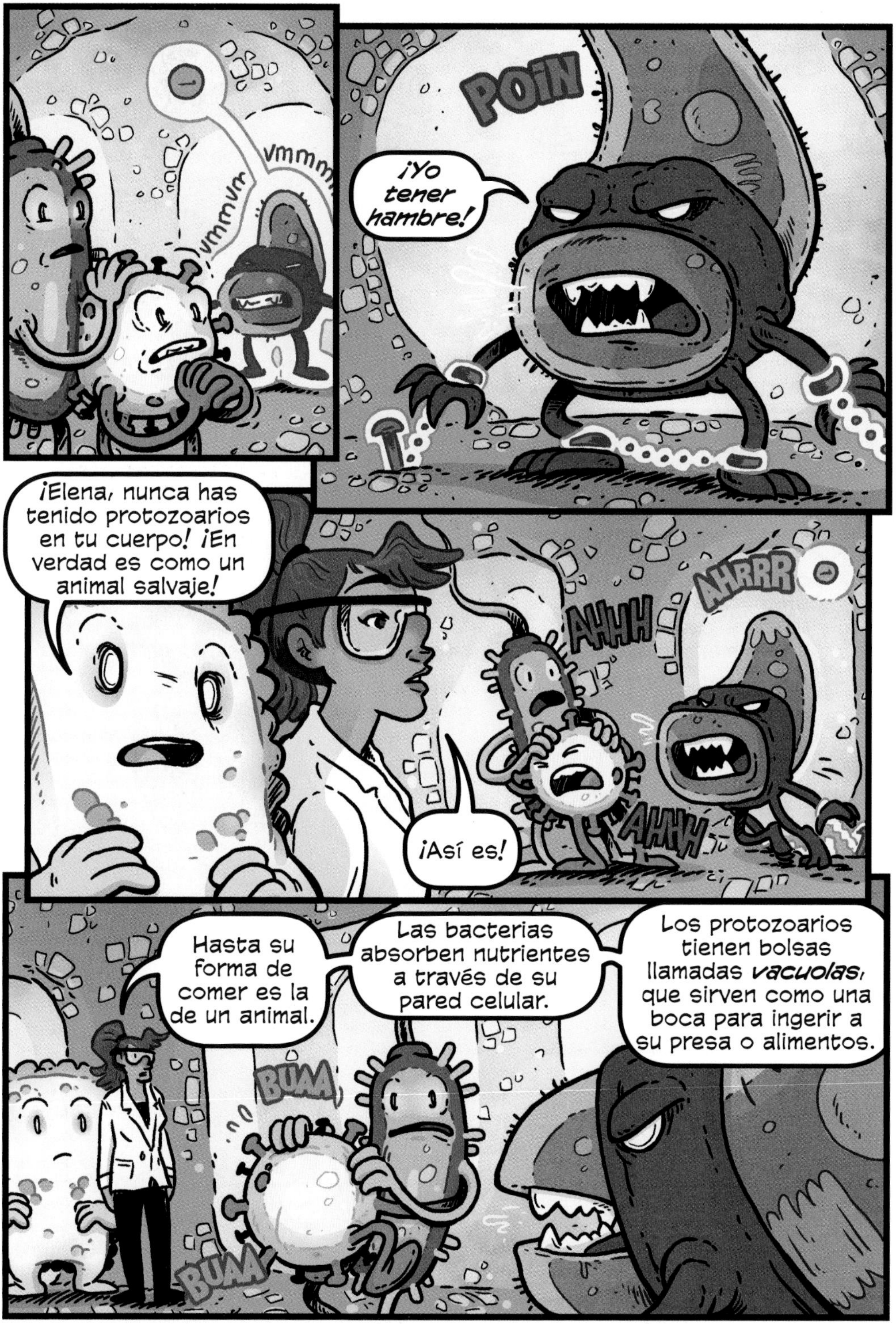
vmmmvm
vmmmm
POIN
¡Yo tener hambre!
¡Elena, nunca has tenido protozoarios en tu cuerpo! ¡En verdad es como un animal salvaje!
AHHH
AHRRR
AHHH
¡Así es!
Hasta su forma de comer es la de un animal.
Las bacterias absorben nutrientes a través de su pared celular.
Los protozoarios tienen bolsas llamadas ***vacuolas***, que sirven como una boca para ingerir a su presa o alimentos.
BUAA
BUAA

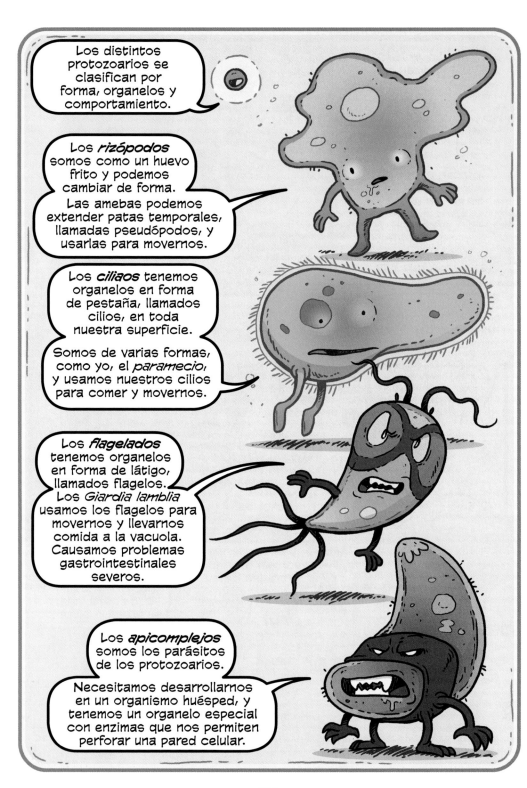

Los distintos protozoarios se clasifican por forma, organelos y comportamiento.

Los *rizópodos* somos como un huevo frito y podemos cambiar de forma.

Las amebas podemos extender patas temporales, llamadas pseudópodos, y usarlas para movernos.

Los *ciliaos* tenemos organelos en forma de pestaña, llamados cilios, en toda nuestra superficie.

Somos de varias formas, como yo, el *paramecio*, y usamos nuestros cilios para comer y movernos.

Los *flagelados* tenemos organelos en forma de látigo, llamados flagelos.

Los *Giardia lamblia* usamos los flagelos para movernos y llevarnos comida a la vacuola. Causamos problemas gastrointestinales severos.

Los *apicomplejos* somos los parásitos de los protozoarios.

Necesitamos desarrollarnos en un organismo huésped, y tenemos un organelo especial con enzimas que nos permiten perforar una pared celular.

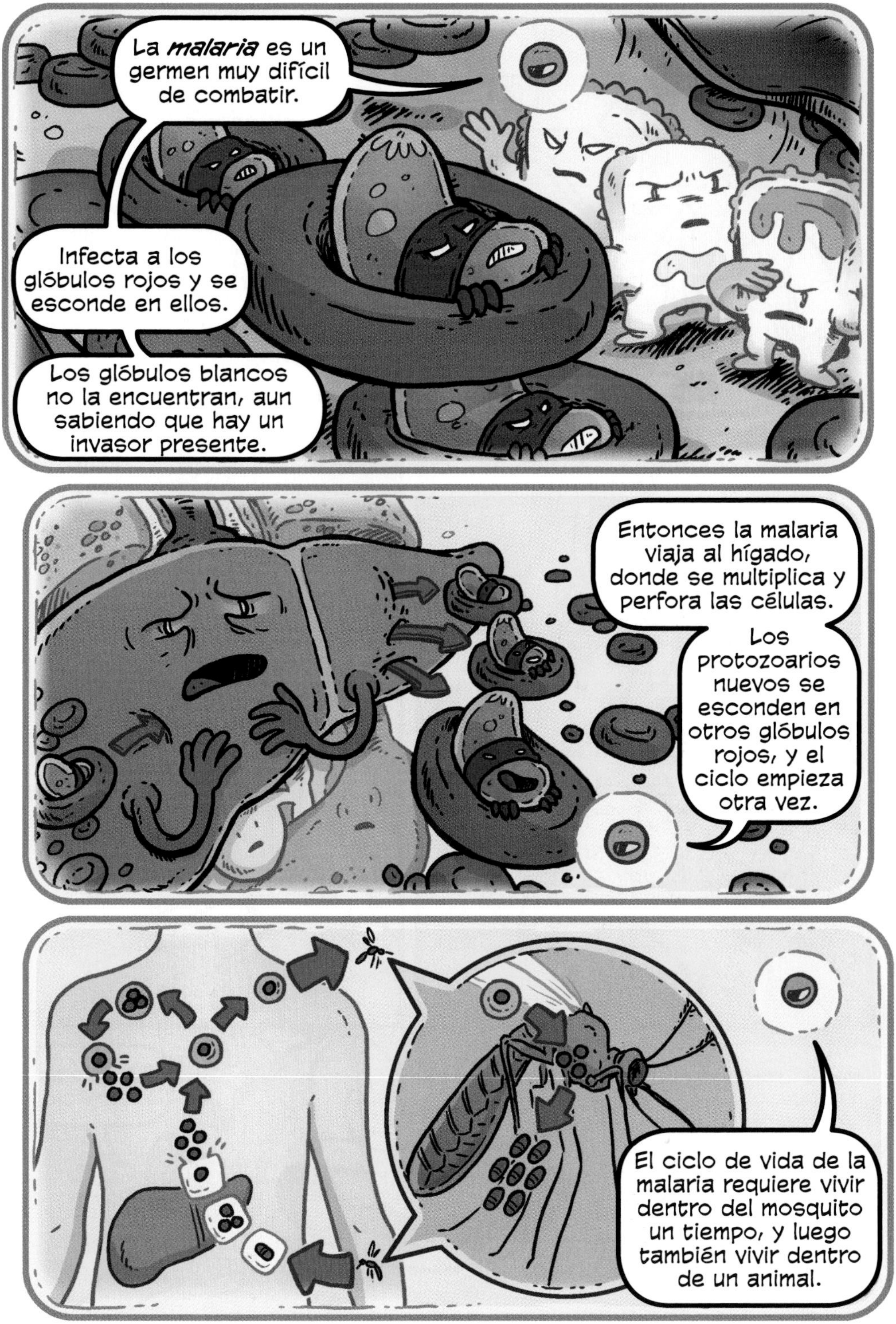
La *malaria* es un germen muy difícil de combatir.
Infecta a los glóbulos rojos y se esconde en ellos.
Los glóbulos blancos no la encuentran, aun sabiendo que hay un invasor presente.
Entonces la malaria viaja al hígado, donde se multiplica y perfora las células.
Los protozoarios nuevos se esconden en otros glóbulos rojos, y el ciclo empieza otra vez.
El ciclo de vida de la malaria requiere vivir dentro del mosquito un tiempo, y luego también vivir dentro de un animal.

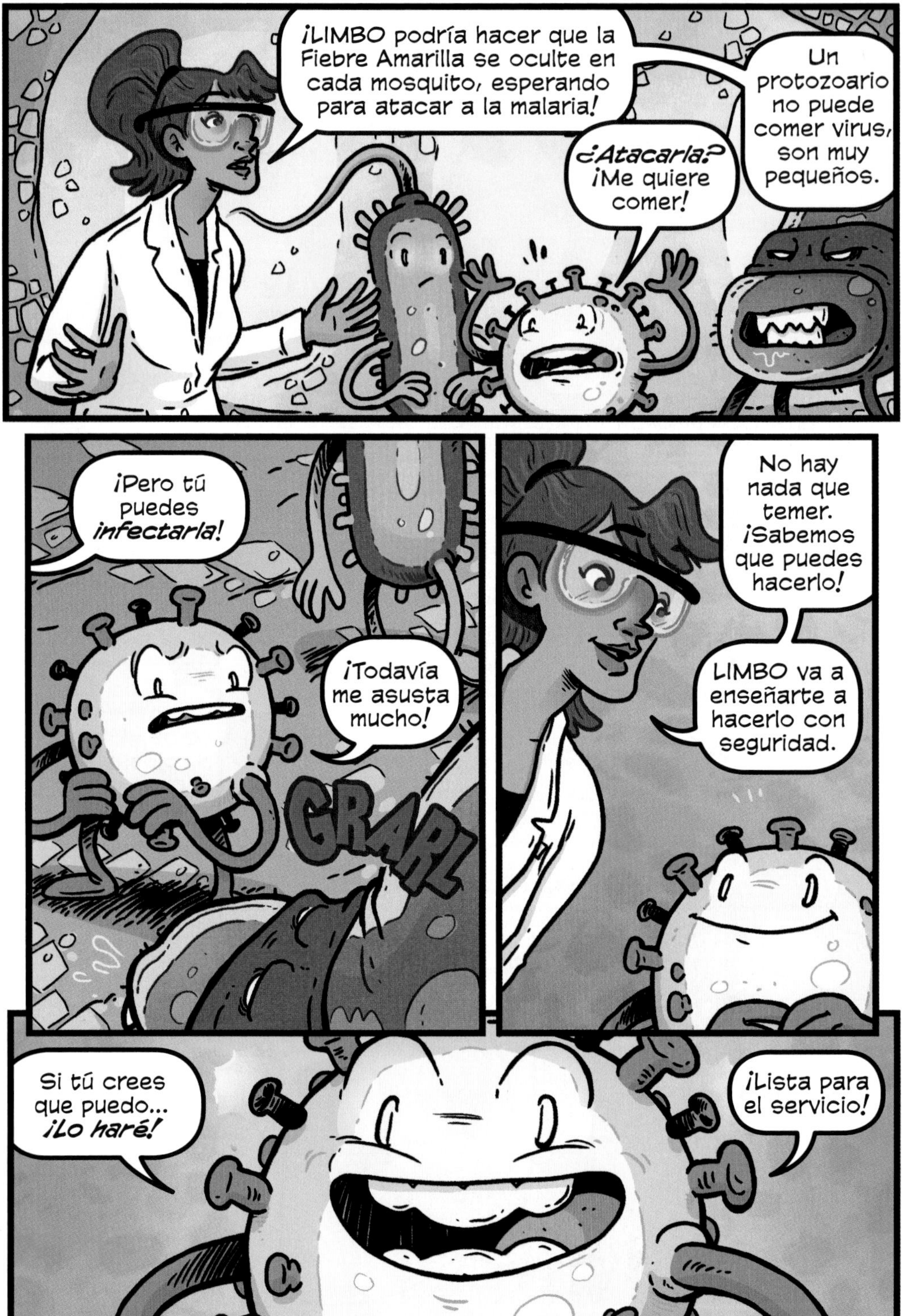
¡LIMBO podría hacer que la Fiebre Amarilla se oculte en cada mosquito, esperando para atacar a la malaria!
¿Atacarla? ¡Me quiere comer!
Un protozoario no puede comer virus, son muy pequeños.
¡Pero tú puedes *infectarla*!
¡Todavía me asusta mucho!
GRARL
No hay nada que temer. ¡Sabemos que puedes hacerlo!
LIMBO va a enseñarte a hacerlo con seguridad.
Si tú crees que puedo... *¡Lo haré!*
¡Lista para el servicio!

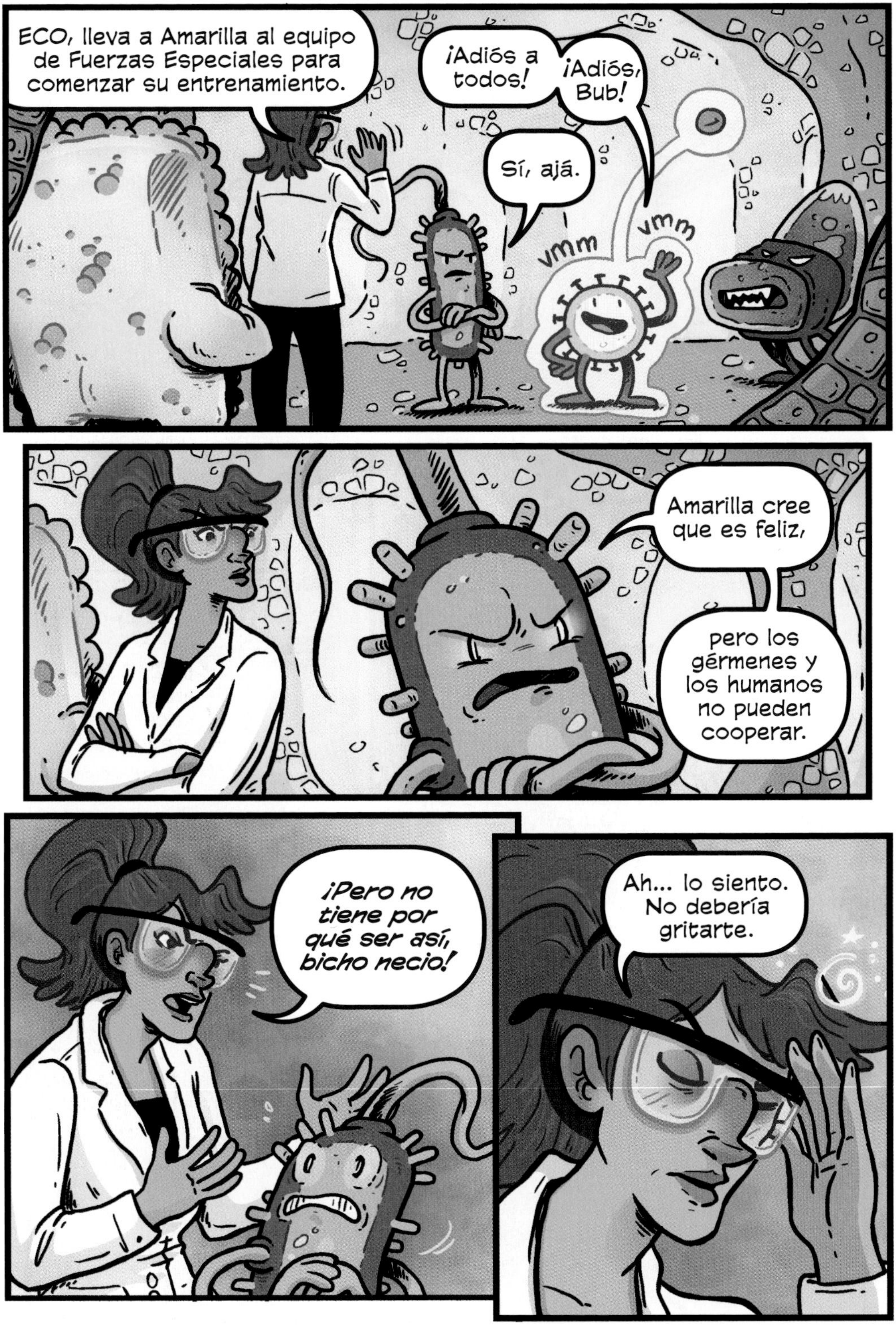
ECO, lleva a Amarilla al equipo de Fuerzas Especiales para comenzar su entrenamiento.
¡Adiós a todos!
¡Adiós, Bub!
Sí, ajá.
vmm
vmm
Amarilla cree que es feliz,
pero los gérmenes y los humanos no pueden cooperar.
¡Pero no tiene por qué ser así, bicho necio!
Ah... lo siento. No debería gritarte.

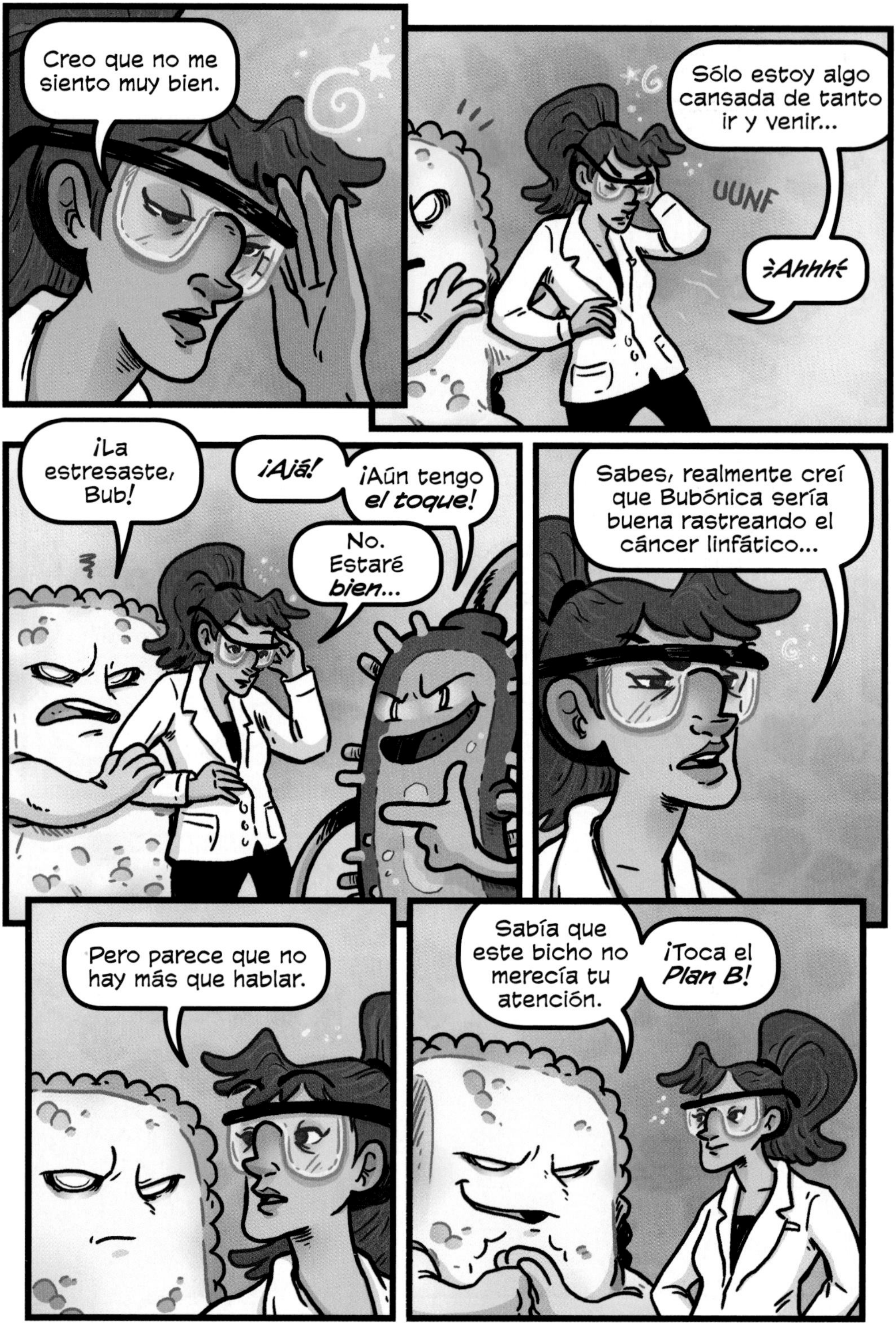
Creo que no me siento muy bien.
Sólo estoy algo cansada de tanto ir y venir...
UUNF
¡Ahhh!
¡La estresaste, Bub!
¡Ajá!
¡Aún tengo *el toque*!
No. Estaré *bien*...
Sabes, realmente creí que Bubónica sería buena rastreando el cáncer linfático...
Pero parece que no hay más que hablar.
Sabía que este bicho no merecía tu atención.
¡Toca el *Plan B*!

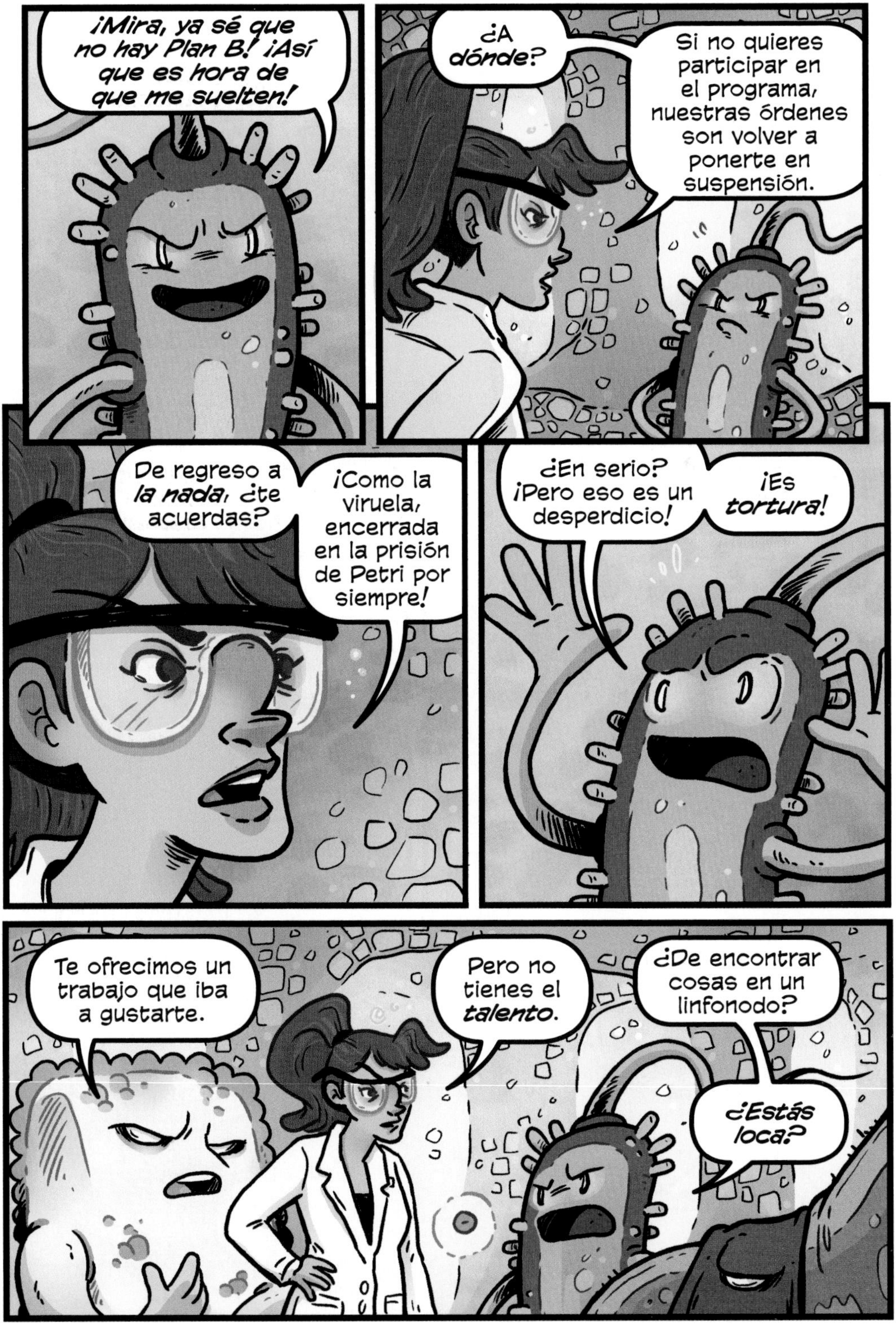
¡Mira, ya sé que no hay Plan B! ¡Así que es hora de que me suelten!
¿A dónde?
Si no quieres participar en el programa, nuestras órdenes son volver a ponerte en suspensión.
De regreso a la nada, ¿te acuerdas?
¡Como la viruela, encerrada en la prisión de Petri por siempre!
¿En serio? ¡Pero eso es un desperdicio!
¡Es tortura!
Te ofrecimos un trabajo que iba a gustarte.
Pero no tienes el talento.
¿De encontrar cosas en un linfonodo?
¿Estás loca?

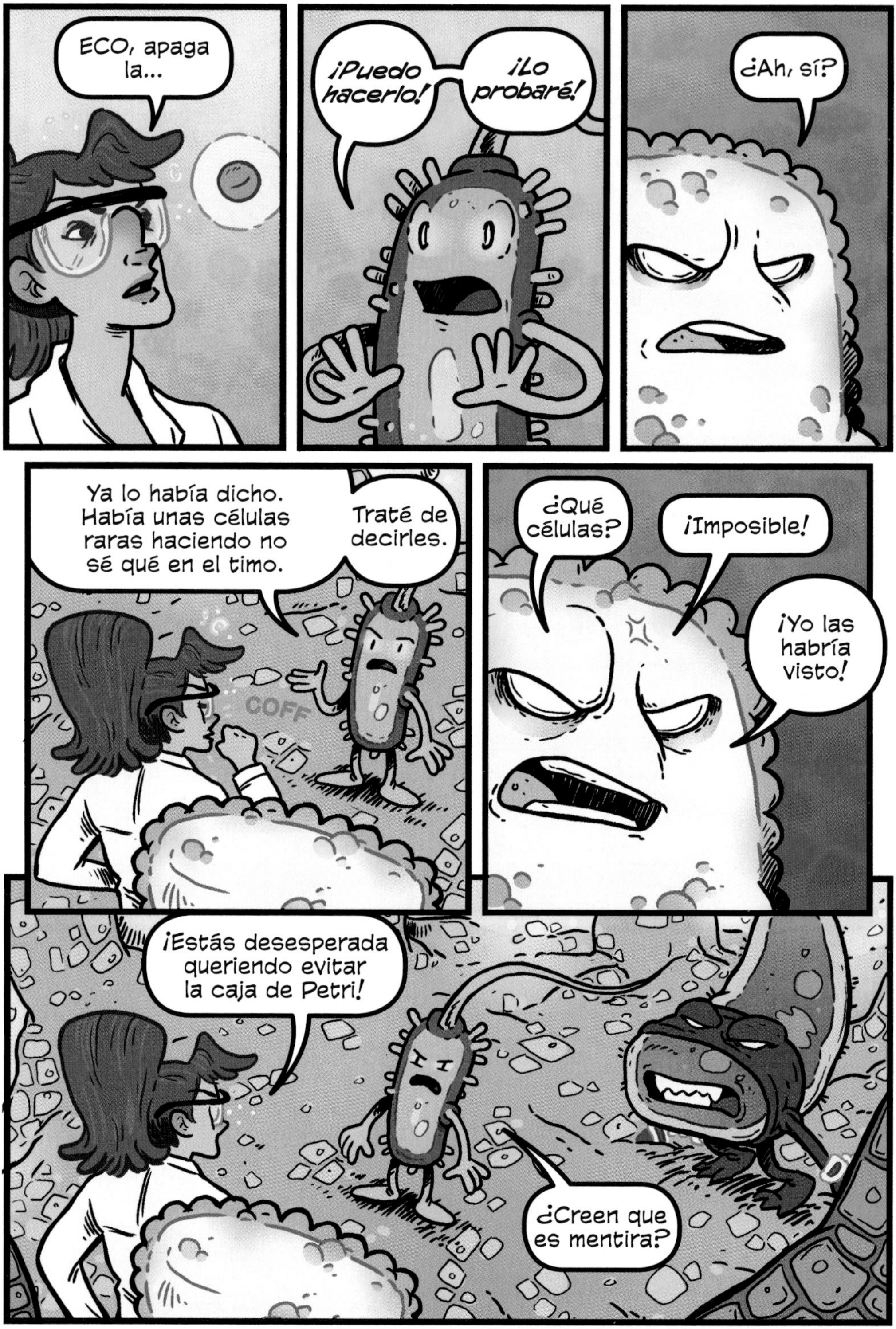
ECO, apaga la...
¡Puedo hacerlo!
¡Lo probaré!
¿Ah, sí?
Ya lo había dicho. Había unas células raras haciendo no sé qué en el timo.
Traté de decirles.
COFF
¿Qué células?
¡Imposible!
¡Yo las habría visto!
¡Estás desesperada queriendo evitar la caja de Petri!
¿Creen que es mentira?

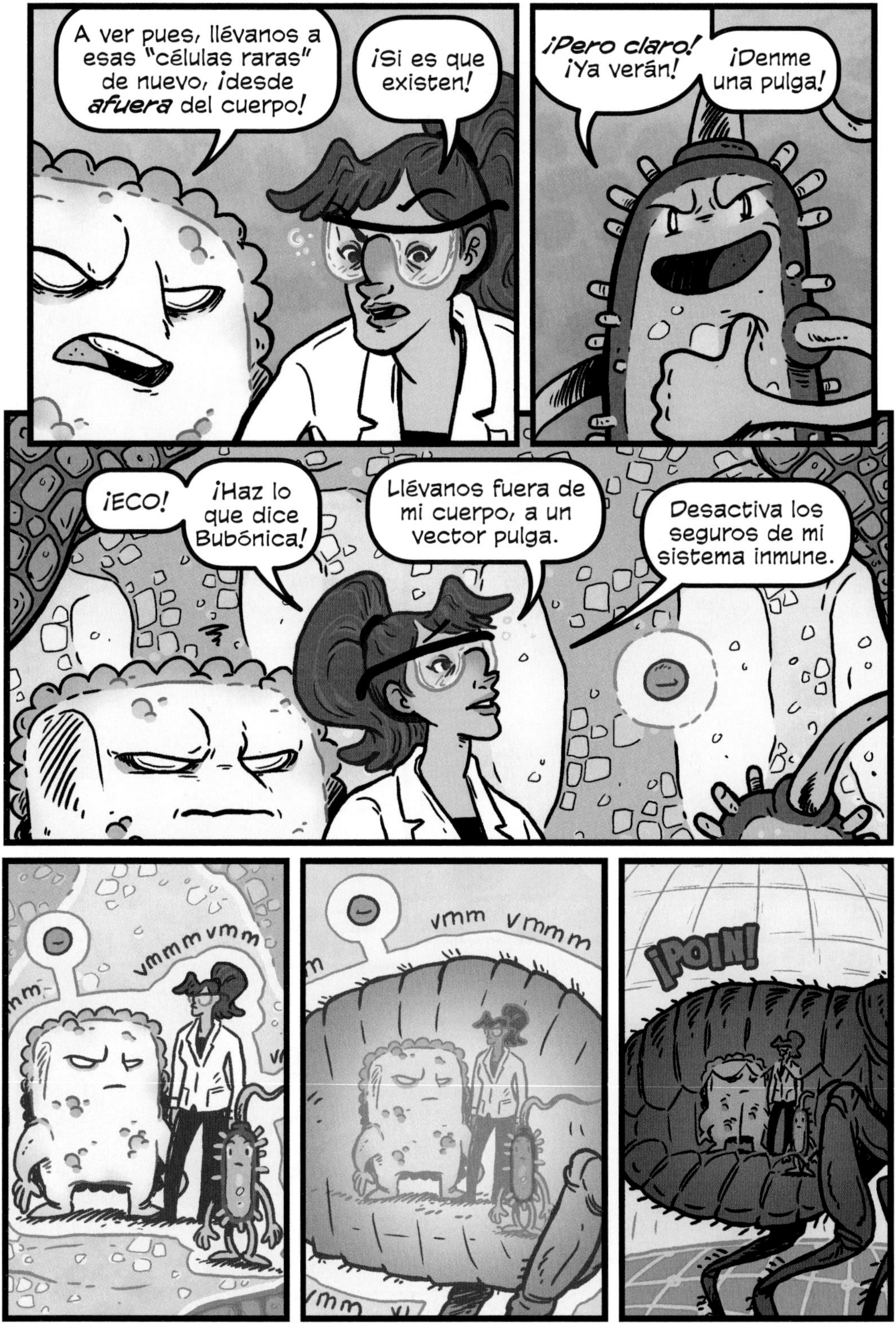
A ver pues, llévanos a esas "células raras" de nuevo, ¡desde *afuera* del cuerpo!
¡Si es que existen!
¡Pero claro! ¡Ya verán!
¡Denme una pulga!
¡ECO!
¡Haz lo que dice Bubónica!
Llévanos fuera de mi cuerpo, a un vector pulga.
Desactiva los seguros de mi sistema inmune.
vmmm vmm
vmm vmmm
¡POIN!

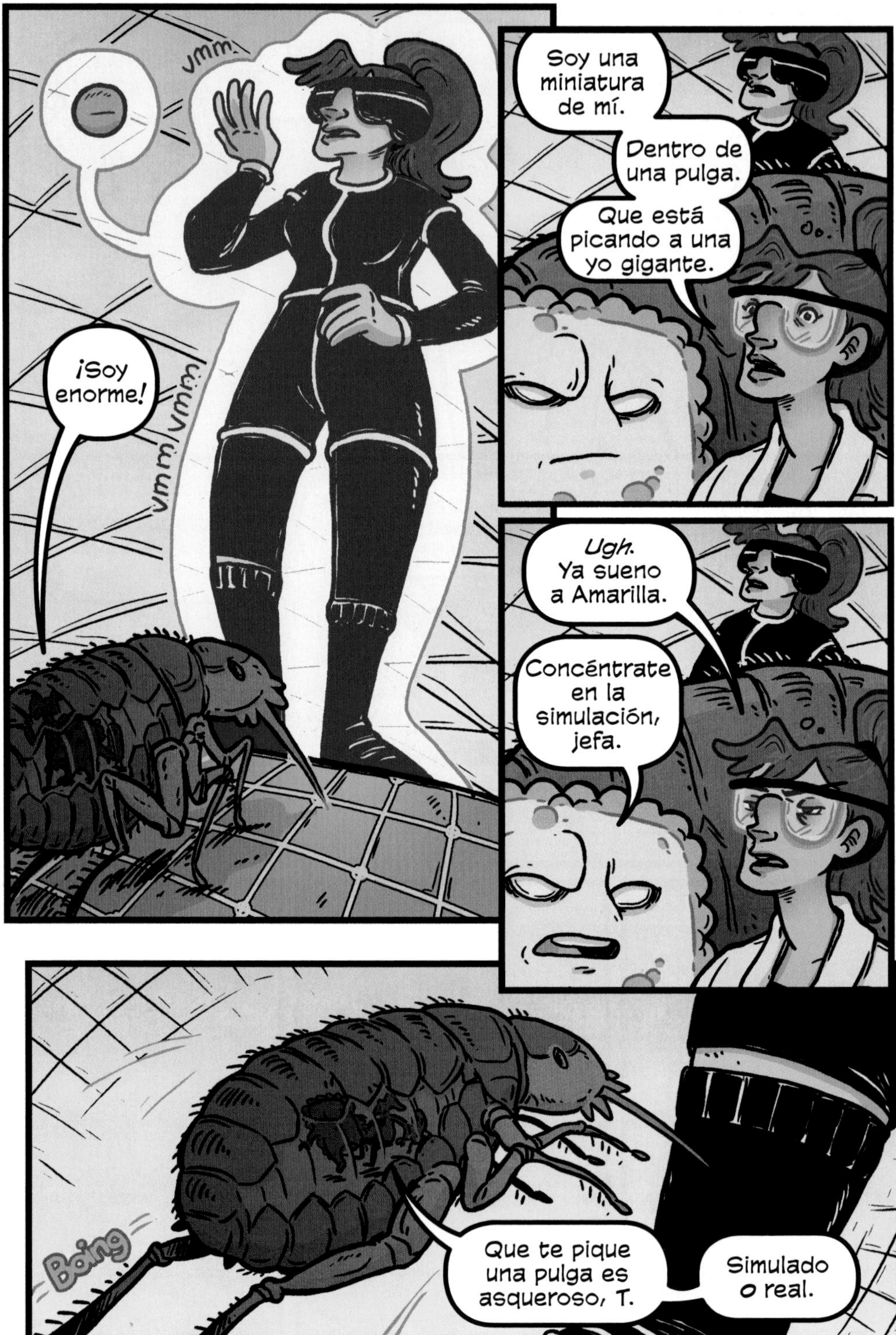
vmm
¡Soy enorme!
vmm vmm
Soy una miniatura de mí.
Dentro de una pulga.
Que está picando a una yo gigante.
Ugh. Ya sueno a Amarilla.
Concéntrate en la simulación, jefa.
Boing
Que te pique una pulga es asqueroso, T.
Simulado o real.

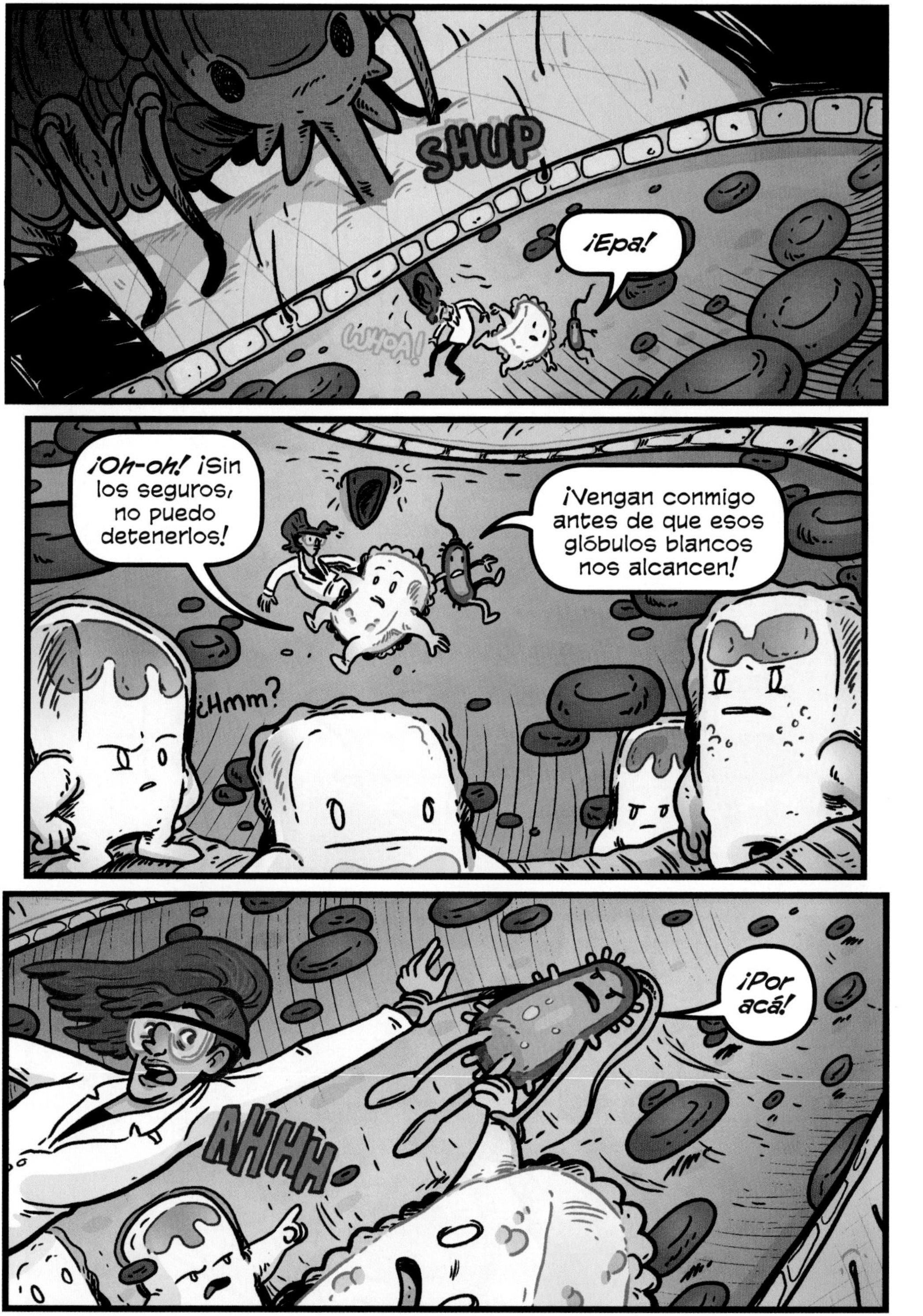
SHUP
¡Epa!
WHOA!
¡Oh-oh! ¡Sin los seguros, no puedo detenerlos!
¡Vengan conmigo antes de que esos glóbulos blancos nos alcancen!
¿Hmm?
¡Por acá!
AHHH

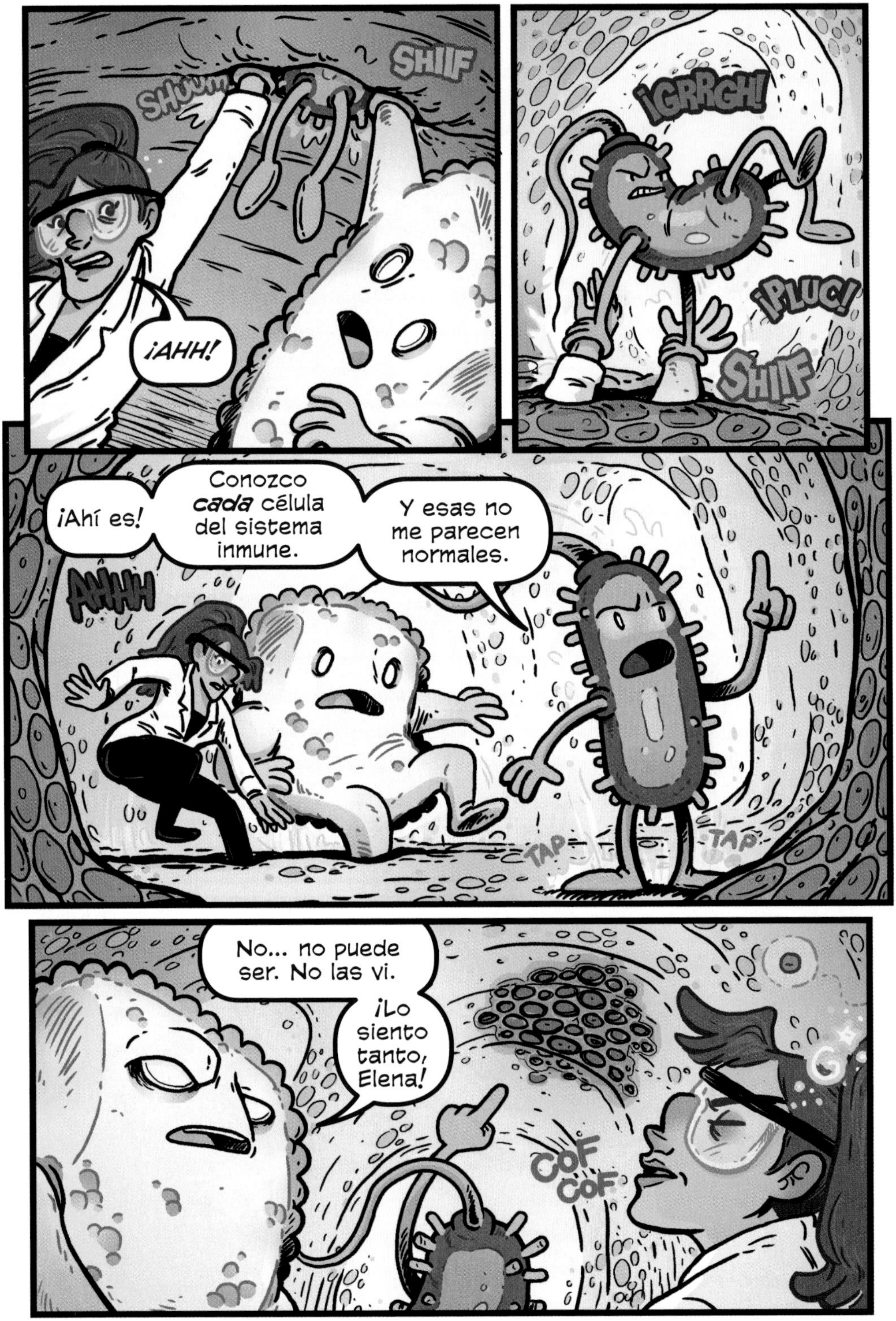
SHUUM
SHIIF
¡AHH!
¡GRRGH!
¡PLUC!
SHIIF
¡Ahí es!
Conozco *cada* célula del sistema inmune.
Y esas no me parecen normales.
AHHH
TAP
TAP
No... no puede ser. No las vi.
¡Lo siento tanto, Elena!
COF COF

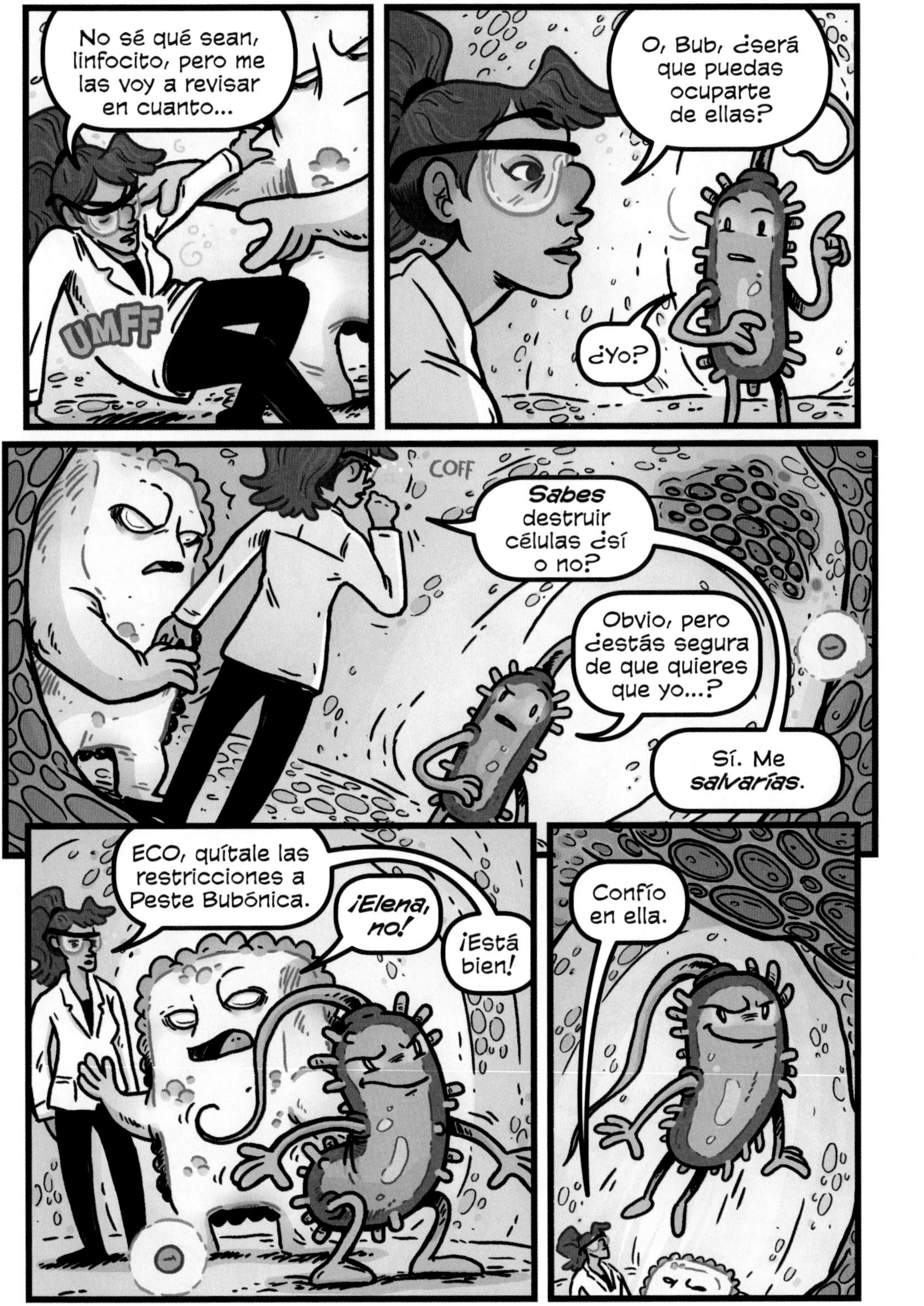
No sé qué sean, linfocito, pero me las voy a revisar en cuanto...
UMFF
O, Bub, ¿será que puedas ocuparte de ellas?
¿Yo?
COFF
Sabes destruir células ¿sí o no?
Obvio, pero ¿estás segura de que quieres que yo...?
Sí. Me *salvarías*.
ECO, quítale las restricciones a Peste Bubónica.
¡Elena, no!
¡Está bien!
Confío en ella.

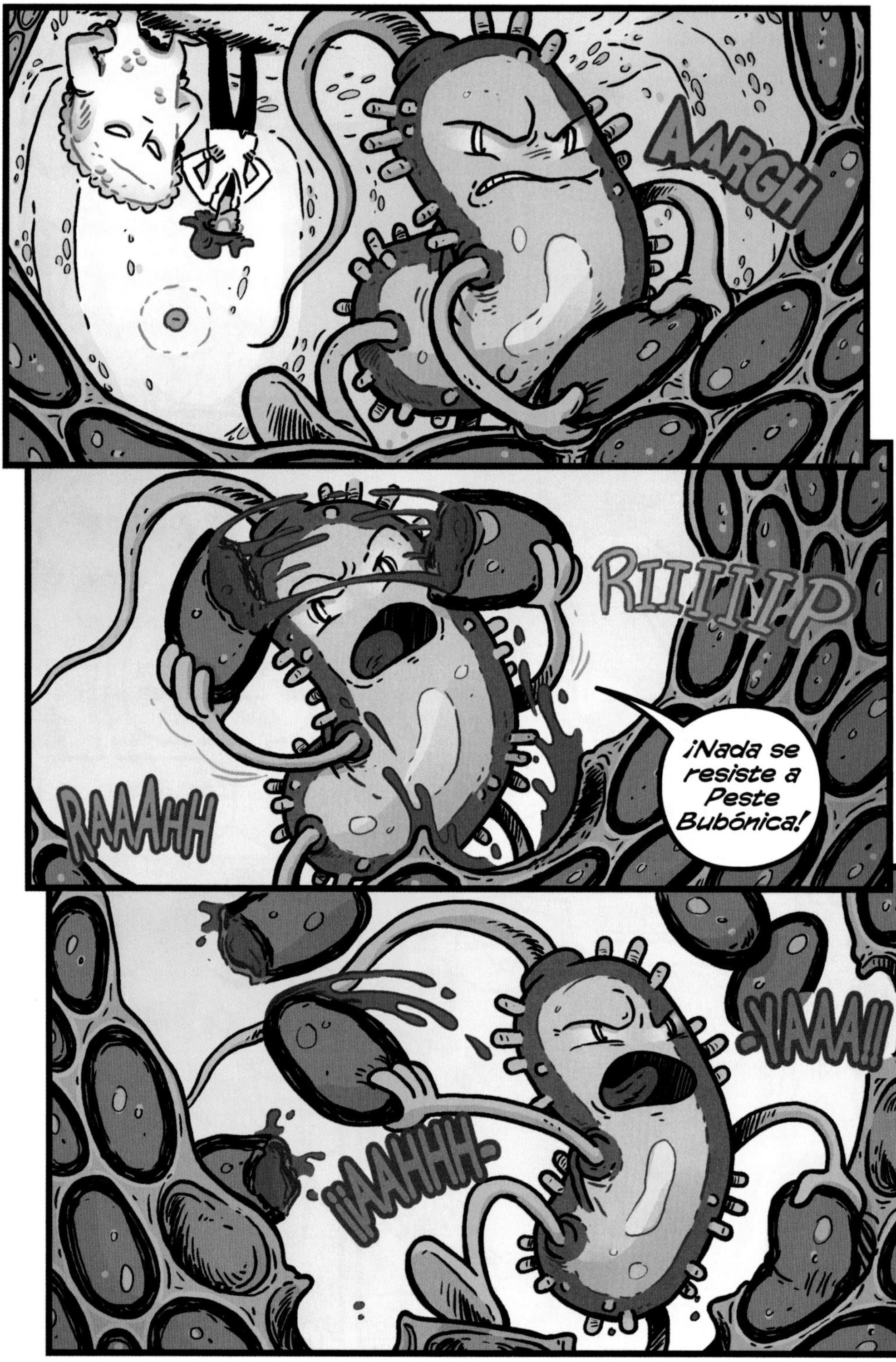
AARGH
RIIIIIP
RAAAHH
¡Nada se resiste a Peste Bubónica!
¡¡AAHHH-
-YAAA!!

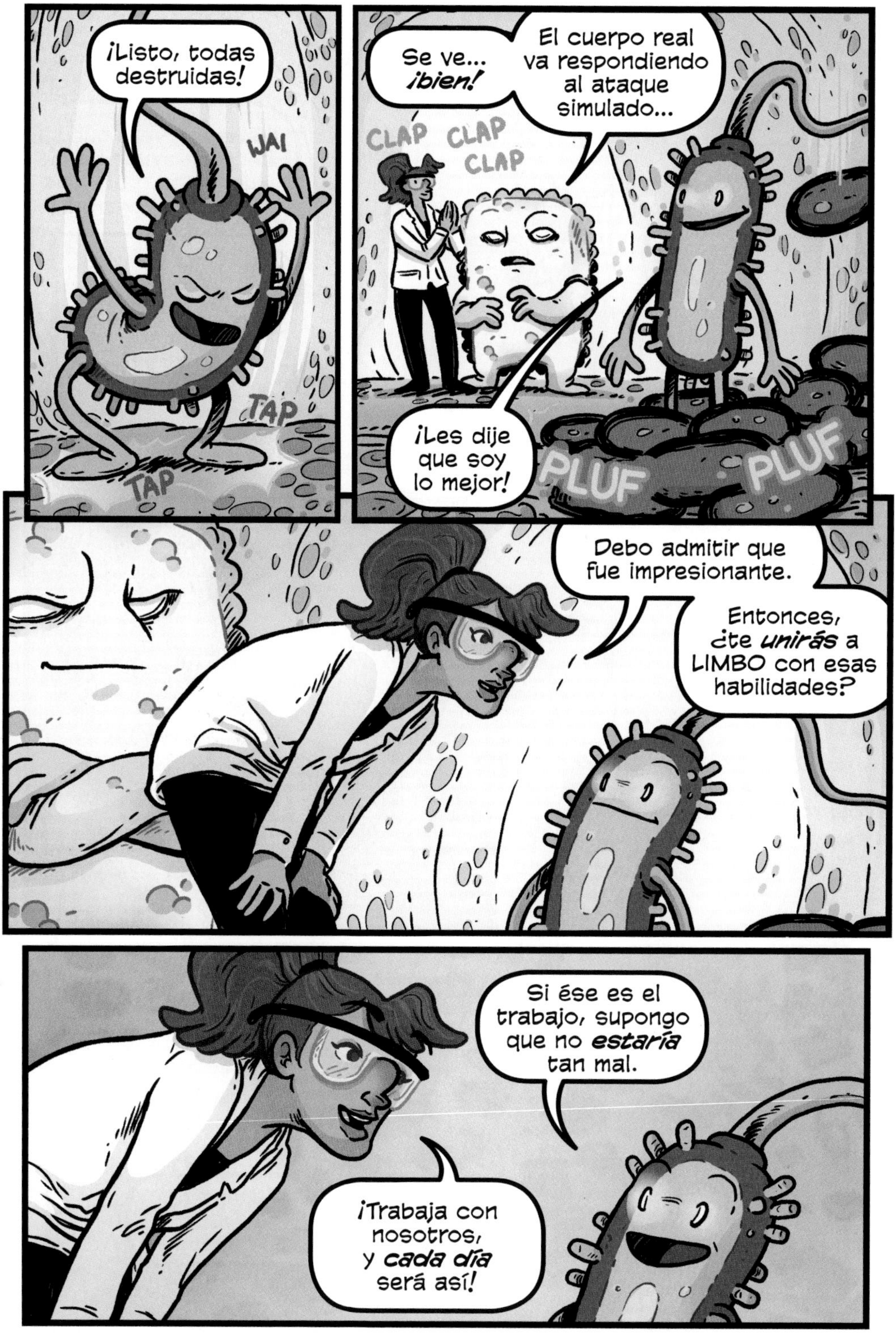
¡Listo, todas destruidas!
WAI
TAP
TAP
Se ve... ¡bien!
El cuerpo real va respondiendo al ataque simulado...
CLAP CLAP CLAP
¡Les dije que soy lo mejor!
PLUF
PLUF
Debo admitir que fue impresionante.
Entonces, ¿te unirás a LIMBO con esas habilidades?
Si ése es el trabajo, supongo que no estaría tan mal.
¡Trabaja con nosotros, y cada día será así!

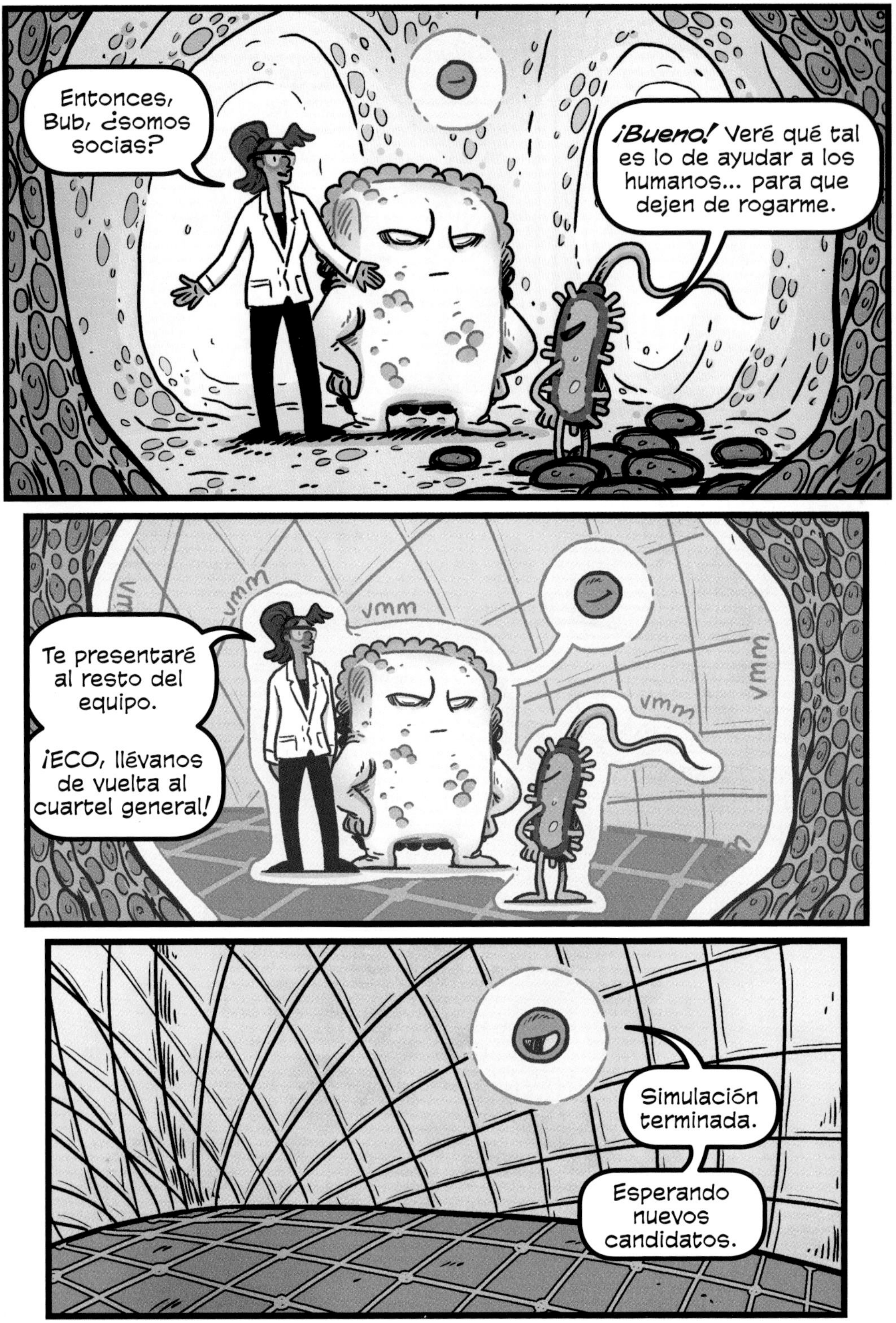
Entonces, Bub, ¿somos socias?
¡Bueno! Veré qué tal es lo de ayudar a los humanos... para que dejen de rogarme.
vmm
vmm
vmm
vmm
vmm
vmm
Te presentaré al resto del equipo.
¡ECO, llévanos de vuelta al cuartel general!
Simulación terminada.
Esperando nuevos candidatos.

GLOSARIO

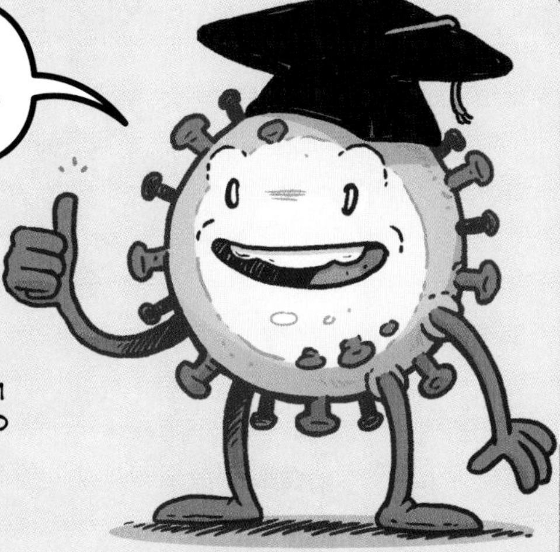
¡Es bueno conocer estas definiciones generales cuando se habla de gérmenes, plagas y microbiología!

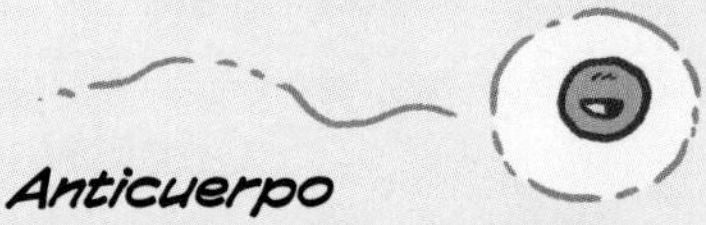

Anticuerpo
Proteína producida para contrarrestar un antígeno específico. Sus químicos se mezclan con virus o sustancias que el cuerpo reconoce como dañinas.

Antígeno
Una toxina o sustancia externa que provoca respuesta inmunológica y producción de anticuerpos.

Endemia
Una enfermedad o condición que se encuentra regularmente en las personas de cierta región.

Epidemia
Una enfermedad extendida en cierta comunidad durante cierto tiempo.

Germen
Un microorganismo que provoca enfermedades.

Inmunidad
La resistencia natural o adquirida contra una enfermedad, a partir de la capacidad de un glóbulo blanco de reaccionar a la presencia de un antígeno.

Inoculación
Introducir un suero, vacuna o sustancia antigénica en un cuerpo, para estimular la producción de anticuerpos o incrementar la inmunidad contra una bacteria, virus o enfermedad específica.

Microbio
Un microorganismo, normalmente unicelular.

Microorganismo
Un organismo que sólo es visible bajo el microscopio y que suele tener una sola célula. Incluye bacterias, virus, protozoarios, y ciertos hongos y gusanos parásitos.

Pandemia
Enfermedad que se extiende por más de un continente a la vez.

Patógeno
Un organismo que causa enfermedades; usualmente es un microorganismo pero incluye cualquier parásito.

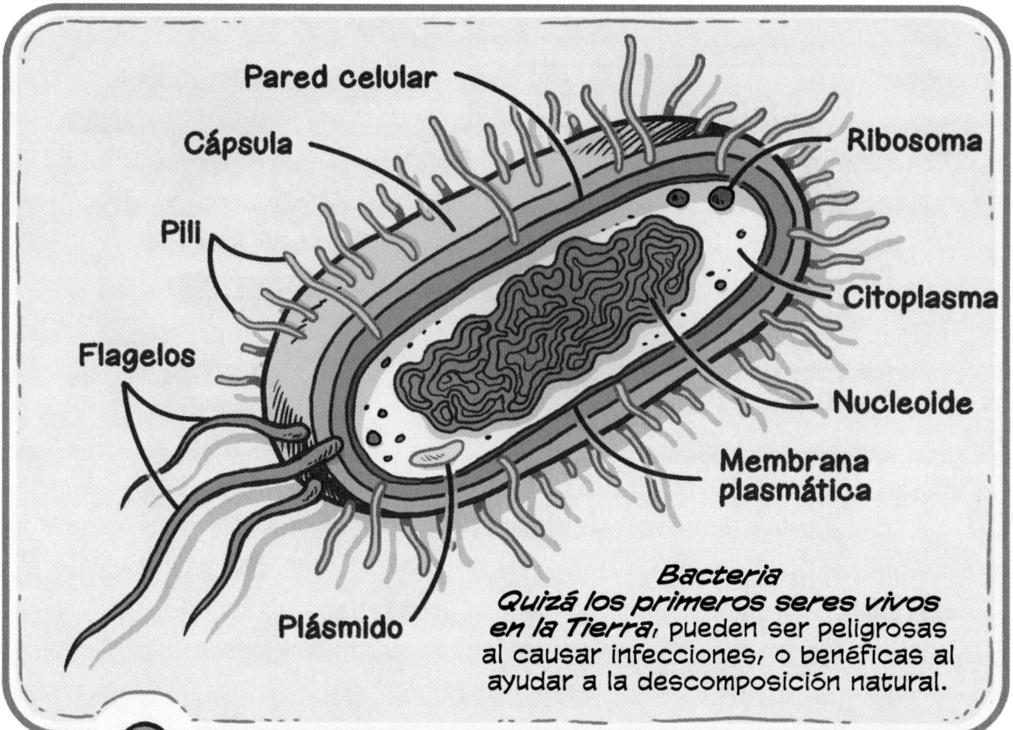
Pared celular
Cápsula
Pili
Flagelos
Ribosoma
Citoplasma
Nucleoide
Membrana plasmática
Plásmido
Bacteria
Quizá los primeros seres vivos en la Tierra, pueden ser peligrosas al causar infecciones, o benéficas al ayudar a la descomposición natural.

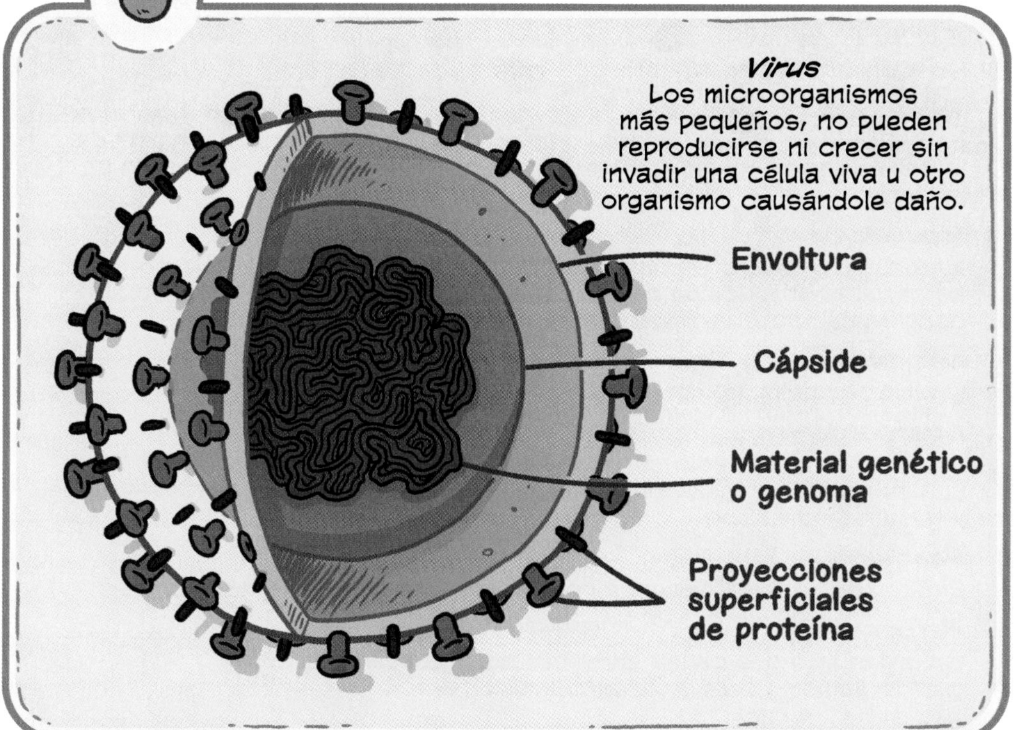
Virus
Los microorganismos más pequeños, no pueden reproducirse ni crecer sin invadir una célula viva u otro organismo causándole daño.
Envoltura
Cápside
Material genético o genoma
Proyecciones superficiales de proteína

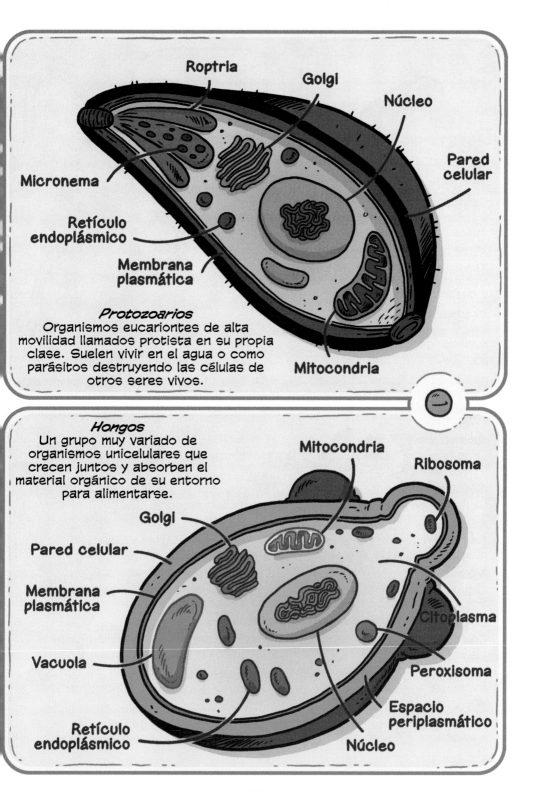

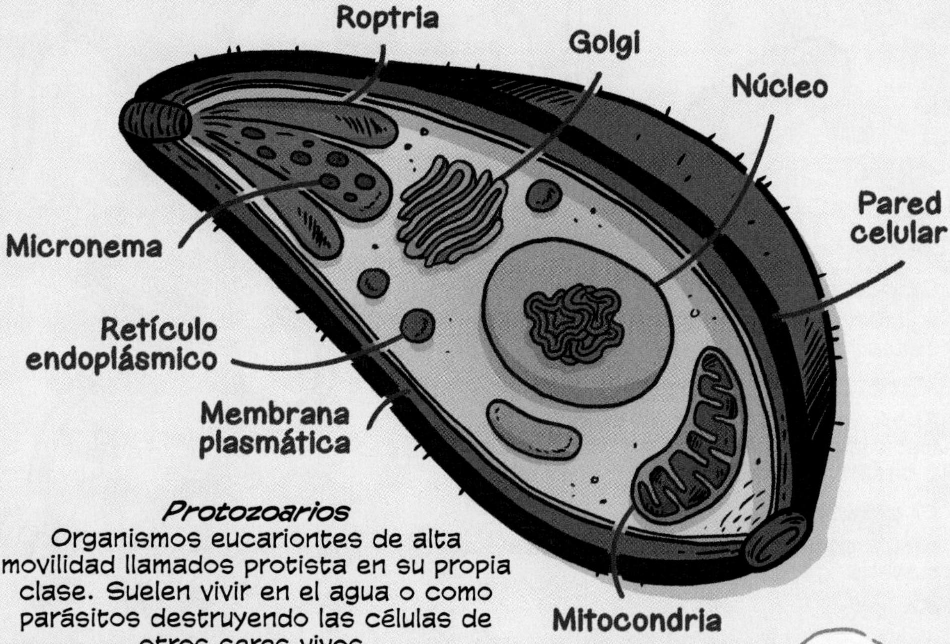
Roptria
Golgi
Núcleo
Pared celular
Micronema
Retículo endoplásmico
Membrana plasmática
Mitocondria

Protozoarios

Organismos eucariontes de alta movilidad llamados protista en su propia clase. Suelen vivir en el agua o como parásitos destruyendo las células de otros seres vivos.

Hongos

Un grupo muy variado de organismos unicelulares que crecen juntos y absorben el material orgánico de su entorno para alimentarse.

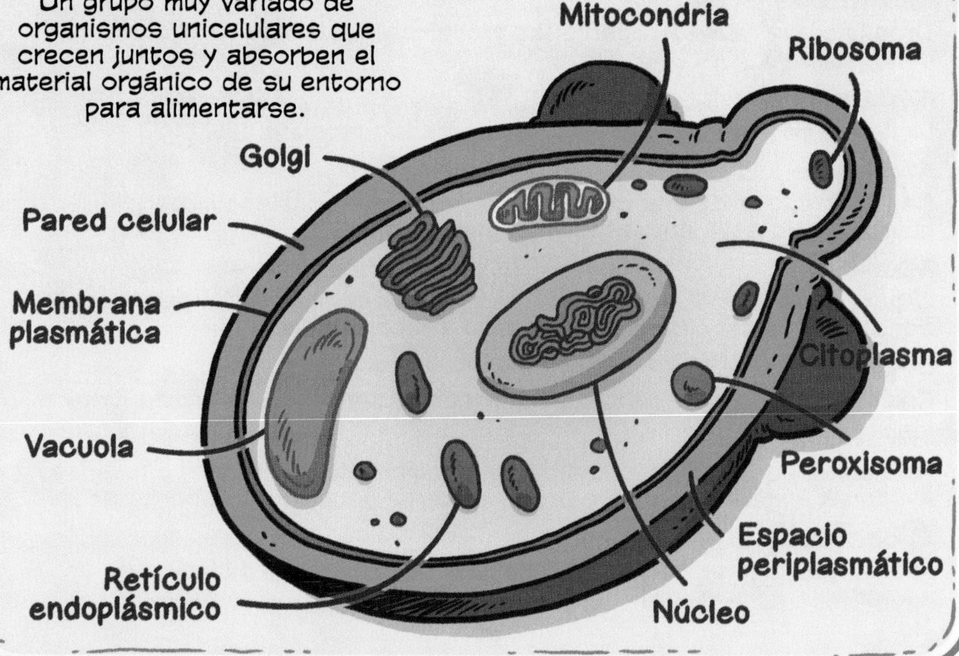
Mitocondria
Ribosoma
Golgi
Pared celular
Membrana plasmática
Citoplasma
Vacuola
Peroxisoma
Espacio periplasmático
Retículo endoplásmico
Núcleo

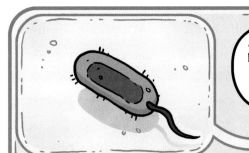

¡Éstas son algunas partes importantes que hacen de los microorganismos lo que somos!

Citoplasma

Sustancia gelatinosa dentro de la pared celular que rodea los organelos.

Retículo endoplásmico

Aporta varias funciones como el metabolismo, producción de hormonas y desintoxicación.

Eucarionte

Célula con un núcleo que envuelve su material genético.

Flagelo

Apéndice en forma de látigo que sale del cuerpo de algunas células. Se usa principalmente para el movimiento, pero también es un organelo sensorial.

Aparato de Golgi

Organelo que reúne y reparte las proteínas que envía el retículo endoplásmico.

Mitocondria

La fuente de poder de la célula; este organelo produce casi toda su energía.

Nucleoide

Región irregular de una célula procarionte que contiene material genético. No está envuelta en ninguna membrana.

Núcleo

Organelo de las células eucariontes. Contiene el material genético y controla el metabolismo, crecimiento y reproducción.

Organelo

Cualquier estructura dentro de una célula que tenga su propia función.

Pili

Apéndices en forma de cabellos en la superficie de muchas bacterias. Ayudan a adherirse o intercambiar material genético con otras células.

Procarionte

Microorganismo unicelular que no guarda su material genético en un núcleo.

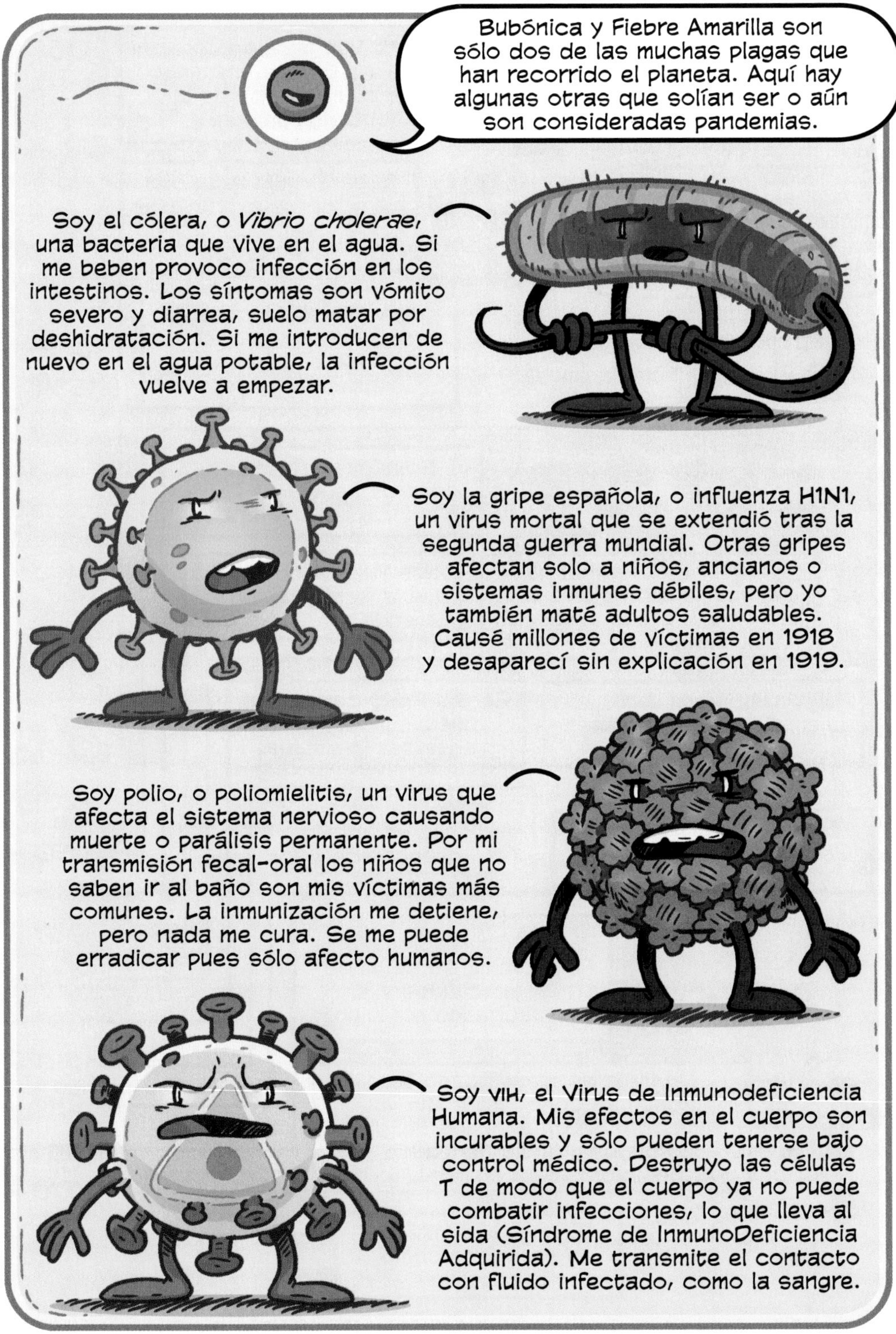
Bubónica y Fiebre Amarilla son sólo dos de las muchas plagas que han recorrido el planeta. Aquí hay algunas otras que solían ser o aún son consideradas pandemias.
Soy el cólera, o *Vibrio cholerae*, una bacteria que vive en el agua. Si me beben provoco infección en los intestinos. Los síntomas son vómito severo y diarrea, suelo matar por deshidratación. Si me introducen de nuevo en el agua potable, la infección vuelve a empezar.
Soy la gripe española, o influenza H1N1, un virus mortal que se extendió tras la segunda guerra mundial. Otras gripes afectan solo a niños, ancianos o sistemas inmunes débiles, pero yo también maté adultos saludables. Causé millones de víctimas en 1918 y desaparecí sin explicación en 1919.
Soy polio, o poliomielitis, un virus que afecta el sistema nervioso causando muerte o parálisis permanente. Por mi transmisión fecal-oral los niños que no saben ir al baño son mis víctimas más comunes. La inmunización me detiene, pero nada me cura. Se me puede erradicar pues sólo afecto humanos.
Soy VIH, el Virus de Inmunodeficiencia Humana. Mis efectos en el cuerpo son incurables y sólo pueden tenerse bajo control médico. Destruyo las células T de modo que el cuerpo ya no puede combatir infecciones, lo que lleva al sida (Síndrome de InmunoDeficiencia Adquirida). Me transmite el contacto con fluido infectado, como la sangre.

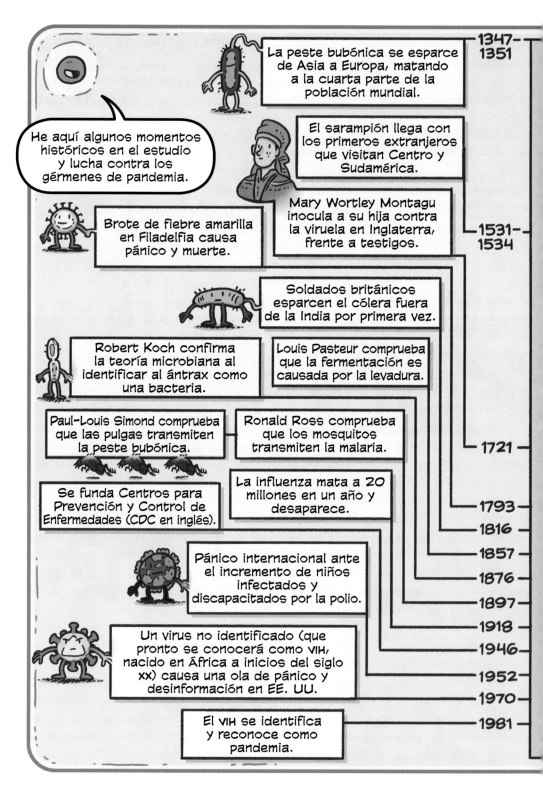

La peste bubónica se esparce de Asia a Europa, matando a la cuarta parte de la población mundial.

1347–1351

He aquí algunos momentos históricos en el estudio y lucha contra los gérmenes de pandemia.

El sarampión llega con los primeros extranjeros que visitan Centro y Sudamérica.

Brote de fiebre amarilla en Filadelfia causa pánico y muerte.

Mary Wortley Montagu inocula a su hija contra la viruela en Inglaterra, frente a testigos.

1531–1534

Soldados británicos esparcen el cólera fuera de la India por primera vez.

Robert Koch confirma la teoría microbiana al identificar al ántrax como una bacteria.

Louis Pasteur comprueba que la fermentación es causada por la levadura.

Paul-Louis Simond comprueba que las pulgas transmiten la peste bubónica.

Ronald Ross comprueba que los mosquitos transmiten la malaria.

1721

Se funda Centros para Prevención y Control de Enfermedades (CDC en inglés).

La influenza mata a 20 millones en un año y desaparece.

1793

1816

1857

Pánico internacional ante el incremento de niños infectados y discapacitados por la polio.

1876

1897

1918

Un virus no identificado (que pronto se conocerá como VIH, nacido en África a inicios del siglo XX) causa una ola de pánico y desinformación en EE. UU.

1946

1952

1970

El VIH se identifica y reconoce como pandemia.

1981

- 1519 — Primeros brotes de sarampión en América a causa del contacto extranjero.
- 1673 — La Royal Society de Londres reconoce el trabajo de Anton van Leeuwenhoek en observación microscópica.

- 1775-1782 — El sarampión extermina a gran parte de las poblaciones nativas de América a partir de la guerra y el contacto con europeos.
- 1796 — Edward Jenner logra vacunar contra el sarampión a James Phipps.

- 1854 — John Snow rastrea la transmisión del cólera a través del agua durante el brote de Broad Street, en Londres.
- 1864 — Pasteur patenta el proceso de pasteurización y refuta la teoría de generación espontánea con experimentos de laboratorio.
- 1893 — Theobald Smith descubre a la garrapata como el primer vector conocido.
- 1900 — Walter Reed comprueba que los mosquitos transmiten la fiebre amarilla.

- 1929 — Alexander Fleming confirma las propiedades antibacteriales de la penicilina.
- 1948 — Se crea la Organización Mundial de la Salud (OMS).
- 1955 — Jonas Salk crea y distribuye la primera vacuna de la polio.
- 1980 — La OMS declara que la viruela ha sido erradicada.

- 2002 — Brote de SARS en China lleva a un esfuerzo internacional de detener los viajes por aire.

- 2014 — África tiene el mayor brote de ébola en la historia, y causa pánico mundial. El aislamiento contiene su expansión.

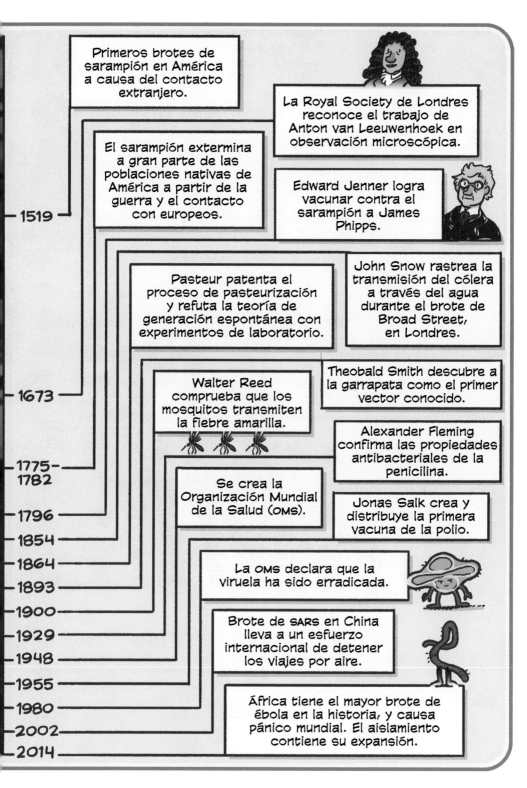

—NOTAS—

Página 37, viñeta 4

Llevamos desde la antigua Grecia tratando de clasificar a los seres vivos en categorías. El sistema de seis reinos propuesto por Simpson & Roger es sólo uno de muchos sistemas. Woese propuso un sistema de tres reinos, y en 2015 Simpson y Roger actualizaron su sistema a uno de siete reinos.

Página 42, viñeta 2

De hecho la segunda peste terminó hasta el siglo XIX. Su peor momento fue 1347-51, pero se repitió en los siglos siguientes, incluyendo la Peste de Londres en 1360-63, la Gran Plaga de Sevilla (1647–52), la Gran Plaga de Londres (1665–66), la Gran Plaga de Viena (1679), la Gran Plaga de Marsella (1720–22), la Peste de 1738, y la Peste Rusa en 1770–72. En Medio Oriente y África del Norte siguió dando problemas hasta principios del siglo XX.

A finales del 2019 se desató una nueva pandemia, el covid-19. Esto es lo que sabemos hasta ahora.

—CORONAVIRUS COVID-19—

2019 – Estalla un brote serio de una nueva cepa de coronavirus denominada covid-19 en la ciudad de Wuhan, China, que hasta mediados del 2020, fecha en que se imprimió este libro en español, ha causado más de un millón de muertes en todo el mundo y más de 35 millones de contagios. La comunidad científica trabaja incansablemente para crear una vacuna que ayude a contrarrestar este nuevo virus.